Peter Zeller
Klimageschichte der griechisch-römischen Antike

Enzyklopädie der griechisch-römischen Antike

―
Herausgegeben von Uwe Walter

Band 15

Peter Zeller

Klimageschichte der griechisch-römischen Antike

—

ISBN 978-3-11-075016-4
e-ISBN (PDF) 978-3-11-075020-1
e-ISBN (EPUB) 978-3-11-075023-2

Library of Congress Control Number: 2025941112

Bibliografische Information der Deutschen Nationalbibliothek
Die Deutsche Nationalbibliothek verzeichnet diese Publikation in der Deutschen Nationalbibliografie; detaillierte bibliografische Daten sind im Internet über http://dnb.dnb.de abrufbar.

© 2025 Walter de Gruyter GmbH, Berlin/Boston, Genthiner Straße 13, 10785 Berlin
Satz: bsix information exchange GmbH, Braunschweig

www.degruyterbrill.com
Fragen zur allgemeinen Produktsicherheit:
productsafety@degruyterbrill.com

Vorwort

Dieses Buch skizziert im Rahmen der „Enzyklopädie der griechisch-römischen Antike" die Grundlagen, methodologischen Aspekte und aktuellen Erkenntnisse der antiken Klimageschichte, wobei die naturwissenschaftliche und historische Perspektive – im Rahmen der Möglichkeiten des Autors – gleichermaßen Berücksichtigung finden. Der Schwerpunkt liegt, anders als man vielleicht erwarten mag, nicht primär darauf, konkrete Zahlen zu nennen und klimahistorische Zusammenhänge aufzuzeigen, sondern auf zwei eher konzeptionell ausgerichteten Leitfragen: In welchem – auch forschungsgeschichtlichen – Verhältnis stehen „Geschichte" und „Klima"? Wie kommt die Paläoklimatologie zu ihren Zahlen und Diagrammen und lassen sich diese überhaupt historisch auswerten? Insofern unterscheidet sich der Aufbau dieses Buches von der üblichen Struktur der EGRA-Bände. Wer den erstgenannten Zugang zur antiken Klimageschichte sucht, findet in den Kapiteln II.1.2, II.2.1 und II.2.2 einführende Informationen sowie eine umfangreiche Zusammenstellung der zugehörigen Literatur.

Die Erstellung des Manuskriptes hat aus verschiedenen Gründen deutlich länger gedauert als geplant, und so geht mein erster Dank von Herzen an Herrn Prof. Dr. Uwe Walter (Bielefeld) und Frau Claudia Heyer (De Gruyter Brill) für ihre freundliche Geduld, ihre stete Unterstützung und, nicht zuletzt, für die Aufnahme in diese Reihe. Herrn Walter danke ich ferner für die gründliche Durchsicht meines Manuskriptes und seine in vielerlei Hinsicht sehr wertvollen Hinweise. Zu danken ist außerdem Frau Bettina Neuhoff und den anderen beteiligten Mitarbeitern von De Gruyter Brill für das sorgfältige Lektorat und die ausgezeichnete technische Umsetzung der Publikation. Sämtliche verbliebenen Fehler, Lücken und sonstigen Unzulänglichkeiten liegen freilich allein in meiner Verantwortung. Nicht zuletzt gilt mein Dank auch Mischa Meier (Tübingen) für sein beständiges Vertrauen und die Freiheit, meine eigenen Forschungsprojekte umsetzen zu können.

Als ich mit der Arbeit an dem Buch begann, befasste sich meine Tochter in der ersten Klasse gerade ebenfalls mit dem Thema „Klima" und unterbreitete mir in diesem Zusammenhang einen Titelvorschlag, der es zwar nicht auf den Einband geschafft, mich aber in manch schwieriger Phase des Schreibprozesses zum Lachen gebracht hat: „Klima ohne Pupsen geht nicht"; in diesem Sinne:

Für Julia, Pele und Selma – *bókin er tileinkuð lífsblómunum mínum*

Schwieberdingen, im Juni 2025   Peter Zeller

Inhaltsverzeichnis

Vorwort —— V

Einleitung —— 1
Aufbau und Zielsetzung —— 6

I	**Klima und Geschichte – ein ungleiches Paar —— 9**	
1	Was ist Klima – und wie wird (heute) darüber gesprochen? —— 9	
	1.1	Historischer Überblick —— 11
	1.2	„Klima" heute —— 20
2	Naturwissenschaftliche Perspektive —— 26	
	2.1	Raum und Zeit —— 27
	2.2	Klimaelemente —— 31
	2.3	Klimasystem —— 34
	2.4	Statistische Verfahren —— 38
	2.5	Klimasynopsis —— 42
3	(Alt-)historische Perspektive —— 47	
	3.1	Klima und Geschichte —— 48
	3.2	Daten und Quellen —— 55
	3.3	„Klima" als historischer Faktor —— 58
	3.4	Klimabewertung —— 60
II	**Das Klima und die Geschichte der griechisch-römischen Antike —— 64**	
1	Das antike Klima —— 65	
	1.1	Woher kommt das Wissen über das antike Klima? —— 65
	1.2	Was weiß die Forschung (heute) über das antike Klima? —— 84
2	Das Klima als historisches Narrativ und Argument —— 107	
	2.1	Griechische Geschichte —— 111
	2.2	Römische Geschichte —— 113
3	Grenzen und Perspektiven der antiken Klimageschichte – ein vorläufiges Fazit —— 118	

III Bibliographie —— 122

1 Klima und Geschichte – ein ungleiches Paar —— 122
   1.1 Was ist Klima – und wie wird (heute) darüber gesprochen? —— 122
      1.1.1 Historischer Überblick —— 122
      1.1.2 „Klima" heute —— 124
   1.2 Naturwissenschaftliche Perspektive —— 127
   1.3 (Alt-)historische Perspektive —— 130

2 Das Klima und die Geschichte der griechisch-römischen Antike —— 134
   2.1 Das antike Klima —— 134
      2.1.1 Woher kommt das Wissen über das antike Klima? —— 134
      2.1.2 Was weiß die Forschung (heute) über das antike Klima —— 146
   2.2 Das Klima als historisches Narrativ und Argument —— 158
      2.2.1 Griechische Geschichte —— 164
      2.2.2 Römische Geschichte —— 166
   2.3 Grenzen und Perspektiven der antiken Klimageschichte – ein vorläufiges Fazit —— 168
      2.3.1 Datenbanken —— 168
      2.3.2 Methodologische Grundprobleme —— 169

Anhang

Abkürzungsverzeichnis —— 173

Glossar —— 175

Sachregister —— 181

Personenregister —— 189

Einleitung

Wer sich wissenschaftlich mit der griechisch-römischen Antike befasst, ist es gewohnt, lückenhafte Informationen aus unterschiedlichen Quellen zu einem schlüssigen Gesamtbild zu verknüpfen. Grundlage dafür sind in aller Regel schriftliche und materielle Hinterlassenschaften von Menschen, die mit den Methoden der Geschichtswissenschaft, der Philologie und der Archäologie ausgewertet werden können. In der Klimageschichte ist das anders. Sie basiert primär auf naturwissenschaftlichen Daten, die zwar Auskunft über die äußeren Lebensbedingungen geben, für sich genommen zunächst aber keinen historischen Informationsgehalt haben und erst mit der menschlichen Lebenswelt – oder präziser: mit deren Zeugnissen – in Beziehung gesetzt werden müssen. Auf welche Weise dies geschieht, hängt nicht nur von den Erkenntnissen der Paläoklimatologie ab, sondern auch – und in besonderem Maße – davon, wie über klimatische Veränderungen gedacht und gesprochen bzw. geschrieben wird. Die Frage, welchen Einfluss Temperatur, Niederschlag und andere Bestandteile des Klimas darauf haben, wie Menschen leben und Gesellschaften sich entwickeln, ist nicht neu, hat im Zuge der rezenten Klimadebatte aber erheblich an Bedeutung und Aufmerksamkeit gewonnen. Auch in Bezug auf die griechisch-römische Antike sind seit etwa fünfzehn Jahren entsprechende Tendenzen zu verzeichnen. Davon zeugen nicht nur die Publikationszahlen in den Natur- und Geisteswissenschaften, sondern auch ein reges mediales Interesse – nicht zuletzt an Krisen- und Untergangsszenarien zur Geschichte des Römischen Reiches. Erwähnt seien hier exemplarisch Kyle HARPERS ebenso wichtiges wie umstrittenes Buch „The Fate of Rome" (2.2.2 HARPER 2017) oder die Diskussion um den Ausbruch des Vulkanes Okmok in Alaska, die international wahrgenommen wurde (vgl. dazu 2.2.2 McCONNELL et al. 2020 sowie exemplarisch 1.3 REBENICH 2020). Diese Entwicklung ist nicht zuletzt der Aktualität des Themas geschuldet, sie ist aber auch Ausdruck eines Szientismus, der seit einigen Jahren verstärkt um sich greift: Durch technische Errungenschaften in verschiedenen naturwissenschaftlichen Disziplinen – von der Analyse alter DNA (*ancient DNA*; *aDNA*) über die Kartierung von Isotopenverteilungen bis zur Klimarekonstruktion – sind neue, häufig sehr öffentlichkeitswirksame Forschungs- und Erklärungsansätze bezüglich historischer Frage-

_{Geschichte anders denken}

_{neue Forschungstendenzen}

stellungen entstanden, zu denen die Geschichtswissenschaft ihre Position erst noch finden muss. Vor allem aber steht der althistorischen Forschung mit den Daten der Paläoklimatologie – trotz aller methodischen Schwierigkeiten – eine zusätzliche Quellengattung zur Verfügung, die es ermöglicht, Aspekte in die historische Analyse einzubeziehen, die so bislang nicht zugänglich waren.

Daten und Quellen

Heute liegen in unterschiedlicher Dichte paläoklimatologische Daten zu allen Teilepochen der griechisch-römischen Antike von der Zeit der Früharchaik (8./7. Jhd. v. Chr.) bis zum Ende der Spätantike (7./8. Jhd. n. Chr.) vor. Die zeitliche Auflösung liegt mittlerweile durchaus im Bereich historischer Chronologien, wohingegen eine räumliche Differenzierung des Klimageschehens häufig schwierig ist. Anders als zur Geschichte der Neuzeit gibt es keine zeitgenössischen Messdaten und auch nur wenige direkte oder indirekte historische Klimazeugnisse, die sich, wenn überhaupt, unmittelbar mit den naturwissenschaftlichen Daten in Beziehung setzen ließen. Zudem ist die Auswertung der schriftlichen Belege – wie etwa das sog. Witterungstagebuch des Ptolemaios oder Ovids (vermeintliche) Exilbriefe aus Tomis – häufig mit beträchtlichen quellenkritischen Problemen verbunden. Daher ist die antike Klimageschichte heute in besonderem Maße an die Erkenntnisse und Konzepte der naturwissenschaftlichen Klimaforschung gebunden. Das war nicht immer so.

Paläoklimatologie und Geschichte

Vom 18. bis weit in das 20. Jahrhundert hinein bestand ein enges wechselseitiges Verhältnis zwischen der althistorischen Forschung und der (Paläo-)Klimatologie, das beide Disziplinen nachhaltig mitgeprägt hat. Das gilt sowohl für die narrative Konzeption des Phänomens „Klima" – beispielsweise in der Frage, welche Auswirkungen das Klimageschehen auf Gesellschaften haben kann – als auch für die Chronologie, über die das paläoklimatologische Material zur Antike in eine Ordnung gebracht wird. Dieser Zusammenhang ist nicht nur wissenschaftsgeschichtlich interessant, sondern wirkt sich bis heute auf die historische Interpretation der paläoklimatologischen Daten aus und muss daher – um Zirkelschlüsse zu vermeiden – stets mitgedacht werden.

Wissenschaftsgeschichte des Klimas

Die Forschung hat durchaus erkannt, wie sehr das Verständnis davon, was „Klima" ist und welchen Einfluss es auf den Verlauf der Geschichte hat, an historisch gewachsene Vorstellungen gebunden ist. Der Fokus der Wissenschaftsgeschichte liegt jedoch zumeist auf der ‚Entdeckung' des Klimawandels und so fehlt es – trotz einiger wichtiger Publikationen in den letzten Jahren – noch immer an systematischen Untersuchungen sowohl zur Klimaforschung vor und nach dem zweiten Weltkrieg als auch zur Klimageschichte und den Wechselwirkungen zwischen der Geschichtswissenschaft und der Klimatologie.

Durch die Diversität des Datenmaterials und die Vielstimmigkeit der verschiedenen Fachperspektiven sind die Debatten über die antike Klimageschichte in den vergangenen Jahren zunehmend unübersichtlich und kontrovers geworden. So fällt es nicht nur der naturwissenschaftlichen Klimatologie und der Alten Geschichte schwer, eine gemeinsame Sprache zu finden oder sich überhaupt nur auf eine gemeinsame Basis zu verständigen, sondern auch innerhalb der Fachdisziplinen gibt es mittlerweile zum Teil sehr unterschiedliche Interpretationsansätze, Argumentationsmuster und Narrative. In der paläoklimatologischen Forschung wird beispielsweise darüber diskutiert, welche geographische Reichweite Klimaveränderungen wie das sog. Pessimum der Völkerwanderungszeit (*Late Antique Little Ice Age*; LALIA) in der Antike hatten: Waren sie ein regionales Phänomen oder hatten sie globale Auswirkungen? Die Antworten auf diese und ähnliche Fragen haben durchaus Konsequenzen auch für die Wahrnehmung und Deutung des derzeitigen Klimageschehens. In der althistorischen Forschung reicht das Spektrum der Rezeption klimabasierter Ansätze von ablehnender Skepsis bis hin zu (neo-)deterministischen Rekonstruktionen. In Teilen der Forschung hat sich die Klimageschichte zu einem neuen historischen Paradigma verdichtet, dessen Vertreter durchaus den Anspruch erheben, Geschichte auf der Grundlage naturwissenschaftlicher Daten neu oder zumindest anders zu schreiben. Eine solche Sichtweise rührt an das Selbstverständnis der Geschichtswissenschaft als einer textbasierten Disziplin, weil damit historisch gewachsene Deutungs- und Erklärungsansätze für soziale Zusammenhänge aus einer naturwissenschaftlichen Perspektive zur Disposition gestellt werden. Insofern war und ist die Klimageschichte auch „eine Herausforderung, vielleicht sogar noch immer eine Provokation" für Historiker aller Epochen (1.3 MAUELSHAGEN 2010, 1). Vor diesem Hintergrund erscheint es umso dringlicher, nicht nur den aktuellen Kenntnisstand auszuleuchten, sondern auch die verschiedenen Forschungsansätze und das sehr diverse Datenmaterial strukturiert zugänglich zu machen und kritisch einzuordnen sowie die wissenschaftsgeschichtlichen, gesellschaftspolitischen und methodologischen Bezüge klimahistorischer Forschung herauszuarbeiten. Bislang fehlt es an einer einführenden Darstellung zur Klimageschichte der griechisch-römischen Antike; diese Lücke soll das vorliegende Buch schließen.

Publikationsformen Doch die dynamische Datenlage in der Paläoklimatologie stellt die klassischen Publikationsformen vor schwierige Herausforderungen: Die jeweiligen Rohdaten zu Eisbohrkernen, Sedimenten, Baumringen und anderen sog. natürlichen Klimaarchiven müssen zunächst statistisch aufbereitet und in numerische oder graphische Darstellungsformen übersetzt werden, um sie überhaupt für eine wissenschaftliche Auswertung zugänglich zu machen. Im Ergebnis stehen Datensätze, Tabellen und Graphiken insbesondere zu Durchschnittstemperaturen und Niederschlagsmengen, die sich in ihrem Informationsgehalt sowie in ihrer zeitlichen und räumlichen Auflösung zum Teil deutlich unterscheiden. Aufgrund dieser Heterogenität und der schieren Masse an publizierten Daten kann das paläoklimatologische Material zur Antike nicht einfach enzyklopädisch in einem Buch zusammengefasst werden. Um dieses Wissen in Textform abbilden zu können, muss es in eine chronologische und, soweit möglich, geographische Ordnung gebracht werden, die Trends und Charakteristika erkennen lässt – auch wenn damit eine weitere Glättung und Interpretation der Daten einhergeht. Das Grundgerüst

Klimachronologie der Antike der antiken Klimachronologie reicht bis in das 19. Jahrhundert zurück und wurde seit den 1960er Jahren immer weiter verfeinert. Da permanent neue Datensätze und Modellrechnungen generiert werden, ist jeder gedruckte Text zum Zeitpunkt seines Erscheinens im Grunde bereits veraltet. Letztlich bedarf es also einer EDV-gestützten Infrastruktur mit entsprechenden Darstellungskonzepten, um die Daten der Paläoklimatologie systematisch – und auf Augenhöhe mit den Naturwissenschaften – in die althistorische Forschung einbeziehen zu können.

Themen der Klimageschichte Klimageschichte umfasst verschiedene Themenfelder, die in vielfältiger Weise miteinander verwoben sind: Was weiß die Wissenschaft über das Klima der Vergangenheit (Klimarekonstruktion)? Welche Auswirkungen haben Klimaveränderungen auf soziale und ökologische Systeme (historische Klimawirkungsforschung) und wie reagieren menschliche Gesellschaften darauf (Anpassungsforschung)? Wie haben sich das Wissen über das Klima und die Wahrnehmung dieses Phänomens im Lauf der Zeit verändert (Wissensgeschichte)? Die Klimarekonstruktion bringt das Wissen hervor, das als Grundlage für die (historische) Klimawirkungsforschung dient. Aus althistorischer Perspektive kann die Genese von

Proxydaten und Klimamodellen kritisch nachvollzogen werden, doch es liegt nicht in der Kompetenz der Geschichtswissenschaft, die entsprechenden Daten zu generieren, statistisch zu verarbeiten oder gar in komplexe mathematisch-physikalische Modelle zu überführen; Historiker[1] müssen sich hier auf die naturwissenschaftliche Expertise und ein reflektiertes Urteilsvermögen verlassen. Die Klimawirkungsforschung hingegen stellt historische Fragen nach den Folgen klimatischer Veränderungen, der Resilienz von Gesellschaften und möglichen Bewältigungsstrategien – wenn auch auf der Grundlage von Quellen- oder besser Datenmaterial, das die Geschichtswissenschaft vor neue Herausforderungen stellt. Die Wissensgeschichte schließlich bezieht sich einerseits auf das Wissen und die Vorstellungswelt antiker Menschen und untersucht andererseits die wissenschaftlichen und diskursiven Grundlagen der rezenten Klimadebatte. In der Alten Geschichte wird die eigentliche Klimarekonstruktion kaum problematisiert, da diese sich dem Zugriff der Fachmethodik weitgehend entzieht. Es gibt jedoch intensive Debatten darüber, welchen Quellenwert paläoklimatologische Daten für die althistorische Forschung haben, wie dieses Material in die eigene Methodik eingebunden werden kann und welche Auswirkungen (veränderte) Klimabedingungen auf die Entwicklung antiker Gesellschaften hatten. Insbesondere die Beantwortung der letzten Frage ist in hohem Maße an die wissensgeschichtlichen und gesellschaftspolitischen Rezeptionsbedingungen gebunden und so kommt deren Rekonstruktion in der Klimageschichte eine besondere Bedeutung zu.

Abschließend noch eine Bemerkung zum Sprachgebrauch dieses Buches: Der Begriff „Klimageschichte" ist mehrdeutig und kann sich sowohl auf die Entwicklung des Klimas selbst als auch auf die Frage beziehen, inwiefern das Klimageschehen ein historisch wirksamer Faktor sein kann, der das Ergehen von Gesellschaften zumindest mitbeeinflusst hat. Im ersten Fall kann der Zeithorizont bei über vier Milliarden Jahren liegen, in denen sich die klimatischen Verhältnisse und damit die Lebensbedingungen auf der Erde immer wieder gravierend verändert haben; das Spektrum reicht von Totalvereisung („Schneeball-Erde") bis hin zu Palmen auf dem antarktischen Kontinent. Die historische Perspektive umfasst hingegen nur

der Begriff „Klimageschichte"

---

[1] Das generische Maskulinum wird hier nur aus stilistischen Gründen verwendet und soll explizit niemanden ausschließen.

die wenigen tausend Jahre, aus denen Schriftquellen überliefert sind. Erdgeschichtlich betrachtet war das Klima in diesem relativ kurzen Zeitraum vergleichsweise stabil, auch wenn paläoklimatologische Schätzungen zu den Gebieten der antiken Welt regional durchaus auf Temperaturschwankungen von bis zu 5 °C und mehr schließen lassen (s. das Kapitel „Zeitliche und räumliche Differenzierung" [S. 103 ff.]). Die klimabezogene Erforschung historischer Zusammenhänge sowie die Rekonstruktion der zugehörigen Klimavergangenheit werden im Folgenden als „Klimageschichte" bezeichnet. Wenn die erdgeschichtliche Dimension angesprochen ist, wird dies durch das Adjektiv „geologisch" angezeigt.

Aufbau und Zielsetzung

Abweichungen im Aufbau

Die Bände der „Enzyklopädie der griechisch-römischen Antike" geben für gewöhnlich zunächst einen enzyklopädischen Überblick zu einem historischen Thema und führen dann in die Grundprobleme und Tendenzen der Forschung ein. Aufgrund einiger Besonderheiten der Klimageschichte weicht das vorliegende Buch von dieser Struktur ab: So gibt es erstens keinen historischen Forschungsstand, da selbst die Grundzüge einer antiken Klimageschichte – wie die Frage, ob, wie und in welchem Umfang das Klimageschehen den Verlauf der griechisch-römischen Antike beeinflusst hat – noch immer äußerst kontrovers diskutiert werden; eine Zusammenfassung der historischen Erkenntnisse steht hier deshalb nicht am Anfang. Historiker sind es zweitens nicht gewohnt, mit naturwissenschaftlichen Publikationen und Daten umzugehen und so bedarf es einer zumindest kursorischen Einführung in die Begriffe, Konzepte, Arbeitsweisen und Darstellungsformen der Klimaforschung. Es fehlt drittens an einer belastbaren empirischen Basis, da die Klimadaten zur Antike bislang nicht systematisch zusammengetragen und für historische Analysen zugänglich gemacht wurden. Viertens schließlich sind die Bewertung und die historische Interpretation klimatischer Zustände und Veränderungen an gewachsene Vorannahmen und Erzählstrukturen gebunden, die es zu reflektieren gilt, um die verschiedenen Forschungspositionen zur Klimageschichte kritisch einordnen zu können.

Struktur dieses Buches

Der erste Teil dieses Bandes („Klima und Geschichte – ein ungleiches Paar") befasst sich mit den epistemologischen Voraussetzungen, unter denen sich die althistorische Forschung mit dem Klima auseinandersetzt: der Wissensgeschichte des Klimas, der gegenwärtigen Klimadebatte sowie der Fachperspektiven der Klimatologie und der Alten Geschichte auf das Thema „Klima". Im zweiten Teil („Das Klima und die Geschichte der griechisch-römischen Antike") liegt der Schwerpunkt dann auf der empirischen Basis, den aktuellen Forschungstendenzen und den methodologischen Grundproblemen der antiken Klimageschichte. Auf diese Weise soll eine Diskussionsgrundlage geschaffen werden, die eine Brücke zwischen der naturwissenschaftlichen und der althistorischen Klimaforschung schlägt, das paläoklimatologische Material für Historiker besser zugänglich macht und zu einer zeitlich wie räumlich differenzierteren Betrachtung der antiken Klimaverhältnisse anregt. Aus den oben genannten Gründen kann – und will – auch diese Einführung das paläoklimatologische Material nicht erschöpfend aggregieren, sie zeigt aber die Grenzen und Möglichkeiten der Klimarekonstruktion auf, referiert die wichtigsten Erkenntnisse zum antiken Klima und fokussiert dabei auch die forschungsgeschichtlichen Implikationen insbesondere der Klimachronologie.

Zielsetzung

Kapitel 1 des ersten Hauptteils („Was ist Klima – und wie wird [heute] darüber gesprochen?") zeichnet in grober Skizze, und soweit es von Belang ist, die Wissensgeschichte des Klimas von der Antike bis in die Gegenwart nach und legt dar, welche Betrachtungsweisen den gegenwärtigen Diskurs dominieren. Die folgenden zwei Kapitel sind dem Klimaverständnis der (Paläo-)Klimatologie und der Alten Geschichte gewidmet und gehen dabei auch der Frage nach, in welchem Verhältnis diese Disziplinen forschungsgeschichtlich standen bzw. heute stehen.

erster Teil

Das erste Kapitel des zweiten Hauptteils („Das antike Klima") stellt zunächst die wichtigsten natürlichen Klimaarchive zur Antike vor und ordnet deren Informationsgehalt aus einer althistorischen Perspektive ein, um vor diesem Hintergrund herausarbeiten und diskutieren zu können, was die Forschung über das antike Klima weiß und wie dieses Wissen organisiert ist. Da es keine flächendeckenden Regionaldaten gibt, dominiert eine chronologische Betrachtungsweise, die erheblichen Einfluss auf die Konzeption der antiken Klimageschichte hat. Aus Gründen der Lesbarkeit und der thematischen Ausrichtung dieser Einführung kann nicht jeder regionale oder lokale Befund Berücksichtigung finden – ein gedruckter Text kann eine umfassende Datenbank nicht ersetzen – und so wird hier in erster Linie jenes Wissen präsentiert, das dem antiken

zweiter Teil

Klimageschehen eine historisch handhabbare Struktur gibt; diese Zusammenstellung steht freilich unter dem bereits erwähnten Vorbehalt der fortwährenden Aktualisierung des Datenbestandes. Statistisch aufbereitete Daten liegen derzeit vor allem zum sog. Optimum der Römerzeit (*Roman Climate Optimum*; *RCO*) und zur „Kleinen Eiszeit der Spätantike" (*Late Antique Little Ice Age*; *LALIA*) vor, da diese Klimaepochen (zur Verwendung dieses Begriffes s. S. 94) – nicht zuletzt wohl aufgrund der ungebrochenen Faszination für das Schicksal des Römischen Reiches – in der klimahistorischen Forschung besondere Aufmerksamkeit genießen. Zur griechischen Geschichte stehen weit weniger (ausgewertete) Datensätze zur Verfügung und das vorhandene Material wird in der althistorischen Forschung zudem nur sehr vereinzelt rezipiert. Es folgen zwei weitere Kapitel zu den im eigentlichen Sinne historischen Fragen der Klimageschichte und den damit verbundenen methodologischen Herausforderungen.

Bibliographie   Im Anhang findet sich eine ausführliche Bibliographie, die grundsätzlich dem Aufbau des Buches folgt und – ohne Anspruch auf Vollständigkeit – neben der Klimatologie, der Paläoklimatologie und der Alten Geschichte auch die Forschungsgeschichte, die methodologischen Diskussionen sowie die allgemeine Umweltgeschichte der Antike berücksichtigt, um die althistorische Klimaforschung in diesen größeren Zusammenhang einordnen zu können. Nicht jede Publikation kann genau einem Gliederungspunkt zugeordnet werden und so erscheint es sinnvoll, die jeweils unterste Ebene einiger Kapitel aufzulösen und die zugehörige Literatur gesammelt anzugeben; für den Abschnitt 2.3 wurde hingegen eine zusätzliche Differenzierung vorgenommen. Die Verweise im Fließtext sind dieser Ordnung entsprechend nummeriert und in der Bibliographie mit einem Asterisk (*) gekennzeichnet.

I Klima und Geschichte – ein ungleiches Paar

1 Was ist Klima – und wie wird (heute) darüber gesprochen?

Vor allem der erste Teil dieser Frage erscheint zunächst banal. Diagramme von Durchschnittstemperaturen und Niederschlagsmengen, die das Klima über einen definierten Zeitraum hinweg als das „durchschnittliche Wetter" an einem Ort, in einer Region oder gar in globaler Perspektive abbilden, kennt heute wohl beinahe jeder. In einem Glossar des *IPCC* (*Intergovernmental Panel on Climate Change*) zum „Dritten Sachstandsbericht" (*Third Assessment Report, TAR*) aus dem Jahr 2001 heißt es: „Climate in a narrow sense is usually defined as the ‚average weather', or more rigorously, as the statistical description in terms of the mean and variability of relevant quantities over a period of time ranging from months to thousands or millions of years." (1.1.2 BAEDE [Hg.] 2001). Eine solche Definition ist nicht falsch, verengt den Blick jedoch auf die, zweifellos wichtigen, statistisch-mathematischen Aspekte dieser Frage, die analytische Klimabeschreibung. Unberücksichtigt bleiben dabei nicht nur die kausale naturwissenschaftliche Betrachtung (woher kommt die Veränderung?), sondern auch die ökologischen, politischen, ökonomischen und sozialen Zusammenhänge, wie sie die Klimawirkungsforschung in den Blick nimmt, sowie die unmittelbare Alltagserfahrung, die das Verhältnis des Menschen zu seiner Umwelt über Jahrzehntausende hinweg geprägt hat – mithin also jene Themen, für die sich die Klimageschichte in besonderem Maße interessiert. Auch innerhalb der Naturwissenschaften gibt es keine einheitliche Sichtweise oder gar Definition davon, was „Klima" eigentlich ist. Schon ein rascher Blick in die einschlägige Literatur zeigt, wie komplex und vielfältig nicht nur der Untersuchungsgegenstand selbst, sondern auch die interdisziplinäre Forschungslandschaft der Klimawissenschaften ist.

<small>Klima als durchschnittliches Wetter</small>

Das aktuelle Wetter bzw. das längerfristige Klima in seinen vielfältigen Erscheinungsformen – zu denen immer auch Extremereignisse gehören – ist seit jeher eine existentielle Grundbedingung allen Lebens auf der Erde. Für den Menschen erfahrbar ist das Kli-

<small>quantitative Klimabeschreibung</small>

ma dabei nur als das typische Wetter einer Region, nicht aber als globale statistische Größe. In den letzten Jahren hat die quantitative Beschreibung des Klimageschehens in der öffentlichen Diskussion allerdings erheblich an Bedeutung gewonnen, was die Wahrnehmung und Interpretation von Wetterereignissen und Klimaschwankungen grundlegend verändert hat. Dabei ist zunehmend aus dem Blick geraten, dass das Klima nicht nur eine mathematisch-physikalische Dimension hat, sondern – und damit ist der zweite Teil der Eingangsfrage angesprochen – immer auch ein soziales Konstrukt ist. Als solches hat das Klima eine äußerst wechselvolle Geschichte, in deren Verlauf sich nicht nur die wissenschaftlichen Konzepte und die technischen Möglichkeiten immer wieder verändert haben, sondern auch die gesellschaftlichen Rezeptionsbedingungen, d. h. die Art und Weise, wie das Klima wahrgenommen und wie darüber gesprochen wird; dieser Punkt ist insbesondere für nicht-westliche Perspektiven kaum erforscht. Gewiss sind die Durchschnittstemperaturen auf dem australischen Kontinent objektiv höher als beispielsweise in Skandinavien. Damit ist jedoch nichts darüber gesagt, welche Bedeutung das arktische Klima im Norden Skandinaviens für die Sami hat, die dort seit Jahrtausenden als (Halb-)Nomaden leben, oder wie die australischen Aborigines die extremen Klimabedingungen in *Down Under* wahrnehmen.

<small>Klima als soziales Konstrukt</small>

In den folgenden Kapiteln werden unterschiedliche Zugangsweisen zu dem Thema „Klima" skizziert, die für eine klimahistorische Beschäftigung mit der Antike von Bedeutung sind. Der Fokus liegt dabei vornehmlich auf dem rezenten Klimadiskurs sowie den Fachperspektiven der naturwissenschaftlichen Klimaforschung und der Alten Geschichte. Die Geschichtswissenschaft hat zwar kein eigenständiges Klimakonzept, doch auch mit der historischen Betrachtung sind spezifische Vorstellungen, Herangehensweisen und Erkenntnisinteressen verbunden, die es zu reflektieren gilt. Zunächst aber wird ein Überblick zur Geschichte der Klimaforschung und des (westlichen) Klimadenkens gegeben, um die verschiedenen Perspektiven auf das Klima besser einordnen zu können. Es geht hier um die zentralen Zusammenhänge und Entwicklungslinien, die das heutige Klimaverständnis geprägt haben, nicht aber um eine detaillierte chronologische Rekonstruktion.

1.1 Historischer Überblick

Das Klima als Ursache und Durchschnitt des Wettergeschehens ist ein Konstrukt der modernen Naturwissenschaft, dessen Wurzeln gleichwohl bis in die Antike zurückreichen. Die Geschichte dieses Konzeptes folgt keinem linearen Verlauf, sondern ist von Umdeutungen, Perspektivwechseln und Phasen des beschleunigten technischen Fortschritts bestimmt. Im Wesentlichen lassen sich drei Themenkomplexe identifizieren, die in vielfältiger Weise miteinander in Beziehung stehen: die Begriffs- und Ideengeschichte des Klimakonzeptes, die Geschichte der empirischen Forschung und des technischen Wandels sowie das Verhältnis von „Mensch" und „Natur", worunter auch deterministische Vorstellungen und die Debatte um den anthropogenen Klimawandel zu fassen sind. Eine Annäherung an die Wissensgeschichte des Klimas erfolgt hier über eine grobe Chronologie, anhand derer sich die wichtigsten Entwicklungsschritte aufzeigen lassen.

Themen der Wissenschaftsgeschichte

„Klima" in der Antike

Das Wort „Klima" (κλίμα) kommt ursprünglich aus dem Altgriechischen. In der Grundbedeutung heißt es – von *klinein* (κλίνειν), „neigen" – einfach „Neigung" oder „Gefälle", zumeist in einem geographischen Sinne. Mit Bezug auf den Einfallswinkel der Sonne – bzw. auf die Krümmung des Erdballs zu den Polen hin – war *klima* aber auch ein Fachbegriff der antiken Geographie, den man in etwa mit „Breitenkreis" oder „Breitenzone" übersetzen kann. Dahinter stand ein deskriptives geographisches Ordnungskonzept, über das die bekannte Welt oder auch der gesamte Globus – Pythagoras und seine Schüler gingen bereits im 6. Jahrhundert v. Chr. davon aus, dass die Erde eine Kugelform habe – in astronomisch-mathematisch definierte Zonen eingeteilt werden konnte. Das genaue Verfahren spielt hier keine Rolle, aber man mag sich die *klimata* wie eine Art Koordinatensystem aus Linien vorstellen, die parallel zum Äquator verlaufen. Diese Zonen waren zeitlich definiert und wurden in Schritten von jeweils einer halben Stunde über die maximale Tagesdauer am Sommersolstitium (Sommersonnenwende) ermittelt. Nach dieser Methode kann die Erde von Polarkreis zu Polarkreis theoretisch in 24 Zonen eingeteilt werden, deren Ausdehnung zu den Polen hin merklich abnimmt. In der antiken Literatur ist zumeist von sieben

zur Begriffsgeschichte

klimata die Rede (vgl. etwa Ptolemaios [2. Jh. n. Chr.]), da sich die griechischen und römischen Geographen vorwiegend mit der ihnen bekannten Welt beschäftigten und folglich nur einen Ausschnitt der Erdoberfläche im Blick hatten. Das Konzept dieser „Halbstundengürtel" blieb in modifizierter Form bis ins 18. Jahrhundert hinein in Gebrauch, hatte zu dieser Zeit jedoch längst an Bedeutung verloren, da neue und präzisere Verfahren der Globuseinteilung entwickelt worden waren. Wann genau das Wort *klima* zum ersten Mal in dieser geographischen Bedeutung auftaucht, ist nicht klar. Es gibt Fragmente, die eine Verwendung bereits bei Eudoxos (4. Jh. v. Chr.) belegen könnten, was in der Forschung allerdings umstritten ist. Auch Eratosthenes (3./2. Jh. v. Chr.) und Hipparchos (2. Jh. v. Chr.) werden in diesem Zusammenhang immer wieder genannt, doch auch deren Werke sind nur in Paraphrase – etwa bei Strabon (ca. 63 v. Chr.–23 n. Chr.) – bzw. fragmentarisch überliefert.

_{Wetter als antike Kategorie}

Zunächst war *klima* also keine meteorologische Kategorie – und dies sollte sich auch erst in der Neuzeit ändern. Die Beobachtung, dass sich Regionen nach den jeweiligen Wetterbedingungen unterscheiden lassen, findet sich in den Quellen hingegen schon sehr viel früher: Seit Parmenides (6./5. Jh. v. Chr.) und dann vor allem für Herodot (5. Jh. v. Chr.), Hippokrates (5./4. Jh. v. Chr.) und Aristoteles (384–322 v. Chr.) – den Begründer der Meteorologie – ist eine auf die Verteilung von Wärme, Kälte und Feuchtigkeit gestützte Gliederung der bekannten Welt belegt. Einen feststehenden Begriff für die Gesamtheit des Wettergeschehens gab es noch nicht, man findet in den Quellen aber verschiedene Wörter, die man in diesem Kontext nach heutigem Sprachgebrauch wohl mit „Klima" übersetzen könnte; in der Klammer wird jeweils die Grundbedeutung angegeben: ὥρα (*hora*: „Zeiteinheit", „Jahreszeit"), κρᾶσις (*krasis*: „Mischung", „Verbindung") oder auch οὐρανός (*uranos*: „Himmel"). Aus Sicht der antiken Gelehrten zeigte sich das Wetter, von kleineren (zyklischen) Schwankungen abgesehen, als eine regional weitgehend statische Zustandsgröße; offenbar schlug sich die durchaus vorhandene, jedoch relativ geringe Varianz des antiken Klimas nicht in ihren Beobachtungen nieder. Dennoch gab es bereits ein Bewusstsein dafür, dass der Mensch die Witterung lokal beeinflussen kann. So ist bei Theophrast (4./3. Jh. v. Chr.) zu lesen, dass es in der Umgebung von Larissa (Thessalien) durch die Entwässerung eines Sees kühler geworden sei, während es in Makedonien durch Rodungen eine spürbare Erwärmung gegeben habe (Theopr. caus. plant. 5,14,2–4).

Nicht weniger wirkmächtig sollte die antike Vorstellung werden, dass sich die Unterschiede in der Lebensweise verschiedener ‚Völker' mit den jeweiligen Witterungsbedingungen erklären ließen, in denen sie lebten. Seit dem 5. und 4. Jahrhundert v. Chr. lassen sich entsprechende Theorien greifen, denen so etwas wie eine wissenschaftliche Grundlage zugeschrieben werden kann. In der unter dem Namen des Hippokrates überlieferten Schrift „Über die Umwelt" – wörtlich eigentlich „Über Lüfte, Wasser und Orte" – wird zunächst aufgezeigt, welchen Einfluss die Verteilung von Wärme und Feuchtigkeit auf die Gesundheit und Konstitution der Menschen habe. Im zweiten Teil des Textes werden dann drei Zonen unterschieden, in denen sich ‚Völker' mit sehr unterschiedlichen Eigenschaften und politischen Organisationsformen finden ließen: Im kühlen Norden die kräftigen, aber etwas tumben Skythen, im warmfeuchten Süden die weichlichen Asiaten, Ägypter und Libyer und in der Mitte schließlich die Griechen, denen durch das abwechslungsreiche, jedoch ausgeglichene Wetter in allem das rechte Maß zuteilgeworden sei. Solche deterministischen Vorstellungen finden sich – das sei hier nur angemerkt – nicht nur in den Quellen zur griechisch-römischen Geschichte, sondern beispielsweise auch in Texten aus dem frühen kaiserzeitlichen China (7./6. Jh. v. Chr.). Auf diese Weise wurde eine kausale Verbindung zwischen dem Wetter und der körperlichen, geistigen und kulturellen Entwicklung des Menschen hergestellt. Diese Denkfigur hat über die Humoralpathologie und das Konzept der „Nationalcharaktere" hinweg bis in die rezente Klimadebatte hinein Spuren hinterlassen.

antike ‚Klimatheorien'

neuzeitliche Rezeption

Eine neue Wissenschaft
Die Unterscheidung zwischen einer geographischen und einer meteorologischen Betrachtungsweise findet auch bei dem römischen Architekten Vitruv (1. Jh. v. Chr.) ihre Bestätigung, wenn dieser in seinem Werk „Über die Architektur" das griechische Wort *klima* mit dem lateinischen *inclinatio* („Neigung") übersetzt (Vitr. 1,10) und in Bezug auf das Wettergeschehen Wörter wie *caelum* („Himmel"; vgl. dazu 1,6; 1,8; 8,27) oder *temperatura* („richtige Mischung"; vgl. 1,3) gebraucht. Die Architektur müsse sich, so Vitruv, sowohl an der geographischen Lage als auch an den Umweltbedingungen ori-

lateinische Rezeption des griechischen Klima-Begriffes

entieren, um die – nicht zuletzt aus medizinischer Sicht – angemessene Bauweise für eine Region zu finden. Bei der zonalen Einteilung der Erde in *klimata* bzw. nach meteorologischen Kriterien gab es bereits in der Antike Überschneidungen, doch beide Ordnungssysteme blieben über das Mittelalter hinweg bis ins 18. Jahrhundert hinein nebeneinander bestehen, ohne wirklich zu verschmelzen. Wann genau sich das änderte und wie es dazu kam, ist noch nicht vollständig geklärt, da sich die Wissenschaftsgeschichte bislang nur vereinzelt mit diesem ursprünglichen Bedeutungsunterschied auseinandergesetzt hat (e. g. 1.1.1 MAUELSHAGEN 2016). Zumeist war man davon ausgegangen, dass in historischen Texten mit „Klima" in etwa das gemeint sei, was wir auch heute darunter verstehen, und wo dieser Begriff fehlt – wie etwa bei Hippokrates – wurde er interpretativ ergänzt. Die Ausweitung und Institutionalisierung der Wetterbeobachtung im 17. Jahrhundert hat die Klimaforschung dann von Grund auf verändert: Neue Messsysteme und -verfahren ermöglichten eine genauere und zunehmend systematische Erhebung von Daten, die der statistischen Klimabeschreibung als durchschnittliches Wetter den Weg bereitete. Dieses Narrativ ist nicht falsch, vernachlässigt aber den begrifflich-konzeptionellen Wandel, den der antike Klimabegriff durchlaufen hat.

<small>ein Desiderat der Forschungsgeschichte</small>

Das altgriechische κλίμα wurde im Verlauf des 16. Jahrhunderts über das spätlateinische *clima* in die europäischen Hauptsprachen integriert, behielt aber wohl vorerst seine geographische Bedeutung. Es gab noch keine begriffliche oder gar kausale Verbindung zwischen den mathematisch definierten *klimata* und dem beobachteten Wetter. Im Verlauf des 18. Jahrhunderts wurde der Begriff dann sukzessive neu besetzt, bis er sich schließlich als meteorologischer Fachterminus für den physikalisch definierten Wärmehaushalt an einem Ort etablierte. Ein entscheidender Schritt in diese Richtung war die Entdeckung der Temperatur als einer messbaren physikalischen Größe, die von verschiedenen Faktoren beeinflusst ist. Diese Bedeutungsverschiebung kann hier nicht im Detail rekonstruiert werden, es sei aber zumindest auf einige Spuren in der (wissenschaftlichen) Literatur des 18. Jahrhunderts verwiesen: Autoren wie Jean-Baptiste Dubos (1670–1742), Montesquieu (1689–1755), Simon Pelloutier (1694–1757), François Ignace d'Espiard De La Borde (1707–1777) oder Edward Gibbon (1737–1794) verwendeten *climat* (frz.) bzw. *climate* (engl.) für die Gesamtheit des Wettergeschehens, auch wenn vor allem bei Dubos, Montesquieu und La Borde

<small>Umdeutung des Klima-Begriffes</small>

<small>„Klima" in der Aufklärungsliteratur</small>

immer wieder die geographische Konnotation durchscheint. Im medizinischen Fachjargon wurde der antike Klimabegriff mit der hippokratischen Tradition verknüpft und *klima* entwickelte sich zu einem Synonym für „Temperatur" – im Sinne aller Umwelteinflüsse, die auf den Menschen wirken. Der dritte Band der „Encyclopédie ou Dictionnaire raisonné des sciences, des arts et des métiers" aus dem Jahr 1753 nennt unter dem Lemma *climat* zwei Hauptbedeutungen – zunächst die geographische, dann die medizinische –, verweist darüber hinaus aber auch auf eine alltagssprachliche Verwendung des Begriffes für Regionen mit unterschiedlichen Witterungsbedingungen, Bodenqualitäten oder Eigenschaften der Bewohner. Entscheidend ist jedoch weniger diese begriffliche Umdeutung als vielmehr der Umstand, dass in der zweiten Hälfte des 18. Jahrhunderts aus einer deskriptiven geographischen Kategorie ein kausal-physikalisches Konzept wurde, über das die Witterungsverhältnisse – primär auf den Wärmehaushalt bezogen – an einem Ort erklärt und quantifiziert werden konnten. Mit der Systematisierung der Wetterbeobachtung und der kausalen Betrachtung des Temperaturgeschehens war der Grundstein für die moderne Klimaforschung gelegt, und es ist sicher kein Zufall, dass ein Kompositum zu „Klima" an der Wende zum 19. Jahrhundert erstmals als Bezeichnung für eine eigenständige wissenschaftliche Disziplin auftaucht. 1806 überschreibt der deutsche Chemiker August Wilhelm Lampadius (1772–1842) in seinem „Systematischen Grundriß der Atmosphaerologie" ein Kapitel, in dem er die „Art der Witterung eines Ortes" behandelt, mit dem Titel „Climatologie" – an anderer Stelle verwendet er den Begriff „Climalehre" – und gibt diesem neuen Forschungszweig damit einen Namen.

Klima als physikalisches Konzept

ein neuer Forschungszweig

In den folgenden Jahrzehnten öffnete sich der Blick in Raum und Zeit und die Klimaforschung gewann weiter an Kontur. Die meisten (neuen) meteorologischen Messstationen gab es weiterhin in Europa und Nordamerika, doch auch in Russland und in den europäischen Kolonialgebieten wurde sukzessive eine entsprechende Infrastruktur aufgebaut. Durch die rasante Verbreitung der Telegraphie war es zudem möglich geworden, Messwerte ohne merklichen Zeitverlust über große Distanzen hinweg auszutauschen und zueinander in Beziehung zu setzen; eine wesentliche Voraussetzung dafür war allerdings die Standardisierung der Verfahren und Instrumente. Das neue Datenmaterial lieferte ein immer differenzierteres Bild der Klimaverhältnisse in weiten Teilen Welt, es war dar-

Ausbau und Standardisierung der Messinfrastruktur

über hinaus aber auch ein wichtiges Instrument der kolonialen Wirtschaftsplanung etwa bei der Identifikation geeigneter Anbaugebiete. Über den geographischen Raum hinaus erschloss sich die Meteorologie seit den 1860er Jahren auch eine ganz neue, vertikale, Dimension der Wetterbeobachtung. Ballonfahrten und unbemannte Wetterballons ermöglichten direkte Messungen in verschiedenen Höhen der Atmosphäre. Die Entdeckung, dass die Wärmeverteilung auf der Erde nicht an den Breitenkreisen ausgerichtet ist – Alexander von Humboldt (1769–1859) prägte 1817 den Begriff „Isothermen" für Linien mit gleicher Temperatur – gab auf konzeptioneller Ebene den Anstoß zu einer multifaktoriellen Theoriebildung, die nach und nach u. a. die Land-Meer-Verteilung, die Kontinentalverschiebung, den Treibhauseffekt sowie die maritimen und atmosphärischen Zirkulationssysteme – wie die *El Niño-Southern Oscillation* (ENSO) oder die *North Atlantic Oscillation* (NAO) – als Klimafaktoren erkannte. In der zweiten Hälfte des 19. Jahrhunderts entwickelte sich die Klimatologie endgültig zu einer eigenständigen Wissenschaft und es erschienen in kurzer Folge wegweisende Arbeiten wie beispielsweise das „Handbuch der Klimatologie" (1883) des österreichischen Meteorologen Julius Ferdinand von Hann (1839–1921). Die Klimaforschung war international hochgradig vernetzt, wobei die Zentren überwiegend in Europa, Skandinavien, Nordamerika, Russland und auch Japan lagen. Davon zeugen zahlreiche Forscher-Biographien, wie etwa die des in Russland geborenen Wissenschaftlers Alexander Iwanowitsch Wojeikow (1842–1916), der nicht nur die wichtigsten meteorologischen Einrichtungen seiner Zeit bereiste, sondern auch Forschungsreisen quer durch den amerikanischen Kontinent sowie nach Java, Indien und Japan unternahm und seine Forschungsergebnisse in mehreren Sprachen publizierte. Trotz dieser internationalen Ausrichtung beschäftigte sich die Klimaforschung des 19. und frühen 20. Jahrhunderts in erster Linie mit regionalen Klimata und, was zunehmend an Bedeutung gewann, deren Klassifikation in verschiedenen Ordnungssystemen, wie sie u. a. von Forschern wie Wladimir Peter Köppen (1846–1940) oder Alfred Hettner (1859–1941) entwickelt wurden. Eine dezidiert globale Perspektive lässt sich erst ab den 1930er Jahren und dann vor allem nach dem zweiten Weltkrieg greifen.

Klimavariabilität

Bereits im 17. Jahrhundert hatten der dänische Naturforscher und Theologe Nicolaus Steno (Niels Stensen; 1638–1686) und der britische Universalgelehrte Robert Hooke (1635–1703) aus der Untersuchung von Fossilien und Sedimenten geschlossen, dass es in der Vergangenheit einmal deutlich wärmer gewesen sein musste als in ihrer eigenen Zeit. Ihre Beobachtungen stellten die biblische Schöpfungslehre in Frage, auch wenn sie selbst diesem Weltbild wohl verhaftet blieben. Einige Jahrzehnte später kamen dann erste naturwissenschaftliche Theorien über die Entstehung und das Alter der Erde auf, die eine völlig neue Sicht auf die Natur erkennen lassen. So vertrat beispielsweise der französische Naturforscher Georges-Louis Leclerc, Comte de Buffon (1707–1788) in seinem Buch „Époques de la Nature" (1778) die Ansicht, dass die Erde, entstanden durch den Zusammenstoß eines Kometen mit der Sonne, einmal sehr heiß gewesen sein müsse und sich nun kontinuierlich abkühle, bis sie irgendwann zu kalt für den Menschen würde. Daher begrüßte er die insbesondere für Nordamerika beobachtete Erwärmung (s. u.) ausdrücklich und betrachtete es geradezu als Aufgabe des Menschen, eine weitere Abkühlung des Planeten zu verhindern. Auch aus historischer Perspektive wurde das Klima zunehmend als zeitlich variable Zustandsgröße wahrgenommen. Eine Klimageschichte im heutigen Sinne gab es im 18. Jahrhundert zwar noch nicht, aber Gelehrte wie Jean-Baptiste Dubos, Simon Pellouticr, David Hume (1711–1776) und Edward Gibbon schlossen aus ihrer Quellenlektüre, dass es seit der Antike spürbar wärmer geworden sein müsse. Als Belege dafür galten ihnen u. a. die Klagen verschiedener antiker Autoren über die angeblich besonders strengen Winter in Gallien (vgl. Aristoteles, Diodor [1. Jh. v. Chr.] und Petronius [ca. 14–66 n. Chr.]) bzw. in der Schwarzmeerregion (vgl. Ovid [43 v. Chr. – 17 n. Chr.]), denen Gibbon aufgrund mangelnder Objektivierbarkeit allerdings keinen besonderen Quellenwert beimaß, ferner Caesars Beschreibung von Elchen und möglicherweise auch Rentieren in den ‚germanischen' Wäldern sowie die Berichte über zugefrorene Flüsse, die die ‚Barbaren' des Nordens für winterliche Kriegszüge genutzt haben sollen. Es war dann jedoch vor allem die ‚Entdeckung' der Eiszeit – eine Wortschöpfung des deutschen Naturforschers Karl Friedrich Schimper (1803–1867) aus dem Jahr 1837 – bzw. die Formulierung konkurrierender Eiszeittheorien u. a. durch Louis Agassiz (1807–1873), Jens Esmark (1763–1839) und James Croll

ein neues Weltbild

frühe Klimageschichte

‚Entdeckung' der Eiszeit

(1821–1890), durch die überhaupt erst vor Augen geführt wurde, welche Schwankungsbreite das Klimageschehen aufweisen kann. Zuvor war eine solche Variabilität des Klimas nicht für möglich gehalten worden, doch verschiedene geomorphologische Beobachtungen und auch die weithin sichtbaren Findlinge waren letztlich nicht anders als mit dem Druck, der Bewegung und dem Abschmelzen großer Eismassen zu erklären. In den folgenden Jahrzehnten wurden immer neue (fossile) Klimazeugen – wie die Vegetation vergangener Erdzeitalter, Kohlevorkommen in der Antarktis oder die Jahresringe von Bäumen – entdeckt, die auf gravierende Klimaveränderungen hindeuteten, und die Paläoklimatologie formierte sich allmählich als eigenständige Disziplin der Klimaforschung. Dennoch gingen zahlreiche Wissenschaftler noch bis in das 20. Jahrhundert hinein davon aus, dass die Klimavariabilität zu Beginn des Holozäns, der gegenwärtigen nacheiszeitlichen Warmzeit seit etwa 11.500 *BP* (*before present*), durch das Abschmelzen der letzten Eismassen zum Erliegen gekommen sei. Die Datierung *BP* bezieht sich auf das Jahr 1950, da zu dieser Zeit radiometrische Datierungsverfahren entwickelt wurden, die erstmalig eine absolute Altersbestimmung ermöglichten. Seit der Jahrtausendwende findet sich in jüngeren Publikationen auch die Abkürzung *b2k* (*before* 2000), um allzu ungerade Jahresangaben zu vermeiden.

Mit der Einsicht in die Veränderlichkeit der klimatischen Verhältnisse kam die Frage auf, welchen Einfluss der Mensch auf deren Entwicklung hat, und so lässt sich bereits im Denken der Aufklärung und der Romantik die Vorstellung eines anthropogenen Klimawandels greifen. In dieser Zeit entstanden auch die utopischen bzw. dystopischen Klima-Narrative, von denen besonders Letztere bis heute mit den Folgen von Klimaveränderungen verknüpft werden. In einem Vortrag über die fünf *middle colonies* im Osten der heutigen USA am 17. August 1770 verwendete Hugh Williamson (1735–1819), einer der Unterzeichner der amerikanischen Unabhängigkeitserklärung, zum ersten Mal den Begriff „Klimawandel" („Change of Climate") für eine über die Zeit definierte Witterungsveränderung. Diese Äußerung stand im Zusammenhang mit einer transatlantischen Debatte über messbare Temperaturveränderungen in den französischen und englischen Kolonialgebieten in Nordamerika, die – ganz in antiker Tradition – zum Teil bereits seit dem 17. Jahrhundert auf die Entwaldung und Trockenlegung großer Gebiete zurückgeführt wurden. Alexander von Humboldt war wohl der erste, der die verschiedenen Einwirkungen des Menschen auf das Klima – Abholzung, Entwässerung und „die Entwicklung großer Dampf- und Gasmassen" – in seinem zunächst auf Französisch und ein Jahr später auf Deutsch erschienen Werk „Asie centrale, recherches sur les chaînes de montagnes et la climatologie comparée" aus dem Jahr 1843 korrekt beschrieben hat, auch wenn er die Wirkung von CO_2 als Treibhausgas, die erst gegen Ende des 19. Jahrhunderts entdeckt wurde, noch nicht kannte (vgl. dazu exemplarisch die Arbeiten von John Tyndall [1820–1893; britischer Naturwissenschaftler] und Svante August Arrhenius [1859–1927; schwedischer Physiker und Chemiker] sowie die durch den US-amerikanischen Klimaforscher Charles David Keeling [1928–2005] initiierte Referenzkurve, welche die atmosphärische CO_2-Konzentration auf dem hawaiianischen Vulkan Mauna Loa seit 1958 aufzeichnet). Für Humboldt war der Mensch einer von vielen Klimafaktoren, dem er kein besonderes Gewicht beimaß. Der Einfluss der atmosphärischen Kohlendioxid-Konzentration auf das Klima blieb lange umstritten, und die Diskussion um einen vom Menschen verursachten Klimawandel trat wieder in den Hintergrund. Dazu mag auch beigetragen haben, dass es in den Jahrzehnten um 1900 nicht wenige Forscher gab, die von einer zyklischen Klimavariabilität ausgingen. Ein Beispiel hierfür sind die sog. Brückner'schen Perioden mit einer Dauer von durchschnittlich 35 Jahren, die der deutsche Klimatologe Eduard Brückner (1862–1927) errechnet hatte. Brückner gehörte mit seiner Forschung – ähnlich wie der US-amerikanische Geograph und Ökonom Ellsworth Huntington (1876–1947) – zu den Pionieren der Klimawirkungsforschung, insbesondere auch in Bezug auf die ökonomischen, demographischen und politischen Folgen klimatischer Veränderungen, und wurde international wahrgenommen. Die Variabilität des Klimas stieß schon damals über Landesgrenzen hinweg auf ein reges öffentliches und mediales Interesse, zumal das (globale) Klima in den Wirtschaftswissenschaften als ein zentraler Faktor ökonomischer Entwicklung und Produktivität galt.

An der Wende zum 20. Jahrhundert hatte die Wissenschaft grundsätzlich erkannt, wie dynamisch und variabel das Klima erdgeschichtlich war, doch es fehlte noch immer an validen Daten, um die Klimavergangenheit umfänglich rekonstruieren und in ihrer Komplexität schlüssig erklären zu können. In zahllosen Fachartikeln und Monographien aus jener Zeit finden sich sehr unterschiedliche und zum Teil widersprüchliche Sichtweisen auf das Klima und

(zyklische) Klimavariabilität

Konsolidierung der Klimaforschung

dessen Variabilität bzw. Uniformität, die 1909 erstmals in dem verdienstvollen Buch „Das Klimaproblem der Geologischen Vergangenheit und Historischen Gegenwart" des deutschen Meteorologen Wilhelm Richard Ernst Eckardt (1879–1930) zusammengetragen wurden. Es folgten zahlreiche weitere Publikationen – wie etwa „Climatic Changes. Their Nature and Causes" (1922) von Ellsworth Huntington und dem US-amerikanischen Geographen Stephen Sargent Visher (1887–1967) oder „The Evolution of Climate" (1.1.1 Brooks 1922) des britischen Meteorologen und Klimaforschers Charles Ernest Pelham (meist C. E. P.) Brooks –, die mehr oder weniger einflussreich werden sollten, bis sich das Forschungsfeld in den 1920er Jahren allmählich konsolidierte. Dazu trugen nicht zuletzt auch die Arbeiten von Alfred Lothar Wegener (1880–1930) bei, der 1924 gemeinsam mit seinem Schwiegervater Wladimir P. Köppen das erste auch aus heutiger Sicht noch relevante Lehrbuch der Paläoklimatologie („Die Klimate der geologischen Vorzeit") vorlegte. In den ersten Jahrzehnten des 20. Jahrhunderts gewann die Paläoklimatologie als eigenständige Wissenschaft weiter an Kontur und mithin auch das Klima der Vergangenheit. Die Zeit seit der Antike galt in Teilen der Forschung noch bis in die 1960er Jahre als weitgehend klimastabil, doch die konzeptionellen Grundlagen für historische Klimastudien waren gelegt. Nach dem 2. Weltkrieg wurden dann neue Analyseverfahren und Rechenanlagen entwickelt, durch die sich die Datenlage und die Sicht auf die jüngere Klimavergangenheit grundlegend verändern sollten.

Die Paläoklimatologie gewinnt an Kontur

1.2 „Klima" heute

Am 12. Februar 1979 begann in Genf die erste Weltklimakonferenz der Vereinten Nationen. Mehr als 350 Wissenschaftler und Delegierte aus 53 Ländern diskutierten unter dem Vorsitz der *World Meteorological Organization* (*WMO*) den aktuellen Stand und die künftige Ausrichtung der Klimaforschung. Im Ergebnis standen ein politischer Appell und ein Rahmenkonzept für ein internationales Forschungsprogramm. Die *Declaration of the World Climate Conference* warnte eindringlich vor den möglichen Folgen globaler Klimaveränderungen und forderte die Staatengemeinschaft dazu auf, die Erkenntnisse der Klimaforschung zum Leitfaden ihres politischen und ökonomischen Handelns zu machen. Mit dem *World Climate*

Die erste Weltklimakonferenz

Programme (*WCP*) sollten internationale Forschungsstrukturen aufgebaut werden, um das globale Klimageschehen und den anthropogenen Einfluss darauf besser verstehen und prognostizieren zu können.

Nur wenige Monate später, im Mai und Juli desselben Jahres, fanden kurz nacheinander die ersten internationalen Tagungen zum Thema „Klimageschichte" statt. In Cambridge (MA) traf sich ein kleiner Kreis von Historikern, Meteorologen, Chemikern, Physikern, Paläobotanikern und Astronomen, um über die empirischen und methodologischen Grundlagen einer historisch ausgerichteten Klimaforschung zu diskutieren. Die Ergebnisse dieser Konferenz wurden zunächst 1980 im *Journal of Interdisciplinary History* publiziert (1.3 ROTBERG/RABB [Hgg.] 1980; später in Buchform: 1.3 ROTBERG/RABB [Hgg.] 1981). Die zweite Konferenz an der *University of East Anglia* in Norwich war ungleich größer angelegt. Rund 250 Wissenschaftler aus über 30 Ländern debattierten neun Tage lang über die Grenzen und Möglichkeiten der Rekonstruktion vergangener Klimata sowie über das komplexe Wechselverhältnis zwischen „Mensch" und „Klima"; finanziert wurde die Veranstaltung u. a. von der *WMO* und dem Umweltprogramm der Vereinten Nationen (*UN Environment Progamme; UNEP*). Der 1981 erschiene Tagungsband „Climate and History. Studies in Past Climates and Their Impact on Man" enthält neben paläoklimatologischen und methodologischen Beiträgen auch mehrere Fallstudien zu den Auswirkungen von Klimaveränderungen auf verschiedene Regionen und Gesellschaften vom römischen Nordafrika bis in die Neuzeit. Beide Publikationen werden heute kaum mehr rezipiert, obgleich sie maßgeblich dazu beigetragen haben, der historischen Klimaforschung ihre heutige theoretische, methodische und inhaltliche Ausrichtung als interdisziplinäres und internationales Forschungsfeld zu geben. So benennen die Herausgeber des Sammelbandes zu der Tagung an der *Climate Research Unit* in Norwich – Tom M. L. WIGLEY, Michael J. INGRAM und Graham FARMER – in ihrer noch immer sehr lesenswerten Einleitung jene oben bereits erwähnten Themenfelder, die die historische Klimaforschung bis heute strukturieren: Klimarekonstruktion, Klimawirkungsforschung, Anpassungsforschung und die Wissensgeschichte des Klimas (vgl. 1.3 WIGLEY/INGRAM/FARMER 1981).

Auch wenn die erste wissenschaftliche Klimakonferenz bereits 1965 in Boulder (Colorado, USA) stattfand (vgl. dazu 1.1.2 WEART 2008 sowie bezüglich der Auswirkungen auf die Geschichtswissenschaft:

erste klimahistorische Konferenzen

Programmatik der Klimageschichte

Klima und Politik

1.3 BRYSON/PADOCH 1980), markiert das Jahr 1979 auf verschiedenen Ebenen einen zentralen Wendepunkt in der langen und wechselvollen Wissensgeschichte der Klimaforschung. Die *World Climate Conference* (*WCC*, später *WCC*-1) setzte die Veränderlichkeit des Klimas – ebenso wie deren Auswirkungen – auf die Agenda der internationalen Politik und schuf so die strukturellen Voraussetzungen für eine globalisierte Klimaforschung. In der zweiten Jahreshälfte veröffentlichte die US-amerikanische *National Academy of Science* mit dem sog. *Charney Report* die erste Metastudie über den Einfluss der atmosphärischen Kohlenstoffdioxid-Konzentration auf den Wärmehaushalt der Erde und gab der neuerlich aufkommenden Diskussion um den menschengemachten Klimawandel so eine wissenschaftliche Grundlage – und ihr bis heute zentrales Thema: die Erwärmung des Weltklimas durch den Treibhauseffekt (1.1.2 CHARNEY et al. 1979). Noch in den 1960er Jahren und darüber hinaus waren zahlreiche Forscher nach einigen kühleren Jahren davon ausgegangen, dass das Klima der Erde sich mittel- und langfristig spürbar abkühlen würde, was durchaus als Bedrohung wahrgenommen wurde. Das primär deskriptive Klimakonzept der (älteren) Geowissenschaften – wie die Beschreibung des Klimas anhand von Vegetationszonen – war im Verlauf des 20. Jahrhunderts sukzessive durch eine mathematisch-physikalische Betrachtungsweise abgelöst worden, die das Klima analytisch in seine Bestandteile – eine wachsende Zahl sog. Klimaelemente (s. S. 31 ff.) – zerlegt und als statistische Größe konzeptualisiert; der Fokus liegt seit den späten 1970er Jahren auf der Simulation und Prognose von Klimaprozessen. Die beschleunigte Entwicklung der Klimaforschung nach dem zweiten Weltkrieg wurzelt in technischen und methodischen Errungenschaften, die seit den 1950er und 60er Jahren in kurzer Folge aufkamen. Bis dahin waren paläontologische und geologische Untersuchungen – etwa zu Fossilien und zur Ausdehnung von Gletschern – sowie historische Quellen die einzigen Zeugen vergangener Klimazustände gewesen. Durch neue technische Verfahren (wie die radiometrische Datierung, die Sauerstoffisotopen-Methode und die Sedimentationsanalyse) konnten die „Archive der Erde" (e. g.) Eisbohrkerne, Meeres- und Binnenseesedimente, Baumringe und Pflanzenpollen für die Paläoklimatologie erschlossen werden, und so traten naturwissenschaftliche Proxydaten zunehmend an die Stelle historischer Beschreibungen. Erste Großrechner mit einer ausreichenden Rechenkapazität ermöglichten es, die anfallenden

Datenmengen systematisch auszuwerten und in Klimamodelle zu überführen. Die satellitengestützte Atmosphärenmessung lieferte zusätzliche Daten für ein besseres Verständnis des rezenten Klimageschehens. Mit dieser Neuausrichtung der Klimatologie rückte die Variabilität des Klimas weiter in den Vordergrund, und die Frage, welche Auswirkungen Klimaveränderungen auf menschliche Gesellschaften und Ökosysteme haben, verdichtete sich zu einem neuen Forschungsfeld, der Klimawirkungsforschung, das historisch und konzeptionell eng mit der Klimageschichte verbunden ist.

Als die Wissenschaft erkannte, dass das Klima sich auch im Holozän und in der eigenen Gegenwart noch veränderte, wurde es erforderlich, zu definieren, über welche Zeiträume hinweg das Klimageschehen statistisch beschrieben und verglichen werden sollte. Vor diesem Hintergrund definiert die *WMO* seit 1935 – damals noch unter der Bezeichnung *International Meteorological Organization* (*IMO*) – sog. Klimanormalperioden von jeweils 30 Jahren (1901–1930; 1931–1960; 1961–1990; 1991–2020), wobei seit Kurzem empfohlen wird, die Datenbasis alle zehn Jahre zu aktualisieren, um die Dynamik der Klimaentwicklung besser abbilden zu können. Aus statistischen Gründen gibt es verschiedentlich alternative Normperioden – etwa 1971–2000 oder 1981–2010 –, die aber weniger verbreitet sind. *Climate normals* (*CLINO*) sind die zentrale Bezugsgröße der rezenten Klimaforschung. Über sie können lokale, regionale und globale Veränderungen der klimatischen Verhältnisse ebenso bestimmt werden wie die Häufigkeit und Intensität von meteorologischen Anomalien (Starkregen, Hitzewellen und andere Extremereignisse). Daher sind sie, nicht nur was den Umweltschutz betrifft, zu einem wichtigen Steuerungsinstrument in Politik und Wirtschaft geworden. Klimadaten spielen in der Risikobewertung von Versicherungen ebenso eine Rolle wie bei strategischen Entscheidungen bezüglich der Energieversorgung oder Anpassungen in der Land-, Forst- und Bauwirtschaft. Zu analytischen Zwecken wurde in den späten 1970er Jahren erstmals ein klimatischer Normwert für das vorindustrielle Zeitalter definiert. Die Grundlage war der früheste Zeitraum (1880–1884), für den vereinzelt belastbare Daten vorliegen, aus denen sich die „Globale Durchschnittstemperatur an der Oberfläche" (*Global Mean Surface Temperature*; *GMST*) zumindest näherungsweise rekonstruieren lässt. Seit 2015 gibt es drei klimatologische Normwerte: Die jeweils gültige Klimanormalperiode zur Beschreibung des rezenten Klimas und als Grundlage u. a. für öko-

[Marginalien:] die Normierung des Klimas

das vorindustrielle Klima

nomische Entscheidungen, die Periode von 1961 bis 1990 als Referenz für die Beurteilung der vergangenen und künftigen Klimaentwicklung sowie schließlich einen nicht exakt definierten vorindustriellen Zeitraum, auf den sich auch das 1,5-Grad-Ziel des Pariser Klimaabkommens (*Paris Agreement*; *PA*) aus demselben Jahr bezieht (vgl. dazu 1.1.2 HULME 2020). Für die gesamte Zeit davor wurden keine vergleichbaren Referenzwerte festgelegt, da es keinen Klimazustand gibt, der erdgeschichtlich – oder auch nur historisch – als ‚normal' betrachtet werden könnte. Zudem stehen nicht genügend paläoklimatologische Daten in einer entsprechenden räumlichen und zeitlichen Auflösung zur Verfügung. So haben beispielsweise Eisbohrkerne aus Grönland oder der Antarktis zwar eine Schichtung, die Jahrhunderttausende zurückreicht, doch sie bilden jeweils nur die grundsätzlichen Konturen der Klimaentwicklung in der Nord- bzw. Südhemisphäre ab. Andere Klimaarchive wie Moore, Binnenseesedimente oder Baumstämme erfassen hingegen nur einige tausend Jahre, ermöglichen aber für die jeweiligen Fundorte kleinräumigere und damit differenziertere Rekonstruktionen. Das Klimageschehen der Antike wird über Trends und relative Schwankungen einzelner Klimaelemente – wie Temperatur, Niederschlag und Sonneneinstrahlung – charakterisiert und in Phasen von zumeist wenigen hundert Jahren gegliedert, die sich in hohem Maße an der geschichtswissenschaftlichen Chronologie orientieren. Da Klimazustände immer in Relation zueinander beschrieben werden, finden sich für vergangene Klimata häufig Begriffe wie (relatives) „Optimum" bzw. „Pessimum", die zumindest in der Alltagssprache eine Wertung enthalten – auch wenn dies im Fachjargon der Klimaforscher nicht intendiert ist, da diese Terminologie sich auf die mathematisch positive oder negative Varianz gegenüber einem fiktiven Normalzustand bezieht. Um Missverständnisse zu vermeiden, sollten in der Klimageschichte eher Formulierungen wie „Warm-" oder „Kaltphase" verwendet werden, die weniger verfänglich sind. Eine Normierung des Klimas war und ist stets mit einer qualitativen Bewertung verbunden. Die Vorstellung, es gebe „gute" und „schlechte" Klimata, reicht ideengeschichtlich bis in die Antike zurück, hat aber erst im 19. und 20. Jahrhundert eine zeitliche Komponente und feste Bezugsgrößen bekommen.

Auch wenn es noch Jahre und Jahrzehnte dauern sollte, bis der Klimawandel in Forschung, Politik und Öffentlichkeit als das zentrale Thema und „die größte Herausforderung" der Menschheit betrachtet wurde – die vielzitierte „Hockeyschläger-Kurve" wurde erstmals 1999 publiziert und prägte den *IPCC*-Bericht aus dem Jahr 2001 –, sind die Eckpunkte und Konturen der aktuellen Klimadebatte bereits Ende der 1970er Jahre greifbar: Das Klima ist „variabel in allen Größenordnungen von Raum und Zeit" (1.2 BLÜTHGEN/WEISCHET 1980), folglich ist jeder Klimazustand grundsätzlich kontingent. Es hat einen erheblichen Einfluss nicht nur auf zentrale Aspekte des menschlichen Lebens – wie Nahrungs- und Wasserversorgung, Energiegewinnung, Gesundheit und Lebensweise –, sondern auch auf die Natur insgesamt. Wandel wird in diesem Kontext als (potentielle) Bedrohung oder Krise konzeptualisiert, was die Narrative und Interpretationsansätze bezüglich vergangener Klimazusammenhänge nachhaltig geprägt hat. Die Klimaveränderungen seit Beginn der Industrialisierung werden auch – oder primär – auf anthropogene Ursachen wie den vermehrten Ausstoß von Kohlenstoffdioxid zurückgeführt, wodurch der Menschheit eine moralische und politische Verantwortung zur Reduktion und Bekämpfung des Klimawandels auch mit technischen Mitteln – Stichwort *Climate Engineering* – zugewiesen wird. Dieser Problemkreis ist ein zentraler Bestandteil der seit Beginn des 21. Jahrhunderts intensivierten Diskussion um die Frage, ob und gegebenenfalls wann unter dem Einfluss des Menschen eine neue geologische Epoche, das „Anthropozän", angebrochen sei und welche Konsequenzen dies nicht nur für die Konzepte „Natur", „Umwelt", „Klima" und „Mensch", sondern auch für unser Geschichtsverständnis habe. Im letzten Drittel des 19. Jahrhunderts hatte der italienische Geologe Antonio Stoppani (1824–1891), wie andere Gelehrte seiner Zeit, einen wachsenden Einfluss des Menschen auf die Natur konstatiert und dafür den Begriff „era antropozoica" (anthropozoische Ära) geprägt. Die Idee eines vom Menschen (mit)bestimmten Erdzeitalters stellt die Wissenschaft vor die Herausforderung, geologische und historische Zeitvorstellungen in Beziehung zueinander zu setzen und auf diese Weise neu zu skalieren. Die Naturgeschichte würde so gleichsam zur Geschichte des Menschen – und umgekehrt. Für die Alte Geschichte steht diese Diskussion, wie für die Geschichtswissenschaft insgesamt, noch am Anfang.

<aside>anthropogene Einflüsse</aside>

<aside>Anthropozän-Debatte</aside>

2 Naturwissenschaftliche Perspektive

Interdisziplinarität

Das empirische Wissen über das Klima und dessen Variabilität basiert auf den Daten und Analysen unzähliger wissenschaftlicher Arbeiten aus unterschiedlichen Disziplinen, deren Ergebnisse fortwährend falsifiziert oder verifiziert wurden und werden. Die Klimatologie ist eine hochdynamische interdisziplinäre Wissenschaft ohne klar abgrenzbare Fachkonturen. Neben der Meteorologie, Physik, Chemie, Geographie und Geologie beschäftigen sich auch die Biologie und Meereskunde sowie zahlreiche Unterdisziplinen dieser Fächer mit klimatologischen Fragen. Wegweisend für das moderne Klimaverständnis war aber in erster Linie die rasante Entwicklung der Paläoklimatologie nach dem zweiten Weltkrieg. Ohne das vielfältige Datenmaterial und die komplexe Modellbildung zu den Klimata der Vergangenheit – bis hinein in die Frühphase der Erdgeschichte vor annähernd vier Milliarden Jahren – wäre es der Forschung nicht möglich gewesen, die Mechanismen, Dynamiken und Wechselwirkungen des Klimasystems so weit zu entschlüsseln, wie dies heute der Fall ist. Auch wüssten wir nichts über die mögliche Schwankungsbreite der Klimaverhältnisse und die Zeiträume, in denen sich solche Veränderungen vollzogen haben bzw. noch immer vollziehen.

Rolle der Paläoklimatologie

Klimadefinition

Um die Komplexität des Klimageschehens und die verschiedenen Fachperspektiven zumindest ansatzweise erfassen zu können, formuliert der Meteorologe Christian-Dietrich SCHÖNWIESE (geb. 1940) in seinem mittlerweile in fünfter Auflage erschienen deutschsprachigen Standardwerk „Klimatologie" eine zunächst sehr abstrakte Arbeitshypothese für eine naturwissenschaftliche Klima-Definition (1.2 SCHÖNWIESE 2020, 56): „Das terrestrische Klima ist die für einen Standort, eine definierbare Region oder ggf. auch globale statistische Beschreibung der relevanten Klimaelemente, die für eine nicht zu kleine zeitliche Größenordnung die Gegebenheiten und Variationen der Erdatmosphäre hinreichend ausführlich charakterisiert. Ursächlich ist das Klima eine Folge der physikochemischen Prozesse und Wechselwirkungen im Klimasystem sowie der externen Einflüsse auf dieses System." Diese Definition kann als Grundlage für die folgende Einführung in die Klimatologie dienen.

2.1 Raum und Zeit

Die Grundkoordinaten des naturwissenschaftlichen Klimabegriffes sind Raum und Zeit in einem vierdimensionalen Verständnis, das die Atmosphäre in ihrer vertikalen Ausdehnung mitberücksichtigt. In der Regel basiert die horizontale Differenzierung des Klimas nach geographischen Räumen – ähnlich wie auch in der Geschichtswissenschaft – auf einem zweidimensionalen Flächenbegriff, der aber über die Geländehöhe (Topographie) bei Bedarf um die vertikale Achse der Erdoberfläche erweitert werden kann. Aus geographischer Sicht werden in räumlicher Perspektive drei Größenordnungen der Klimabetrachtung unterschieden: von der einzelnen Messstation – Stations-, Standort- oder Lokalklima – über das Regionalklima in einzelnen Ländern oder Klimazonen bis hin zum Globalklima; in der Meteorologie haben sich äquivalent die Bezeichnungen Mikro-, Meso- und Makroklima etabliert. Beide Wissenschaften arbeiten darüber hinaus mit einer detaillierteren Auflösung der räumlich-horizontalen Größenordnung, die von wenigen Millimetern bis hin zum Erdumfang von ca. 40.000 km reicht. Die aus einer klimahistorischen Sicht wichtigsten Begriffe der geographischen Typologie seien – mit Beispielen – kurz erwähnt: Standort (Haus oder Baum), Gelände (Talmulde oder Gebirgshang), Landschaft (Stadt, Feld oder Wald), Großlandschaft (Steppe oder Gebirge), Großraum (Mittelmeerraum), Zone (Gemäßigte Zone oder Polarzone). Heute wird der Klimabegriff, anders als noch im 18. Jahrhundert, nicht mehr räumlich definiert. Dennoch ist eine horizontale Betrachtungsweise sinnvoll und erforderlich. So ist die geographische Lage nicht nur ursächlich für klimatische Unterschiede, sondern spielt auch in der Klimaklassifikation eine zentrale Rolle. Die vertikale Ausdehnung des Raumes bis in die Atmosphäre hinein ist ein klassischer Untersuchungsgegenstand der Meteorologie, da die dreidimensionalen Vorgänge in den bodennahen Luftschichten – wie der Wärmehaushalt und der Wasserkreislauf der Erde – das gesamte Klima- und Wettergeschehen prägen. Die Atmosphäre besteht hauptsächlich aus Gasen, Wasser in flüssigem oder festem Zustand (Hydrometeore) sowie aus festen und teilweise auch flüssigen Substanzen, die nicht aus Wasser bestehen (Aerosole). Die Vertikalausdehnung der Atmosphäre wird in der Literatur mit bis zu 1000 km angegeben, wobei bereits in einer Höhe von mehreren Hundert Kilometern ein Hochvakuum herrscht. Für das

räumlicher Zuschnitt

der vertikale Raum (Atmosphäre)

Klimageschehen relevant sind vor allem die unteren etwa 10 km über Normalnull (NN), die sog. Troposphäre, auch wenn es einzelne Phänomene wie die Ozonschicht oder besonders starke vulkanische Emissionen gibt, die in der Stratosphäre, also in einer Höhe von bis zu ca. 50 km, wirken.

zeitliche Einordnung

Der eigentliche Kern der heutigen Klimadefinition ist die Zeit. Über sie wird das Klima von Wetter- und Witterungserscheinungen abgegrenzt, wobei „Witterung" ein spezifischer Begriff der deutschsprachigen Meteorologie ist. In deren Typologie gelten kurzlebige Erscheinungen wie eine einzelne Wolkenbildung oder ein Hagelschauer als „Wetterereignisse", „Witterung" bezieht sich auf den (spezifischen) Verlauf einer kürzeren Zeiteinheit wie beispielsweise einer Jahreszeit. Andere, langanhaltende umweltbezogene Gegebenheiten wie eine mehrjährige Dürre oder auch erdgeschichtlich relevante Warm- bzw. Kaltzeiten (zu diesen Begriffen s. S. 36), die sich über Millionen von Jahren erstrecken können, werden als „Klimaereignis" bezeichnet. Im angelsächsischen Raum – und auch international – wird die Grenze zwischen Wetter- und Klimaereignissen hingegen bereits ab einer Zeitdauer von etwa einem Monat gezogen, da dies die theoretische Obergrenze für Wettervorhersagen ist; alle meteorologischen Zustände, die länger andauern, werden in dieser Terminologie dem Klimageschehen zugerechnet. Atmosphärische Phänomene werden anhand ihrer charakteristischen Zeit typisiert. Diese Messgröße kann sich dabei sowohl auf die tatsächliche Zeitspanne eines Wetter-, Witterungs- oder Klimaereignisses beziehen als auch auf die mittlere Zykluslänge von Phänomenen wie der Lufttemperatur, die für sich genommen keine zeitliche Struktur mit einem Start- und Endpunkt aufweisen. „Zyklus" bezeichnet dann den mittleren Zeitabstand der relativen Minima und Maxima beispielsweise im Tages- oder Jahreslauf. Der Zeithorizont der Meteorologie reicht von Sekundenbruchteilen bei Mikroturbulenzen wie einem Hitzeflimmern bis hin zum Alter der Erde von ca. 4,6 Milliarden Jahren. Es gibt zwar keine einzelnen Klimaereignisse, die eine so große charakteristische Zeit aufweisen, aber unter „Klima" wird auch – und heute wohl primär – die statistische Beschreibung, Analyse und Bewertung der langjährigen Wetterverhältnisse verstanden. Der Zeitraum der Messung oder Beobachtung muss deutlich länger als die typische Dauer des entsprechenden Phänomens sein, um die statistischen Charakteristika der einzelnen Wetterelemente hinreichend genau und signifikant angeben zu können. Daher hat

Wie lange dauert ein Klimaereignis?

Referenzzeiträume

die *International Meteorological Organization* (*IMO*) – als Vorgängerorganisation der *WMO* – bereits zu Beginn des 20. Jahrhunderts eine Mindestbeobachtungszeit von 30 Jahren festgelegt. Dieses Intervall gilt auch heute noch als Definitionsgröße für den Klimabegriff, wenngleich in der Paläoklimatologie, je nach Fragestellung, zumeist weit größere Zeitspannen in den Blick genommen werden. Die Definition solcher Referenzzeiträume ist unerlässlich, um klimatische Veränderungen messen bzw. schätzen und in Hinblick auf ihre (möglichen) Auswirkungen bewerten zu können. Zugleich aber suggerieren sie eine (globale) Homogenität der Klimabedingungen bzw. -entwicklung, die so nicht gegeben ist. Sie beziehen sich auf verschiedene Bestandteile des Klimas, deren Schwankungsbreite wiederum regional sehr unterschiedlich ausfallen kann. Daher ist auch der Begriff des „derzeitigen" oder „rezenten Klimas" ebenso problematisch wie umstritten. Er setzt einen Ist-Zustand voraus, der dem heutigen Verständnis von der Variabilität des Klimageschehens widerspricht (vgl. S. 25). In ähnlicher Weise gilt dies auch für die räumlich-globale Betrachtung des Klimas: Die weltweite Durchschnittstemperatur an der Erdoberfläche, auf die sich auch das politische 1,5-Grad-Ziel bezieht, ist ein datenbasiertes Konstrukt, das nicht direkt messbar ist.

Klima als Ist-Zustand

Wie oben ausgeführt, werden klimabezogene Referenzzeiträume, die sog. *climate normals*, seit den 30er Jahren des 20. Jahrhunderts festgelegt, doch die Klimaforschung beschäftigt sich mit weit größeren Zeiträumen, die letztlich bis zur Entstehung der Erde vor über vier Milliarden Jahren zurückreichen. Dabei wird zwischen „Neoklimatologie", „historischer Klimatologie" und „Paläoklimatologie" unterschieden. Diese Gliederung bezieht sich auf das zugrundeliegende Daten- bzw. Quellenmaterial und gibt der Klimaforschung eine chronologische Struktur. Die Paläoklimatologie umfasst den mit Abstand größten Zeitraum und stützt sich ausschließlich auf Proxydaten (s. S. 67) aus sehr unterschiedlichen naturwissenschaftlichen Verfahren sowie auf geophysikalische Modelle und geologische Analysen extrem alter Gesteinsformationen. Für historische Epochen stehen Klimasignale aus unterschiedlichen Archiven und historische Quellen zur Verfügung sowie für die Neuzeit zum Teil sogar zeitgenössische Messdaten. Die Neoklimatologie arbeitet ausschließlich mit direkten Messungen und hat daher einen begrenzten Zeithorizont von ca. 350 Jahren – und dies auch nur an einigen wenigen Orten, zu denen es kontinuierliche Messreihen über mehr

Zeitebenen der Klimatologie

Säkularreihen

als 100 Jahre hinweg (sog. Säkularreihen) gibt. Für Zentralengland konnte die bodennahe Lufttemperatur, wenn auch nur im Monatsmittel und anhand von Messungen an verschiedenen Orten, bis in das Jahr 1659 zurückverfolgt werden. Weitere Beispiele für Säkularreihen sind die Niederschlagsmessungen in Kew bei London seit 1697, die Erfassung des Luftdruckes im niederländischen De Bilt seit 1740 sowie die Windmessungen auf dem Hohenpeißenberg in Oberbayern, die bis in das Jahr 1781 zurückreichen. Solche Datensätze sind für die Klimatologie von hohem Wert, es bleibt allerdings zu beachten, dass sich nicht nur die Messgenauigkeit, sondern auch die Instrumente und Verfahren im Lauf der Zeit immer wieder verändert haben, was einen Vergleich der Daten häufig erschwert.

Anzahl der Messstationen

Im 19. Jahrhundert war damit begonnen worden, die Messinfrastruktur systematisch auszubauen. Heute erfassen weltweit über 10.000 Messstationen die Vorgänge in der bodennahen Atmosphäre, wobei die Abdeckung in der südlichen Hemisphäre und über den Ozeanen deutlich schlechter ist als auf der Nordhalbkugel. Die Niederschlagsmengen werden aufgrund ihrer großen Variabilität sehr viel engmaschiger erfasst, allein in Deutschland gibt es mehr als 4500 Messstellen. Über 1000 Radiosonden an Wetterballons und mehr als 150 Satelliten ergänzen dieses System um die vertikale Dimension der Atmosphäre und tragen so zu einem tieferen Verständnis des Klimageschehens bei. Erste Sonden gab es bereits zu Beginn des 20. Jahrhunderts, doch erst seit den 1960er Jahren werden Klimadaten aus den höheren Schichten der Atmosphäre systematisch

älteste Klimaarchive

erfasst. Von den natürlichen Kimaarchiven und anderen Quellen der antiken Klimageschichte wird noch die Rede sein. Es sei hier nur angemerkt, dass die räumliche und zeitliche Auflösung der paläoklimatologischen Daten erheblich abnimmt, je weiter man in der Zeit zurückgeht. Für die etwa 800 Millionen Jahre, die zwischen der Entstehung der Erde und den ersten erhaltenen Sedimenten mit einem Alter von ca. 3,8 Milliarden Jahren liegen, können die Klimaverhältnisse nur schemenhaft über geophysikalische Modelle rekonstruiert werden. Die ältesten ‚direkten' Klimaarchive finden sich in Form von Tiefseebohrkernen für die Zeit vor etwa 200 Millionen Jahren, die den Übergang von der Trias (ca. 250–205 *mya*; *million years ago*) zum Jura (ca. 205–135 *mya*) markiert (zur Auswertung solcher Archive s. Kapitel 2.1.1 „Woher kommt das Wissen über das antike Klima?").

2.2 Klimaelemente

Um das Klima überhaupt quantifizieren und mathematisch-naturwissenschaftlich beschreiben zu können, wird es analytisch in seine Bestandteile, die sog. Klimaelemente oder -variablen, zerlegt. Das 1992 ins Leben gerufene *Global Climate Observing System* (*GCOS*) spezifiziert derzeit 54 „wesentliche Klimavariablen" (*Essential Climate Variables*; *ECV*) – von der Lufttemperatur über die Biochemie der Ozeane bis hin zur Ausdehnung der Polkappen –, anhand derer Klimazustände und -veränderungen so differenziert und präzise wie möglich charakterisiert werden sollen. Es handelt sich dabei um physikalische, chemische, biologische, geologische und eine Gruppe verknüpfter bzw. zusammengesetzter Kenngrößen wie beispielsweise die Verdunstung, die weit über die klassische meteorologische Betrachtungsweise hinausgreifen und das gesamte Klimasystem mit einbeziehen. Rund die Hälfte dieser Variablen wird durch satellitenbasierte Messungen erhoben und bildet eine globale Perspektive ab. Allerdings reichen diese Daten zumeist, wenn überhaupt, lediglich etwa 30 Jahre zurück und können nur zur Charakterisierung rezenter und für die Prognose zukünftiger Klimagegebenheiten herangezogen werden. Die klassischen Elemente der Klimabeschreibung sind daher nach wie vor meteorologische Größen (Wetterelemente) – wie Lufttemperatur und Niederschlagsmenge, Luftdruck, Luftfeuchte, Wind und Bewölkung –, die zum Teil bereits seit Jahrhunderten systematisch erhoben werden. Für eine differenziertere Analyse kommen weitere Variablen wie Schneedeckenhöhe, Sonnenscheindauer, meteorologische Sichtweite, Erdbodenzustand (u. a. trocken, nass oder gefroren) sowie die Art und Häufigkeit komplexer Wettererscheinungen wie beispielsweise Gewitter oder Starkregen hinzu. Der terrestrische Strahlungshaushalt, d. h. die Energieübertragung zwischen Sonne, Erde und Atmosphäre durch elektromagnetische Wellen, hat zwar erheblichen Einfluss auf das Klima, wird aber im Rahmen des *GCOS* gesondert gemessen und gehört nicht zu den standardmäßig erfassten Daten des meteorologischen Klimamessnetzes. Die Klimadokumentation unterscheidet sich hinsichtlich einiger Details, u. a. was die verwendeten Messinstrumente, die Maßeinheiten und die Auflösungsgenauigkeit betrifft, von der Wetterbeobachtung, verwendet aber im Wesentlichen dieselben Erhebungsverfahren: Die meisten Größen und Phänomene – wie Temperatur, Niederschlag, Luftfeuchte oder

Vielfalt der Klimavariablen

die klassischen Klimaelemente

Wind – werden gemessen, Sichtweite und Wolkenbedeckung werden – auch wenn es Messverfahren gibt – häufig geschätzt, der Bodenzustand, die Art der Bewölkung und Wettererscheinungen schließlich werden beobachtet, festgestellt und gegebenenfalls anhand vorgegebener Indizes näher bestimmt.

Klimadokumentation — Die Daten der Klimadokumentation, die sog. Klimagrößen, werden für einen definierten Zeitraum statistisch verarbeitet und charakterisieren so den Zustand oder auch eine Veränderung des Klimas am Ort der Erhebung oder in globaler Perspektive. Dabei geht es nicht um kurzfristige, gleichsam zyklische Schwankungen wie den Tages- oder Jahreslauf des Wetters, sondern um ein immenses Spektrum an zeitlichen Größenordnungen von den dreißigjährigen Klimanormalperioden bis hin zu langanhaltenden Warm- oder Kaltphasen mit einer Dauer von mehreren Millionen Jahren. Das verwendete Zeitintervall hat einen erheblichen Einfluss darauf, ob und wie Veränderungen des Klimas wahrgenommen und in Hinblick

Zeiträume — auf ihre Auswirkungen bewertet werden. Dieser Aspekt ist von besonderer Bedeutung, da die Klimageschichte andere, primär an menschlichen Dimensionen ausgerichtete Zeiträume fokussiert als eine rein naturwissenschaftliche Sichtweise. Historische Zusammenhänge und Entwicklungen werden nicht nur in den, im Vergleich zur Geologie noch immer sehr kurzen, Zeitläuften der *longue durée* analysiert, sondern insbesondere auch in der Größenordnung von Tagen, Monaten und (wenigen) Jahren. Die Vorstellung eines derzeitigen Klimas ist, für die Geschichte wie für die Gegenwart, ein Konstrukt, da sie einen klimatischen Ist-Zustand voraussetzt,

Formen der Klimaveränderung — der die Zeitlichkeit weitestgehend ausblendet. In der Klimatologie werden vier Formen der Klimaänderung unterschieden – Trend, Sprung, Wende und Schwankung – die jeweils auf einer statistischen Auswertung der Klimadokumentation basieren. Unter „Trend" versteht die Forschung einen monotonen Anstieg bzw. Fall beispielsweise der Temperatur oder der Niederschlagsmenge; der Verlauf eines solchen Trends kann linear oder progressiv ausgeprägt sein. Abrupte Veränderungen werden als „Sprung" bezeichnet, lassen sich bei einer anderen zeitlichen Auflösung jedoch auch als rascher Trend interpretieren. Eine Trendumkehr kann, wiederum in Abhängigkeit von dem angelegten Zeitintervall, als „Wende" oder „Schwankung" erscheinen, wobei eine Schwankung durch mehrere relative Minima und Maxima in unregelmäßigen Abständen gekennzeichnet ist. In der Forschung gab und gibt es verschiedene Modellrechnungen zu zyklischen Schwankungen beispielsweise der Neigung der Erdachse, der Sonneneinstrahlung oder der großen ozeanischen und atmosphärischen Zirkulationen (sog. Klimamoden; *modes of climate variability*), die aber keinem streng periodischen Verlauf mit konstanter Periode und Amplitude folgen. Über diese vier Modi hinaus können in Bezug auf einen als normal bzw. durchschnittlich definierten Klimazustand auch Klimaanomalien wie ein besonders heißer Sommer oder der sog. Vulkanwinter der 530er und 40er Jahre unserer Zeitrechnung auftreten, die sich durch ihre relativ kurze Dauer von anhaltenden Klimaänderungen unterscheiden. Die Klassifikation der klimatischen Variabilität beeinflusst nicht nur deren Wahrnehmung in Forschung, Öffentlichkeit und Politik, sondern auch deren Interpretation als historischer Faktor. Die räumliche Dimension vergangener Klimaänderungen und -anomalien wurde lange vernachlässigt, doch seit einigen Jahren gibt es bessere Daten, und so ist in der naturwissenschaftlichen Klimaforschung eine intensive Debatte darüber aufgekommen, welche geographische Ausdehnung solche Phänomene hatten. Ein Beispiel hierfür ist die sog. *Late Antique Little Ice Age*, für die lange ein globales oder zumindest eurasisches Ausmaß angenommen wurde, die heute aber eher als regionales Phänomen in verschiedenen Gebieten der Nordhalbkugel gesehen wird. Diese Diskussionen stehen durchaus auch im Zusammenhang mit der Frage, wie singulär der gegenwärtige Klimawandel ist und ob es in der Vergangenheit vergleichbare Entwicklungen gegeben hat. Aus naturwissenschaftlicher Sicht werden regionale oder globale Klimaveränderungen als statistisch signifikante Abweichungen im Mittelwert einzelner oder mehrerer Klimaelemente sichtbar, die über unterschiedliche Zeiträume hinweg aufgelöst werden können. Mit der Feststellung einer solchen Veränderung ist zunächst keine Aussage über mögliche Ursachen und Folgen bzw. über die weitere Entwicklung verbunden. Dazu bedarf es komplexer Modelle, die es ermöglichen, entsprechende Szenarien auch kleinräumig zu simulieren. Allerdings haben insbesondere paläoklimatologische Szenarien eine vergleichsweise grobe räumliche Auflösung, so dass sich die konkreten Auswirkungen vergangener Klimaänderungen auf einzelne Regionen oder kleinere Gebiete, was aus historischer Sicht von besonderem Interesse wäre, häufig nicht rekonstruieren lassen.

<small>räumliche Dimension des Klimas</small>

<small>historischer Klimawandel?</small>

2.3 Klimasystem

Wie bereits skizziert, ereignet sich das Klimageschehen überwiegend in den bodennahen Schichten der Atmosphäre, doch das Klima lässt sich nicht ursächlich auf diese Luftschichten reduzieren. Vielmehr ist die Atmosphäre selbst in ein hochkomplexes physikalisch-chemisches System eingebunden, das auch die Biosphäre – insbesondere die Vegetation –, das Land- und Meereis (Kryosphäre), das Salz- und Süßwasser (Hydrosphäre) sowie Boden (Pedosphäre) und Gestein (Lithosphäre) als feste Bestandteile der Erde (zusammen Geosphäre) umfasst. Grundsätzlich kann die Funktionsweise des Klimasystems deterministisch, d.h. in Form von Ursache-Wirkung-Beziehungen beschrieben werden, doch es gibt vielfältige Querverbindungen und Rückkopplungen zwischen den Subsystemen und Variablen bzw. Elementen des Klimas, die im Rahmen der statistischen Verteilung auch eine Zufallskomponente aufweisen. Das Klimageschehen wird daher als nichtlineares System betrachtet. Die Gesamtwirkung lässt sich häufig nicht auf die Summe der einzelnen Vorgänge reduzieren und ist insofern nur bis zu einem gewissen Grad vorhersagbar. Nicht zuletzt aus Platzgründen beschränken sich die folgenden Ausführungen auf einige grundlegende Aspekte und Zusammenhänge des Klimasystems, die aus klimahistorischer Sicht von Bedeutung sind und in der Fachliteratur immer wieder erwähnt werden. Die zugrundeliegenden naturwissenschaftlichen Prozesse werden dabei außer Acht gelassen, da eine eingehende Betrachtung der physikalischen und chemischen Grundlagen über die Agenda dieses Buches hinausgreifen würde. Das terrestrische Klima hängt in erster Linie von der Intensität der Sonneneinstrahlung bzw. von der Energie ab, die in das Klimasystem – insbesondere in die Atmosphäre, die Erdoberfläche und die Ozeane – eingebracht wird. Ein Teil der eingestrahlten Energie wird bereits von der Atmosphäre absorbiert, gestreut und reflektiert, daher ist die chemische Zusammensetzung der Luftschichten ein zentraler Klimafaktor – es sei an den Treibhauseffekt erinnert. Die restliche Energie erreicht die Erde und wird dort, je nach Beschaffenheit der Oberfläche (Boden, Gestein, Vegetation, Schnee/Eis) aufgenommen oder zurückgestrahlt. Den größten Anteil an der Aufnahme, Speicherung und Verteilung der Sonnenenergie haben die Ozeane. Mit einer Fläche von ungefähr 361 Millionen Quadratkilometern (ca. 70,8 % der Erdoberfläche) haben sie die mit Abstand größte Grenzfläche zur Atmosphäre. Aufgrund der physikalischen Eigenschaften von Wasser verfügen sie außerdem über die höchste spezifische Wärmekapazität. Sie können also sehr viel Wärmeenergie aufnehmen und geben diese nur langsam wieder ab; hinzu kommt ihre immense Masse von etwa 1350×10^{18} kg, die nur von der Geosphäre (ca. $5{,}98 \times 10^{24}$ kg) übertroffen wird. Dadurch wirken sie ausgleichend auf die Temperaturschwankungen der Atmosphäre und des Klimasystems insgesamt. Über große Druck- und Strömungssysteme – wie die *El Niño-Southern Oscillation* (*ENSO*), die *Atlantic Multidecadal Oscillation* (*AMO*) oder die *North Atlantic Oscillation* (*NAO*) – stehen die Ozeane und die Atmosphäre in vielfältiger Wechselwirkung zueinander, auch was beispielsweise den jeweiligen CO_2-Gehalt betrifft. Die globalen atmosphärischen und ozeanischen Zirkulationssysteme haben großen Anteil an der Regulierung sowohl des Wärme- als auch des Wasserhaushaltes der Erde, sind jedoch selbst an die Klimabedingungen gebunden. Daher werden sie in der Forschung auch als sekundäre Klimafaktoren bezeichnet: Sie sind nicht die Ursache des Klimageschehens, sondern deren Resultat, haben zugleich aber erhebliche Auswirkungen auf das Wettergeschehen. Ähnliches gilt für die Vegetation bzw. für die großen Vegetationszonen der Erde. Auch sie stehen in einem je eigenen Wechselverhältnis mit der Atmosphäre und nehmen damit nicht nur Einfluss auf den terrestrischen Temperatur- und Wasserhaushalt, sondern auch auf die Zusammensetzung der unterschiedlichen Luftschichten. Zugleich ist die Vegetation unmittelbar abhängig von zentralen Klimaelementen wie der Temperatur und der Niederschlagsmenge. Die Intensität und die geographische Verteilung der Sonneneinstrahlung werden darüber hinaus durch die astrophysikalischen Grundbedingungen, die Ekliptik, die Oberflächenkrümmung und die Rotationsachse der Erde, bestimmt. So verändern sich die Umlaufbahn und die Neigung der Erdkugel in sehr großen Zyklen von mehreren Zehntausend Jahren und beeinflussen damit den Wechsel von Warm- und Kaltzeiten. Das Verhältnis von reflektierter zu absorbierter Sonnenstrahlung wird als „Albedo" bezeichnet und unterscheidet sich, wie auch die Speicherfähigkeit, je nach Oberflächenbeschaffenheit. Bei Eis- und Schneeflächen stellt sich hier die sog. Eis-Albedo-Rückkopplung ein. Durch die hohe Reflexionsfähigkeit der hellen Oberfläche verringert sich die Strahlungsbilanz der Erdoberfläche erheblich, was den Schneeanteil am Niederschlag und damit auch die Albedo weiter steigen lässt und letztlich

Marginalien:
- Atmosphäre und Ozeane
- Vegetation
- Physik der Erdkugel
- Eis und Schnee (Albedo)

eine Abkühlung des gesamten Systems zur Folge haben kann. Umgekehrt bedeutet das Abschmelzen größerer Eis- und Schneeflächen eine Erhöhung der terrestrischen Strahlungsbilanz und damit eine Erwärmung des Klimas. In beiden Fällen kann ein Kipppunkt erreicht werden, der in letzter Konsequenz eine vollständige Vereisung des Planeten oder aber das Abschmelzen aller Gletscher und der Polkappen zur Folge haben kann. Totalvereisungen sind erdgeschichtlich sehr selten und kamen bislang – wenn überhaupt – wohl nur ein- oder zweimal vor, wohingegen die Klimageschichte, im geologischen Sinn, hauptsächlich durch Warmzeiten ohne Eisbildung geprägt war. Dazwischen gab und gibt es immer wieder Eiszeitalter mit einer Dauer von mehreren Millionen Jahren, für die eine uni- oder bipolare Vereisung der geographischen Pole sowie eine dauerhafte Eisbedeckung in einigen Gebirgsregionen charakteristisch ist. Im Verlauf solcher Eiszeitalter (*ice ages*) – dies gilt auch für das derzeitige Quartär – treten immer wieder Phasen von Warm- und Kaltzeiten auf, die über den Grad der Vereisung bestimmt werden können. Da der Begriff „Warmzeit" auch für eisfreie Klimaphasen verwendet wird, ist es präziser, hier von „Interglazialen", also Warmphasen zwischen zwei Kaltzeiten (Glazialen; englisch: *glacial periods*) zu sprechen, die zumeist deutlich länger waren. Weitreichende Vereisungen werden im allgemeinen Sprachgebrauch häufig als „Eiszeiten" bezeichnet, was jedoch nicht mit geologischen Eiszeitaltern gleichgesetzt werden darf. Erdgeschichtlich relevante Klimaschwankungen dieser Intensität sind wohl auf geologische und astronomische Ursachen zurückzuführen. Veränderungen in der Land-Meer-Verteilung und Verschiebungen der geographischen Pole – relativ zu den Erdplatten – durch die Kontinentaldrift können dabei ebenso eine Rolle spielen wie langperiodische Schwankungen der Erdbahnparameter (Neigung und Präzession der Erdachse; Exzentrizität der Erdbahn) und eine anhaltend geringere oder intensivere Sonnenaktivität.

Bricht man diese komplexen Zusammenhänge auf regionale oder lokale Klimata herunter, wird deutlich, dass die Bedingungen vor Ort vorwiegend durch die geographische Breite, die Distanz zu den Ozeanen oder anderen großen Wasserflächen (Maritimität/Kontinentalität), atmosphärische Zirkulationssysteme (wie im Falle des Mittelmeerklimas der Passatkreislauf), die topographische Höhe sowie die Bodenbeschaffenheit und die Vegetation bestimmt sind. Die Steuerungsmechanismen des Klimas lassen sich danach differenzieren, ob es sich um intrinsische Wechselwirkungen, wie zwischen den Ozeanen und der Atmosphäre, oder extrinsische Einflüsse, wie einen Vulkanausbruch, die Kontinentaldrift oder die Intensität der Sonneneinstrahlung, handelt, wobei „extrinsisch" sich hier darauf bezieht, dass die entsprechenden Phänomene nach derzeitigem Kenntnistand oder hinsichtlich der betrachteten charakteristischen Zeit von außen auf das System einwirken und unabhängig von den klimatischen Gegebenheiten auf der Erde sind. Die Zuordnung des anthropogenen Einflusses ist durchaus umstritten, da der Mensch einerseits von außen in das Klimasystem eingreift, dabei aber zugleich in verschiedener Hinsicht, etwa was die Landwirtschaft betrifft, ein Teil des gesamten Gefüges ist. Die einzelnen Bestandteile des Klimasystems folgen eigenen Gesetzmäßigkeiten und sind nicht an die bereits erwähnte charakteristische Zeit von Wetter- und Klimaereignissen gebunden. In jedem Subsystem gibt es spezifische Reaktions- und Zykluszeiten, wie die Wärmekapazität der Ozeane, die auf das Gesamtsystem wirken. Um dieses auch bezüglich der Zeitdauer heterogene Geschehen überhaupt in Modellen abbilden zu können, bedarf es sehr aufwändiger mathematischer Verfahren (*stochastic climate models*), die in den 1970er Jahren entwickelt wurden. Wie komplex das Klimasystem und dessen Modellierung sind, zeigt sich auch am Beispiel sog. Magmatischer Großprovinzen (*Large Igneous Provinces*; *LIP*). Dabei handelt es sich um gigantische Ansammlungen magmatischen Gesteins (häufig Flutbasalt) in der Erdkruste mit einem Volumen von bis zu 1 Million Kubikkilometern, die, wie neueste Studien zeigen, das globale Klima durch den Ausstoß großer Mengen an CO_2 bereits hunderttausende von Jahren vor einem Ausbruch erheblich beeinflussen, d. h. erwärmen, können. Bis vor wenigen Jahren war es kaum möglich, belastbare Aussagen darüber zu treffen, ob und in welchem Maß der rezente Klimawandel auch das aktuelle Wettergeschehen – konkret: die Häufigkeit von Extremwetterereignissen wie Dürren, Hitzewellen, extremen Niederschlägen oder Kälteeinbrüchen – beeinflusst. Auf der Grundlage immer komplexerer Klimamodelle kann die sog. Attributionsforschung mittlerweile die relative Häufigkeit solcher Ereignisse im Vergleich zu einem angenommenen klimatologischen Normalzustand näherungsweise bestimmen. Damit lässt sich auch der anthropogene Anteil an solchen Wetterextremen quantifizieren, was freilich voraussetzt, in der Forschung aber durchaus umstritten ist, dass die derzeitigen Modelle die hochkomplexen Wirk-

Komplexität der Klimamodellierung

Welchen Einfluss hat das Klima auf das Wetter: Attributionsforschung

mechanismen des Klimas und seiner Subsysteme gerade in Bezug auf das regionale Klimageschehen ausreichend differenziert erfassen können.

2.4 Statistische Verfahren

Mit Blick auf die Frage, wie die Klimatologie ihre Rohdaten verarbeitet, müssen einige zentrale Verfahren und Begriffe erläutert werden, die für einen kritischen Umgang mit den Erkenntnissen und Publikationen der naturwissenschaftlichen Klimaforschung unumgänglich sind. Das Klima ist ein daten- und beobachtungsbasiertes Konstrukt, das aus einer Vielzahl von zunächst unzusammenhängenden Messreihen generiert wird. In heuristischer wie analytischer Hinsicht ist es sinnvoll, die Daten zu den einzelnen Klimaelementen, wie auch die Elemente selbst, danach zu differenzieren, auf welche Aspekte des Klimageschehens sie sich (primär) beziehen. In der Klimatologie finden sich dazu drei Kategorien, die auch hier verwendet werden sollen: deskriptive Dokumentation (das Klima im engeren Sinne), ursächliche Betrachtung (die physikalisch-chemischen Zusammenhänge des Klimasystems) und sog. Impaktdaten, anhand derer die ökologischen und sozioökonomischen Folgen klimatischer Veränderungen erfasst werden können (Klimafolgenforschung). Erst durch eine Zusammenschau mehrerer Klimaelemente – in der Regel sind dies zumindest die Lufttemperatur und die Niederschlagsmenge – wird aus isolierten Datensätzen jenes Phänomen, das wir heute „Klima" nennen. Für eine solche Synthese (Klimasynopsis) gibt es je nach Frageperspektive und Erkenntnisinteresse verschiedene Verfahren und Darstellungsformen, die sich grundlegend unterscheiden; das Spektrum reicht von vergleichsweise einfachen Klimaparametern und -indizes über Klimadiagramme und -klassifikationen bis hin zu hochkomplexen deterministischen oder statistischen Modellbildungen mit sehr unterschiedlicher räumlicher und zeitlicher Auflösung.

Den Ausgangspunkt aber bildet in jedem Fall die statistische Aufbereitung des Datenmaterials, wobei diese von der statistischen Modellierung des Klimageschehens zu unterscheiden ist. Neoklimatologische Messdaten sind einer unmittelbaren Interpretation ebenso wenig zugänglich wie die Proxydaten der Paläoklimatologie. Häufig handelt es sich um sehr umfangreiche Datensätze aus langjährigen Messreihen an verschiedenen Orten, die zudem eine breite Streuung der numerischen Werte aufweisen. Um Klimadaten überhaupt analysieren, interpretieren und aufeinander beziehen zu können, müssen sie zunächst statistisch überprüft, aufbereitet und zusammenfassend beschrieben werden. Die Statistik ist „die methodische Wissenschaft zur Erfassung zufälliger und zufallsartiger Massenerscheinungen" (1.2 SCHÖNWIESE 2013, 15) und unterscheidet sich insofern grundsätzlich von der Physik und anderen Teildisziplinen der Klimatologie, die sich mit determinierten Vorgängen, wie Naturgesetzen oder Ursache-Wirkung-Beziehungen, befassen. Sie behauptet prinzipiell keine Kausalität, sondern kann lediglich anhand mathematischer Verfahren Hypothesen über mögliche Zusammenhänge in oder zwischen Datensätzen bzw. Klimaelementen formulieren sowie auf ihre Wahrscheinlichkeit hin überprüfen. Im Ergebnis stehen dann Kennzahlen (die Signifikanz), die es erlauben, die Irrtumswahrscheinlichkeit einer Hypothese – etwa bezüglich der Wechselwirkungen zwischen verschiedenen Klimavariablen – zu beurteilen. Als „zufällig" werden Vorgänge bezeichnet, bei denen alle möglichen Ereignisse – wie etwa die Augenzahlen eines Würfels – mit der gleichen Wahrscheinlichkeit auftreten. Sie können der Stochastik als einer Teildisziplin der Statistik zugeordnet werden. „Zufallsartig" hingegen werden Vorgänge genannt, bei denen die zu erwartenden Ereignisse zwar in einem bestimmten Spektrum liegen, dabei jedoch nicht dieselbe Wahrscheinlichkeit aufweisen. Ein Beispiel ist die Temperaturmessung: Der mögliche Temperaturbereich ist durch die klimatischen Gegebenheiten auf der Erde grundsätzlich festgelegt, doch die konkreten Messwerte an einem Ort sind von verschiedenen Faktoren wie etwa der Tages- oder Jahreszeit abhängig und daher in ihrem Auftreten unterschiedlich wahrscheinlich. Um Datensätze statistisch aufbereiten und beschreiben zu können, werden sie zunächst nach ihrem Umfang in „Stichproben" und „Grundgesamtheiten" (auch „Populationen") unterschieden. Eine Stichprobe wäre beispielsweise eine räumlich und zeitlich festgelegte Messreihe zur Lufttemperatur, wohingegen mit „Grundgesamtheit" eine in Zeit und Raum kontinuierliche Erfassung dieser Daten bezeichnet würde; in der Praxis der Klimatologie gibt es kaum solche vollständigen Datensätze zu einem Phänomen, als theoretische Bezugsgröße sind sie gleichwohl trotzdem relevant. Die meisten Klimadaten beruhen auf physikalischen und chemischen Messprinzipien, die eine begrenzte Messgenauigkeit

Was kann die Statistik leisten?

Unterschied zwischen „zufällig" und „zufallsartig"

Umfang von Datensätzen

Fehlerquellen

aufweisen. Zudem können veränderte Rahmenbedingungen – wie neue Messmethoden, Stromschwankungen oder Wartungsarbeiten –, Handhabungsfehler und andere Störfaktoren die Messergebnisse beeinflussen. Vor einer statistischen Auswertung müssen solche Abweichungen durch Fehlerrechnungen identifiziert und korrigiert werden (Homogenisierung der Daten), sie sind jedoch von Extremwerten zu unterscheiden, die in der Klimadokumentation immer wieder auftauchen; außergewöhnliche Wetter- oder Klimaereignisse lassen sich aufgrund ihrer relativen Seltenheit statistisch nur schwer greifen. Um nun die Daten einer Stichprobe zu charakterisieren und für weitere Analysen vorzubereiten, werden in einem nächsten Schritt die Mittelungs- und Variationsmaße, wie das arithmetische Mittel bzw. die Standardabweichung, sowie die Häufigkeitsverteilung der gemessenen Zahlenwerte berechnet. Letztere lässt sich in Kurven darstellen, die sehr unterschiedliche Formen von der eingipfeligen Normalverteilung nach Gauß bis hin zu komplexen mehrgipfeligen Verläufen annehmen können. Es gibt in der Klimastatistik neun Grundtypen der theoretischen Verteilung, die jeweils verschiedene Versuchsanordnungen bzw. Wahrscheinlichkeiten für das Auftreten eines Messwertes repräsentieren. Werden die tatsächliche, d. h. empirische, und die theoretische Häufigkeitsverteilung – und damit die Stichprobe und eine (angenommene) Grundgesamtheit – aufeinander bezogen, so kann anhand verschiedener Schätz- und Prüfverfahren ermittelt werden, wie gut die verwendeten statistischen Verfahren ein Phänomen erfassen und welche Verteilungswahrscheinlichkeiten gegeben sind. Das statistische Analyseinstrumentarium wird so sukzessive an die Stichprobendaten angepasst, um die Erfassungsgenauigkeit und damit die Aussagekraft der Statistik zu erhöhen; auf diese Weise können auch Extremwerte identifiziert und in eine statistische Auswertung miteinbezogen werden. Über diese Vorbehandlung des Datenmaterials hinaus gibt es eine Vielzahl weiterer statistischer Analysemethoden für die unterschiedlichsten Anwendungsbereiche, wobei für die Klimaforschung vor allem die sog. Zeitreihenanalyse von Bedeutung ist. Sie ermöglicht es, Veränderungen eines Klimaelementes, wie beispielsweise der Jahresdurchschnittstemperatur an einem Ort, für verschiedene zeitliche Zusammenhänge aufzuschlüsseln und im Ergebnis graphisch darzustellen. Wie etwa bei der sog. Hockeyschläger-Kurve des *IPCC* können die Mittelwerte eines Klimaelementes (Y-Wert) über einer definierten Zeitachse nach Tagen, Monaten oder Jahren abgetragen werden. So entsteht eine Zeitreihe, die das Klimageschehen, oder zumindest eine Variable davon, für einen festgelegten Zeitraum greifbar werden lässt. Es gibt verschiedene Methoden der Zeitreihenfilterung, die je nach zeitlicher Auflösung und der Beschaffenheit des Datenmaterials klimatische Veränderungen pointiert sichtbar machen. Die drei häufigsten Verfahren seien kurz erwähnt: Mit der sog. Tiefpassfilterung als der wichtigsten Methode für die Aufbereitung von Klimadaten werden kurzfristige (hochfrequente) Veränderungen in den Messwerten unterdrückt, um längerfristige (niederfrequente) Trends und Schwankungen des Klimas erkennbar zu machen und die Zeitreihe so zu glätten. Umgekehrt fokussiert die Hochpassfilterung die Variabilität des Klimas in kürzeren Zeitperioden und blendet langfristige Entwicklungen aus. Über die Bandpassfilterung kann die Periodizität einer Zeitreihe, z. B. für die langjährige Beobachtung der monatlichen Durchschnittstemperaturen an einem Ort, beurteilt werden, da sie sowohl von langfristigen Trends wie einer kontinuierlichen Erwärmung als auch von kurzfristigen Schwankungen beispielsweise im Tageslauf abstrahiert. Sie dient jedoch nicht dem Nachweis zyklischer Variabilität in den Daten. Dazu bedarf es einer Signifikanzprüfung der Amplituden im Zuge einer (spektralen) Varianzanalyse. Durch dieses Verfahren, zu dem es ebenfalls verschiedene Algorithmen gibt, kann festgestellt werden, ob und in welchem Umfang es über verschiedene Zeitintervalle hinweg zyklische Vorgänge mit relativen Maxima und Minima im Klimageschehen gibt; ein Beispiel hierfür sind Temperaturschwankungen, die sich in regelmäßigen Abständen (z. B. Tag/Nacht oder Sommer/Winter) wiederholen. Die Amplituden der Kurven (Varianzspektren) bringen die Intensität der Varianz zum Ausdruck und enthalten keine Aussage über die absolute Größe der gemessenen Werte. Ohne solche Filter wären Klimakurven sehr viel schwieriger zu lesen und zu interpretieren. Auf der anderen Seite kann deren Verlauf bzw. Aussage durch die Filterung und die Auswahl des dargestellten Zeitraumes erheblich beeinflusst werden, was immer wieder zu Kontroversen über die Objektivität von Klimastatistiken führt.

Verfahren der Zeitreihenfilterung

2.5 Klimasynopsis

Klimaindizes

Nur durch die Verknüpfung verschiedener Variablen kann das Klimageschehen differenziert beschrieben und über Raum und Zeit hinweg verglichen werden. Die einfachsten Ansätze einer Synthese beziehen sich auf einzelne Bestandteile des Klimas: Klimaindizes sind Maßzahlen ohne Maßeinheit, die es ermöglichen, die Klimabedingungen an verschiedenen Orten zu vergleichen. Ein bekanntes Beispiel ist der sog. Kontinentalitätsindex, der die bodennahe Lufttemperatur und die geographische Breite in einer mathematischen Formel verknüpft und so numerisch zum Ausdruck bringt, in welchem Maße Klimata kontinental oder maritim geprägt sind. Auch Trocken- und Feuchtklimate (aride bzw. humide Zonen) können anhand solcher Skalen graduell differenziert werden. Über Klimaparameter wie die globale bodennahe Durchschnittstemperatur können komplexe Gegebenheiten und Zusammenhänge, die selbst nicht unmittelbar messbar sind, ohne allzu großen mathematischen Aufwand quantifiziert und als (physikalische) Rechengrößen in die Klimabeschreibung eingebracht werden. Auch Klimadiagramme gehören zu den einfachen – und sehr präsenten – Formen der Klimasynopsis. Sie stellen zumeist die thermisch-hygrischen Bedingungen an einem Ort graphisch dar, visualisieren also den Temperaturverlauf (in Bodennähe) und die Niederschlagsmenge oder eine dieser beiden Kenngrößen. Für keine anderen Variablen gibt es eine vergleichbare zeitliche und räumliche Datenverfügbarkeit, und die sichtbaren Auswirkungen des Klimas – etwa auf die Vegetation oder die Bodenbeschaffenheit – lassen sich überwiegend auf diese Klimaelemente zurückzuführen. In der Regel bezieht sich die Zeitachse auf den Tages-, Monats- oder Jahreslauf, es gibt jedoch auch Mischformen. Solche deskriptiven Diagramme finden sich nicht nur in der geographischen Fachliteratur oder in Reiseführern, sondern sie sind auch eine wichtige Grundlage für die Einteilung der Erde in Klimazonen, d. h. in großflächige Gebiete, in denen mehr oder weniger dieselben Klimabedingungen oder -faktoren herrschen.

Klimadiagramme

Formen der Klimaklassifikation

Es gibt drei Grundtypen der Klimaklassifikation, die sich hinsichtlich ihrer Komplexität und der berücksichtigen Aspekte des Klimageschehens unterscheiden: In der einfachsten Form, der „deskriptiven Klassifikation", werden einzelne Klimaelemente – in der Regel Lufttemperatur und Niederschlag – in ihrem Jahresmittelwert und den zugehörigen Jahresgängen erfasst. Auf diese Weise lässt sich die Weltkarte in mehr oder weniger beliebige Klimazonen einteilen, da es keine weitergehenden Kriterien zu deren Abgrenzung gibt. Anders die „genetische Klassifikation" u. a. von Hermann Flohn (1912–1997) und Ernst Neef (1908–1984). Sie basiert auf dem Strahlungs- und Wärmehaushalt der Erde sowie auf den großen Zirkulationszyklen der Atmosphäre und der Ozeane, berücksichtigt also die Dynamik der wesentlichen Klimafaktoren und bildet diese kartographisch ab. Die „effektive Klassifikation" schließlich bezieht sich auf die unmittelbaren Auswirkungen des Klimas auf die Lebensräume der Erde, insbesondere auf die Vegetation und die Bodenbeschaffenheit. Auch für diese Einteilung werden die statistischen Daten zu den wichtigsten Klimaelementen verwendet, allerdings liegt der Fokus auf den Grenzwerten, ab denen sich die Bedingungen verändern. In der Praxis finden sich zumeist zusammengesetzte Formen, wobei die sog. effektiv-deskriptive Klassifikation dominiert. Die entsprechenden Klimakarten ermöglichen eine differenzierte Beschreibung von Klimazonen, die sich an den tatsächlichen naturräumlichen Gegebenheiten orientiert und daher auch für die Klimageschichte von Bedeutung ist. Der in Russland geborene Geograph Wladimir P. Köppen veröffentlichte im Jahr 1884 als Direktor der Seewarte in Hamburg die erste wissenschaftlich fundierte Gliederung der Erde in Klimazonen, die in mehrfach modifizierter Form bis heute unter der Bezeichnung „Köppen-Geiger-Klassifikation" international Verwendung findet; ähnliche Klimakarten mit anderen Schwerpunkten finden sich bei Troll-Paffen und Trewarth-Horn. Aufgrund der großen Verbreitung und der wissenschaftsgeschichtlichen Bedeutung seien im Folgenden beispielhaft die Klimazonen nach Köppen-Geiger in ihrer aktuellen Version näher betrachtet. Diese Klassifikation teilt die Erde anhand der Großbuchstaben A bis E in fünf Klimagürtel zwischen dem Äquator und den Polen: Tropische Regenklimate (A), Trockenklimate (B), Warmgemäßigte Regenklimate (C), Schnee-Wald-Klimate (D) und Schnee-Eis-Klimate (E). Diese Kategorien werden weiter nach Niederschlag und Temperatur differenziert, wobei für den Niederschlag die Großbuchstaben W (Wüste) und S (Steppe) sowie – bezüglich der Saisonalität – die Minuskeln f (immerfeucht), s (sommertrocken), w (wintertrocken) und m (monsunal) und für die Temperatur die Buchstaben T (polare Tundra) und F (polare Kältewüste) sowie h (heiß), k (kalt), a (heißer Sommer), b (warmer Sommer), c (kurzer Sommer), d (sehr kalter Winter) Verwendung fin-

Köppen-Geiger-Klassifikation

den. Aus dieser Typisierung ergeben sich 31 mögliche empirische Konstellationen, die über Grenzwerte differenziert werden. Sechs dieser Klimaklassen kommen nur in sehr kleinen Gebieten vor und eine (Dsd = Schnee-Eis-Klima mit trockenem Sommer und sehr kalten Wintern) findet derzeit keine Entsprechung in der Natur. Der mediterrane Raum wird in dieser Typologie zu den warmgemäßigten Regenklimaten mit Sommertrockenheit (Cs) gezählt, wobei anhand der mittleren Sommertemperaturen noch einmal zwischen Csa-, Csb- und – selten – Csc-Klimaten unterschieden wird. Die Köppen-Geiger-Klassifikation basiert konzeptionell auf der Beschreibung von Vegetationszonen und ist daher in weiten Teilen deckungsgleich mit entsprechenden biologischen Verteilungskarten.

<small>Klassifikation des mediterranen Klimas</small>

Modellierung schließlich ist die komplexeste Form der Klimasynopsis und zugleich das wichtigste Instrument der heutigen (Paläo-)Klimatologie. Da das Klima weder direkt gemessen noch im Laborversuch nachgestellt werden kann, ist die Forschung auf Modelle angewiesen, anhand derer sie ihre Hypothesen überprüfen kann. Was sich in der Simulation bewährt, kann als weitgehend gesicherte Annahme gelten, wobei es durchaus konkurrierende Vorstellungen und Modelle über die Wirkmechanismen des Klimas gibt. Darüber hinaus dienen Klimamodelle der Rekonstruktion vergangener Klimata und der Vorhersage künftiger Entwicklungen. Es gibt zwei Grundtypen der Modellierung, die sich fundamental unterscheiden. Deterministische Modelle gehen primär von den physikalischen und chemischen Ursache-Wirkung-Zusammenhängen des Klimasystems aus und bilden diese, soweit möglich, in mehr oder weniger komplexen Simulationen ab, die eine immense Rechenleistung voraussetzen. Simuliert werden nicht nur Klimagegebenheiten, sondern auch zentrale Voraussetzungen und Auswirkungen des Klimageschehens insgesamt. Dazu zählen neben der globalen ökonomischen und bevölkerungsdynamischen Entwicklung (Szenarienmodelle) auch physikochemische Grundlagen wie die Ausbreitung und Vermischung von Gasen (insbesondere CO_2) und anderen Substanzen innerhalb des Klimasystems (Stofffluss- und Transportmodelle) sowie chemische Reaktionsmodelle und die sozio-ökonomischen und ökologischen Auswirkungen möglicher Klimaszenarien (Impaktmodelle). Einfache Klimamodelle berechnen die globale Durchschnittstemperatur an der Erdoberfläche. Sie basieren auf der Energiebilanz der Erde und beziehen zum Teil, wenn sie komplexer angelegt sind, auch den (vertikalen) Wärmetransport mit ein. Modelle sind immer eine Vereinfachung der Wirklichkeit, doch es gibt erheblich aufwändigere Simulationen, die das Klimageschehen sehr viel differenzierter erfassen. Die heute maßgeblichen Klimamodelle simulieren die atmosphärische und ozeanische Zirkulation in ihrer dreidimensionalen Ausprägung – *Atmospheric* oder *Oceanic General Circulation Models* (*AGCM/OGCM*) bzw. in Kombination *Coupled General Circulation Models* (*AOGCM/CGCM*) – und betten diese in sog. Erdsystemmodelle (ESM) ein, die das Klimasystem so umfassend wie möglich beschreiben sollen. International gibt es eine Vielzahl verschiedener Modelle, so führt beispielsweise der *IPCC*-Bericht aus dem Jahr 2007 allein 23 global relevante Simulationen auf. Aus althistorischer Sicht sind vorzugsweise Initiativen wie das *PAGES2k*-Programm (*Past Global Changes*; 2k = 2000 Jahre) oder – weniger spezifisch – das *Palaeoclimate Modelling Intercomparison Project* (*PMIP*) von Interesse, auch wenn deren Erkenntnisse aufgrund von Modellunsicherheiten und einer zu geringen Datendichte für historische Fragen häufig noch immer eine zu grobe zeitliche und vor allem räumliche Auflösung haben. So ist beispielsweise die Datenabdeckung für die Landmassen der nördlichen Hemisphäre sehr viel besser als für die Südhalbkugel und die immense Fläche der Ozeane, was es sehr schwierig macht, die konkreten Auswirkungen großräumiger Phänomene wie etwa der *El Niño-Southern Oscillation* (*ENSO*) oder der *North Atlantic Oscillation* (*NAO*) auf die griechisch-römische Welt zu rekonstruieren, auch wenn die Meteorologie längst weiß, dass diese Systeme einen erheblichen Einfluss auf das Wettergeschehen im Mittelmeerraum haben. In den letzten Jahren wurden zunehmend sog. Downscaling-Verfahren entwickelt, über die sich globale Modellrechnungen auf kleinere räumliche Zusammenhänge, wie etwa Skandinavien oder die Alpen, beziehen lassen, deren Ergebnisse sich zum Teil erheblich von den Zahlen der Großmodelle unterscheiden. Allerdings gibt es bislang nur sehr wenige solcher Studien, die für die althistorische Forschung von Interesse sind.

Bei den neuesten Modellen liegt die zeitliche Auflösung des Klimageschehens – selbst bei einer Simulation von 1000 Jahren – im Bereich von Minuten oder gar Sekunden. Allerdings benötigen auch die derzeit schnellsten Großrechner dafür je nach Simulation mehrere Tage, Wochen oder gar Monate, was solche Berechnungen aufwendig und teuer macht. Die geringe räumliche Auflösung bleibt hingegen ein Grundproblem der Klimamodellierung, obwohl sie

paläoklimatologische Modelle

die räumliche Dimension von Klimamodellen

Auflösung der aktuellen Modelle

mittlerweile auf eine Größenordnung von 300 bis 50 km verfeinert werden konnte. Diese Werte beziehen sich auf ein gedachtes Gitterpunktraster, das die Atmosphäre in abertausende Luftquader gliedert, die miteinander und mit der Erdoberfläche in ständigem Austausch stehen. Es gibt mittlerweile auch regionale Zirkulationsmodelle mit einem Raumraster von bis zu 10 km, die in ihrer Dynamik aber noch immer in globale Modellrechnungen eingebunden sind und damit weiterhin einer entsprechenden Unschärfe unterliegen.

statistische Modelle

Demgegenüber kann die statistische Modellbildung regionale Klimazustände und -veränderungen gut erfassen, da sie auf den ortsgebundenen Daten der Klimadokumentation beruht. Sie formuliert anhand mathematischer Verfahren Hypothesen über mögliche Zusammenhänge und Entwicklungen des lokalen Klimageschehens, die globale Modelle aufgrund ihrer geringen räumlichen Auflösung so nicht abbilden können. Dazu bedarf es sehr viel weniger Rechenleistung, was diese Form der Modellierung zudem erheblich schneller, flexibler und auch billiger macht. Der große Nachteil statistischer Modelle besteht jedoch darin, dass sie keine auf das Klimasystem bezogene Fundierung haben, sondern lediglich auf Messwerten und Rechenoperationen beruhen. Allerdings gibt es für statistische Zusammenhänge spezifische Test- und Prüfverfahren wie die Korrelations- und Regressionsanalyse, die es ermöglichen, die entsprechenden Hypothesen auf ihre Irrtumswahrscheinlichkeit hin zu überprüfen. Darüber hinaus wurden in den letzten Jahren neue statistische Methoden wie die sog. neuronalen Netze entwickelt, die in Anlehnung an Biologie und Bioinformatik zur Analyse multivarianter nichtlinearer Zusammenhänge – wie man sie in der Klimatologie aufgrund der vielfältigen Wechselwirkungen und Rückkopplungen innerhalb des Klimasystems häufig vorfindet – verwendet werden können.

neuronale Netze für nichtlineare Zusammenhänge

Grenzen der Klimamodellierung

Die Simulation von Klimazuständen und -veränderungen in deterministischen und statistischen Modellen hat wesentlich zu dem heutigen Klimaverständnis beigetragen und ohne solche Verfahren wäre kaum etwas über die Klimata der Vergangenheit bekannt. Doch trotz der Dynamik, mit der neue Rechenmodelle und Klimasimulationen entwickelt werden, gibt es bislang kein umfassendes Klimasystem-Modell, das die Komplexität des Klimageschehens vollständig abbilden könnte. Insofern bleibt das Klima nach dem derzeitigen Kenntnisstand ein nicht vollständig determiniertes Phänomen, das nur bis zu einem gewissen Grad durch naturwissenschaftliche Gesetze und Kausalbeziehungen beschrieben und vorhergesagt bzw. rekonstruiert werden kann. Entsprechend ist auch das Wissen über die antiken Klimaverhältnisse nicht nur in verschiedener Hinsicht limitiert, sondern auch mit erheblichen Unschärfen verbunden.

3 (Alt-)historische Perspektive

„Klima" ist *per se* keine geschichtswissenschaftliche Kategorie, mit der sich historische Zusammenhänge beschreiben oder gar erklären ließen, sondern ein naturwissenschaftliches Konstrukt, das die äußeren Lebensbedingungen auf der Erde anhand von mehr oder weniger objektivierbaren Zustandsgrößen quantifiziert. Doch genau darüber lässt sich eine Verbindung zur Sphäre des Menschen und damit auch zur Geschichte herstellen: Temperatur, Niederschlag und andere Klimaelemente sind seit jeher ein zentraler Bestandteil des physischen Möglichkeitsraumes, in dem Menschen leben und Gesellschaften sich entwickeln. Zweifellos bot das letzte Glazial während des Jungpleistozäns (ca. 115.000–11.500 *BP*), in weiten Teilen der Welt für alle Lebewesen fundamental andere Bedingungen als das Holozän. Doch auch geringere Klimaschwankungen in historischer Zeit wie die sog. Mittelalterliche Klimaanomalie zwischen dem 10. und 13. Jahrhundert oder die „Kleine Eiszeit" vom 15.–19. Jahrhundert haben regional immer wieder zu erheblichen Veränderungen des Naturraums und der menschlichen Lebenswelt geführt, an die sich die Akteure anzupassen suchten.

Wie lassen sich „Klima" und „Geschichte" verbinden?

Die klimatischen Bedingungen im Verlauf der griechisch-römischen Antike lassen sich nicht oder nur sehr eingeschränkt aus historischen und archäologischen Quellen rekonstruieren; daher bilden die Erkenntnisse der Paläoklimatologie die empirische Grundlage der antiken Klimageschichte. Diese Daten können zwar Auskunft über die Dauer und Größenordnung klimatischer Ereignisse geben, für sich genommen sagen sie jedoch nichts darüber aus, wie Menschen unter den entsprechenden Bedingungen lebten und ihre Umwelt wahrnahmen, wie und warum sich Wirtschafts- und Lebensweisen veränderten oder welche Anpassungsprozesse es gab. Hier bedarf es einer geschichtswissenschaftlichen Expertise, auch weil jede klimahistorische Interpretation an kontingente Vorannahmen über das Klima und dessen Auswirkungen auf den Menschen, Individuen wie Gesellschaften, gebunden ist. Wer danach

Aussagekraft der paläoklimatologischen Daten

fragt, wie die althistorische Forschung heute auf das Phänomen „Klima" schaut, muss nicht nur diesen Deutungsrahmen reflektieren, sondern auch das heuristische Verhältnis zu den Erkenntnissen der naturwissenschaftlichen Klimatologie ausloten.

3.1 Klima und Geschichte

<small>wissenschaftsgeschichtliche Einordnung</small>

Die Vorstellung, dass es einen Zusammenhang zwischen den Eigenschaften von Menschen bzw. gesellschaftlichen Formationen und den jeweiligen Umweltbedingungen – warm, kalt, feucht oder trocken – gibt, lässt sich bis in die Antike zurückverfolgen und ist mithin sehr viel älter als das meteorologische Klimakonzept. Doch so wirkmächtig dieses Narrativ ideengeschichtlich auch werden sollten, Klimageschichte war das noch nicht. Eine historische Klimaforschung, wie sie heute betrieben wird, hat zwei wesentliche heuristische Voraussetzungen, die erst im Verlauf des 18. und 19. Jahrhunderts aufkamen: die kausal-physikalische Betrachtung der Witterungsverhältnisse und das Wissen über die zeitliche Variabilität des Klimageschehens. Die äußeren Lebensbedingungen auf der Erde wurden zu quantifizierbaren Kenngrößen, die sich anhand objektiver Kriterien wie Lufttemperatur oder Niederschlagsmenge auch über verschiedene Zeiträume hinweg miteinander vergleichen lassen. In diesem Prozess war die Geschichtswissenschaft keineswegs nur ein passiver Rezipient der naturwissenschaftlichen Erkenntnisse, sondern ermöglichte auch schon vor der Erfindung paläoklimatologischer Methoden erste Einblicke in die Klimavergangenheit historischer Zeiträume und trug so zur Verzeitlichung des Klimas bei. Noch zu Beginn des 20. Jahrhunderts waren historische Zeugnisse und Ereignisse, wie etwa (vermeintliche) Migrationsbewegungen, eine wichtige Grundlage der Klimarekonstruktion. C. E. P. Brooks führt sie in seinem wegweisenden Buch „Climate Through the Ages" (1.1.1) aus dem Jahr 1926 neben Baumringen, Warven (geschichtete Sedimentablagerungen) und geologischen Klimazeugnissen geradezu als Quellen der paläoklimatologischen Forschung an, wobei er ihre Bedeutung vor allem in der Datierung naturwissenschaftlicher Befunde sieht. Im Zuge der rasanten Entwicklung der Paläoklimatologie nach dem 2. Weltkrieg verlor die historische Überlieferung für die Zeit der Vormoderne nach und nach an Bedeutung. Die Klimachronologie seit der Antike ist jedoch

<small>historische Quellen in der älteren Paläoklimatologie</small>

noch immer eng mit dem Zeitstrahl der Geschichtswissenschaft verwoben, was sich nicht zuletzt auch auf die normative Bewertung des Klimas ausgewirkt hat.

Wie bereits ausgeführt, war das Wort „Klima" im 18. Jahrhundert auch über die meteorologische Fachsprache hinaus zu einer Bezeichnung für die Witterung bzw. zunächst speziell für die Temperaturverhältnisse in verschiedenen Regionen geworden. In dieser Bedeutung taucht das französische *climat* bereits bei Jean-Baptiste DUBOS (1.1.1 DUBOS 1719) und Simon PELLOUTIER (1.1.1 Pelloutier 1740–1750) auf und wurde offenbar rasch in den Wortschatz der Altertumswissenschaften integriert. Edward GIBBON jedenfalls verwendete *climate* unter Bezug auf DUBOS, Montesquieu und PELLOUTIER bereits ganz selbstverständlich, um auf Grundlage der antiken Überlieferung wärmere und kältere Gebiete zu unterscheiden, deren Bewohnern er, in Anlehnung an die hippokratische Tradition, jeweils spezifische Eigenschaften zuschrieb; auch in der Geschichtswissenschaft verschmolz der neue Klimabegriff mit kulturdeterministischen Vorstellungen, was die Klimageschichte zum Teil bis heute prägt. Darüber hinaus aber, und das ist hier von besonderer Bedeutung, verglich GIBBON, wie auch andere Gelehrte, das Klima der Antike (‚Germanien') mit den Bedingungen zu seiner eigenen Zeit (Kanada) und gab der Klimabetrachtung damit eine zeitliche Dimension, auch wenn er die von ihm aus den antiken Schriftquellen abgeleitete Klimaveränderung noch nicht mit dem Verlauf der Geschichte verknüpfte (1.1.1 GIBBON 1776–1788; Bd. 1, Kap. 9 sowie Bd. 6, Kap. 69). GIBBON stand solchen Klimarekonstruktionen aufgrund quellenkritischer Überlegungen durchaus skeptisch gegenüber, doch eine Generation später fragten Wissenschaftler wie der US-amerikanische Publizist und Lexikograph Noah Webster (1758–1843), der deutsche Geologe Leopold von Buch (1774–1853), der französische Astronom und Physiker François Jean Dominique Arago (1786–1853) oder der dänische Botaniker Joakim Frederik Schouw (1789–1852) explizit danach, wie das Klima der jüngeren Vergangenheit überhaupt rekonstruiert werden könne. Sie bezweifelten mit Recht, dass sich aus geschichtswissenschaftlichen Quellen direkt Informationen über Klimazustände ableiten lassen, da diese häufig subjektiv, widersprüchlich oder zu ungenau seien, und suchten nach einer naturwissenschaftlichen Fundierung der historischen Klimarekonstruktion. Fündig wurden sie in der Pflanzengeographie: Die Vegetation, so ihre Idee, könne über Schrift- und Bildquel-

der neue Klimabegriff des 18. Jahrhunderts

Zweifel an der Rekonstruktion vergangener Klimata

len – wie etwa Münzen und Wandmalereien – zumindest ansatzweise rekonstruiert und mit der rezenten Flora abgeglichen werden, wodurch sich wiederum auf die Temperaturverhältnisse und Niederschlagsmengen in der Vergangenheit schließen lasse. Mit diesem Ansatz war die historische Klimaforschung zeitweise zu einem gemeinsamen Projekt der Geschichtswissenschaft und der naturwissenschaftlichen Klimatologie geworden. Für das Klima der Antike kamen Webster, Schouw und Arago durch entsprechende Studien zu dem Schluss, dass es keine nennenswerten Unterschiede zu den im 18. und 19. Jahrhundert gemessenen Temperaturen und Niederschlagsmengen gegeben habe; diese Sicht setzte sich rasch gegen die ältere Annahme einer deutlichen Erwärmung durch und sollte bis in das 20. Jahrhundert hinein Bestand haben. Schouw konnte sein geplantes zweibändiges Werk über die Geschichte des Klimas in historischer Zeit nicht mehr zum Abschluss bringen, wohingegen das Œuvre Aragos posthum in 17 Bänden publiziert wurde. Darunter ist auch ein Buch über das Klima und dessen Geschichte in verschiedenen Erdteilen, in dem sich eine ausführliche Analyse der antiken Quellen aus naturwissenschaftlicher Perspektive findet (*Œuvres complètes* Band 8, 1858).

War das Klima in der Antike anders als in der Moderne?

Die erste Studie, in der das Klima tatsächlich zum historischen Argument gemacht wird, stammt aus der Feder des schwedischen Freiherrn und Diplomaten Fredrik Wilhelm von Ehrenheim (1753–1828). In dem 1824 erschienen Buch „Om Climaternas rörlighet" (wörtlich: „Über die Regsamkeit des Klimas") erklärte er den Untergang der Wikingersiedlungen auf Grönland im Verlauf des 15. Jahrhunderts mit einem deutlichen Rückgang der Temperaturen und kann daher als Begründer der Klimageschichte gelten. Es sollte dann aber noch einmal fast einhundert Jahre dauern, bis auch die altertumswissenschaftliche Forschung das Klima als historischen Faktor wahrzunehmen begann – obgleich der deutsche Philologe Valentin Seibel (1811–1878) bereits 1857 die der „große[n] Pest zur Zeit Justinians I. […] voraus und zur Seite gehenden ungewöhnlichen Natur-Ereignisse" aggregierte und mit dem historischen Geschehen in Zusammenhang brachte (2.2 Seibel 1857; eine ähnliche Sammlung findet sich bei dem Schweizer Bibliothekar und Theologen Edouard von Muralt 1855 [1808–1895], ebenfalls 2.2). In der zweiten Hälfte des 19. Jahrhunderts flammte eine Debatte darüber auf, ob die römische Landwirtschaft im Laufe der Zeit an Produktivität

Klima als historisches Argument

verloren habe und wie dies gegebenenfalls zu erklären sei. Der
deutsche Chemiker Justus von Liebig (1803–1873) formulierte in diesem Zusammenhang eine wegweisende These: In der posthum veröffentlichten Neuauflage seines Buches „Die Chemie in ihrer Anwendung auf Agricultur and Physiologie" aus dem Jahr 1876 führt
er den Untergang des Römischen Reiches auf einen Rückgang des
landwirtschaftlichen Ertrages und, infolgedessen, auf sinkende Bevölkerungszahlen zurück. Noch galt das Klima der Antike als weitgehend stabil und so ging von Liebig, wie später auch Vladimir Gregorievitch SIMKHOVITCH (1874–1959; 2.2.2 SIMKHOVITCH 1916), davon aus,
dass die Böden durch eine falsche Kultivierung langfristig ausgelaugt worden seien. Als Beleg für diese Annahme galt nicht zuletzt
ein Zitat des römischen Schriftstellers Lucius Iunius Moderatus Columella (1. Jh. n. Chr.), der in seinen „Zwölf Büchern über die Landwirtschaft" (*De re rustica libri duodecim*) zwei mögliche Gründe für
die offenbar negative Entwicklung der römischen Landwirtschaft
nennt: das Wetter und, was er für plausibler hielt, eine Überbeanspruchung des Bodens (Col. 1,*pr.*,1; vgl. dazu: 2.2.2 SIMKHOVITCH 1916).

erste Ansätze einer antiken Klimageschichte

Ellsworth HUNTINGTON, der einen strikten Klimadeterminismus
vertrat, griff von Liebigs These 1917 auf (1.1.1 HUNTINGTON 1917), erklärte den Abschwung der römischen Agrarproduktion und damit
den Niedergang Roms jedoch mit einer Verschlechterung der klimatischen Verhältnisse, was er ebenfalls durch Columella bestätigt sah
(kritisch gegenüber HUNTINGTONS These: 2.2.2 MURPHEY 1951). Seine Vorstellungen über das antike Klima basierten im Wesentlichen auf
den Jahresringen der kalifornischen Riesenmammutbäume („Big
Trees"), auf die er sich auch bereits in der ersten Fassung seines Buches „Civilization and Climate" (1.1.1 HUNTINGTON 1915) bezogen hatte.
Trotz eigener Zweifel an seiner Methode ging HUNTINGTON davon aus,
dass sich die Niederschlagsmengen der vergangenen etwa 4000 Jahre in der nördlichen Hemisphäre über diese Baumdaten zumindest
näherungsweise bestimmen ließen (dazu kritisch: 2.2.2 SAUNDERS
1963). Er übertrug wirtschaftswissenschaftliche Theorien über den
Zusammenhang von Klima, Wirtschaftsleistung, Demographie und
Politik auf die Geschichte des Römischen Reiches und leistete damit
einer Argumentationskette Vorschub, die in der althistorischen Forschung heute ebenso verbreitet wie umstritten ist: In der Vormoderne hätten sich klimatische Veränderungen über die Nahrungsmittelproduktion direkt auf die Bevölkerungszahlen ausgewirkt
und seien daher ein wesentlicher Faktor gesellschaftlichen Auf-

Ellsworth Huntington und die antike Klimageschichte

bzw. Abschwungs gewesen. Um 1900 war die Paläoklimatologie eng mit den Altertumswissenschaften verbunden, und deren Vertreter – hier sei exemplarisch der britische Archäologe Harold John Edward Peake (1887–1946) mit seinem Buch „The Bronze Age and the Celtic World" (1922) erwähnt – kannten und zitierten ihre einschlägigen Arbeiten wechselseitig. Dennoch blieb die antike Klimageschichte ein randständiges Forschungsfeld, mit dem sich überwiegend Geowissenschaftler beschäftigten. In den 1920er und 30er Jahren begannen Glaziologen, Botaniker und Alpenkundler – etwa der Italiener Umberto Monterin (1887–1940) oder die beiden Österreicher Hans Kinzl (1898–1979) und Bruno Huber (1899–1969) – damit, u. a. in den Alpen systematisch Gletscher- und Baumdaten zu sammeln, die zum Teil bis in das Spätmittelalter zurückreichten.

Verbindungen zwischen der Paläoklimatologie und den Altertumswissenschaften

erste systematische Daten zu historischen Klimata

Neuanfänge

Kurz nach dem 2. Weltkrieg nahm die Neuzeitforschung als erste die Fäden der Klimageschichte wieder auf. Fernand Paul Braudel (1902–1985), einer der bedeutendsten Vertreter der französischen Annales-Schule, löste Ende der 40er Jahre eine lebhafte Debatte darüber aus, welchen Einfluss das Klimageschehen auf die Geschichte der (Frühen) Neuzeit hatte. In seiner berühmten Studie über den Mittelmeerraum „La Méditerranée et le monde méditeranéen à l'epoque de Philippe II." (1949) findet sich allerdings keine eindeutige Antwort auf diese Frage. Einerseits betont Braudel die grundlegende Bedeutung des Klimas für den Verlauf der Geschichte, andererseits aber bezieht er sich in seiner konkreten Argumentation zu einzelnen historischen Zusammenhängen dann doch eher auf klassische politische und ökonomische Erklärungsansätze; das monierte zumindest der schwedische Historiker Gustaf UTTERSTRÖM (1911–1985) in seinem einflussreichen und bis heute sehr lesenswerten Aufsatz über „Climatic Fluctuations and Population Problems in Early Modern History" aus dem Jahr 1955 (2.2 UTTERSTRÖM 1955). Diese Diskussion leistete einen wichtigen Beitrag zur Formierung der Klimageschichte als einer dezidiert historischen Disziplin. Die erste altertumswissenschaftliche Studie der Nachkriegszeit stammt aus der Feder des US-amerikanischen Geographen und Historikers W. Rhoads MURPHEY, der 1951 fragte: „The Decline of North Africa since the Roman Occupation. Climatic or Human?" (2.2.2 MURPHEY 1951). In den folgenden Jahren und Jahrzehnten konnte die Paläoklimatologie durch neue Analyseverfahren immer mehr und präzisere Daten gewinnen, die zunehmend auch in der Geschichtswissenschaft rezipiert wurden. Zunächst aber waren es Meteorologen wie – allen

die Entstehung klimahistorischer Narrative

voran – Hubert Horace Lamb (1913–1997), Hermann Flohn (1912–1997) u. a., die dieses vielfältige Material auf die historische Überlieferung und den Zeitstrahl der Geschichtswissenschaft bezogen (vgl. exemplarisch 1.3 LAMB 1977, 1982 zu antiken Berichten über ein Zufrieren des Tibers oder zur Verschiebung der Vegetationsgrenzen von Oliven und Wein nach Norden). Nach und nach entstand eine immer feiner aufgelöste (deterministische) Klimachronologie, die paradigmatisch mit historischen Formationen und komplexen Prozessen wie dem Untergang des Römischen Reiches verbunden wurde. Diese Chronologie bildet noch immer das Grundgerüst der Klimageschichte, und die althistorische Forschung setzt sich erst seit kurzem kritisch mit diesem Deutungsrahmen auseinander. Für Emmanuel Bernard LE ROY LADURIE (geb. 1929), einen der wenigen Historiker, die sich zu jener Zeit intensiv mit dem Klima beschäftigten, stand hingegen die Rekonstruktion der klimatischen Verhältnisse im Vordergrund, und so lehnte er mit seinem Konzept einer „Geschichte ohne Menschen" jede Verbindung zwischen historischen Ereignissen und dem Klimageschehen ab (1.3 LE ROY LADURIE 1959, 1967). Einen gänzlich anderen Weg schlugen Forscher wie der australisch-britische Geologe Claudio VITA-FINZI (geb. 1939) oder der US-amerikanische Archäologe Rhys CARPENTER (1889–1980) ein, die in je eigener Weise die klimatische mit der historischen Entwicklung verknüpften. VITA-FINZI stellte in seinem 1969 erschienen Buch „The Mediterranean Valleys. Geological Changes in Historical Times" die These auf, dass es aufgrund klimatischer Veränderungen in der Römerzeit zu erheblichen Fluterereignissen gekommen sei, die große Mengen fruchtbarer Sedimente in verschiedene Täler in Spanien, Griechenland, Italien, Nordafrika und an der Levante-Küste eingeschwemmt und so die Umweltbedingungen in diesen Regionen nachhaltig verändert hätten (2.1.2 VITA-FINZI 1969, vgl. dazu 2.2 HORDEN/PURCELL 2000; 2.1.1 BINTLIFF 2002). In den 1960er Jahren galt das antike Klima noch als relativ stabil, und so wollte VITA-FINZI mit seinem Konzept eines „younger fill" (jüngerer alluvialer Einschwemmungen) nachweisen, dass die klimatischen Verhältnisse im Mittelmeerraum deutlichen Schwankungen unterworfen gewesen seien. Ähnlich argumentiert auch CARPENTER, wenn er den Untergang der frühen griechischen Palastkulturen ebenso wie die Krisen des oströmischen Reiches mit zyklischen Klimaschwankungen zu erklären sucht (2.2.1 CARPENTER 1966). Für die Zeit um 1200 v. Chr. nimmt CARPENTER eine massive Dürre an, die er für das Ende der mykenischen

eine „Geschichte ohne Menschen"?

Gesellschaft (mit)verantwortlich macht (vgl. dazu 2.2.1 LAMB 1967, 1968)

Gegen Ende der 1970er begann sich die Klimadebatte von Grund auf zu verändern. Die Variabilität des Klimas wurde in der Gesellschaft zunehmend als Bedrohung wahrgenommen, und mit der Klimawirkungsforschung rückten die (möglichen) Folgen klimatischer Veränderungen in den Fokus der Wissenschaft und der Öffentlichkeit. Im Zuge dieser Entwicklung gewann auch die Klimageschichte als Wirkungsforschung bezüglich vergangener Gesellschaften weiter an Bedeutung und Aufmerksamkeit, doch trotz der langen Forschungsgeschichte gab es noch immer keine belastbare methodologische Grundlage und kein erprobtes analytisches Instrumentarium. Bezeichnenderweise erschien der erste Aufsatz – „Historical Climatology" (1978) –, der dieses Problem programmatisch aufgriff, in der Zeitschrift *Nature* und stammte aus der Feder dreier Klimatologen der *Climate Research Unit* an der *University of East Anglia* – Michael J. INGRAM, David J. UNDERHILL und Tom M. L. WIGLEY –, die auch maßgeblich an der wegweisenden klimahistorischen Tagung in Norwich beteiligt waren (1.3 INGRAM/UNDERHILL/WIGLEY 1978). Die Autoren wollten die historische Klimaforschung auf eine neue Grundlage stellen: Wie kann das Klima der Vergangenheit rekonstruiert werden? Welche Rolle spielt dabei die historische Überlieferung? Wie lassen sich Klima und Geschichte zueinander in Beziehung setzen? Ein Pionier dieser neuen Klimageschichte ist der Schweizer Historiker Christian Pfister (geb. 1944), der mit seinen methodologischen und empirischen Arbeiten zur (Klima-)Geschichte der Schweiz über die Neuzeitforschung hinaus Maßstäbe gesetzt hat.

Obwohl in der Folgezeit eine Zunahme geschichtswissenschaftlicher Arbeiten zu verzeichnen ist, blieb die antike Klimageschichte eine Domäne der Naturwissenschaften – und ist es letztlich bis heute. Nur vereinzelt erschienen dezidiert althistorische Studien, die sich mit wirtschaftshistorischen Fragen (e.g. 1.3 EDDY 1979; 2.2.2 SCHMIDT et. al. 2005), dem Niedergang bzw. der Transformation des *Imperium Romanum* (e.g. 1.3 EDDY 1979; 2.2 KODER 1996; 1.3 STATHAKOPOULOS 2003), der Entwicklung in Nordafrika (e.g. 2.2 SHAW 1981) oder dem auf das Klima bezogenen Informationsgehalt der antiken Quellen (2.2 FREI-STOLBA 1984; 2.2 NEUMANN 1985) befassen. Um die Jahrtausendwende konzeptualisierten Nicholas PURCELL und Peregrine HORDEN das Klima in ihrem vielbeachteten Buch „The Corrupting Sea"

> die Klimageschichte wird (endgültig) zu einer historischen Disziplin

> vereinzelte Ansätze in der althistorischen Forschung

als ein wesentliches räumliches Strukturelement der Mittelmeerwelt, doch der zweite Band, in dem sie sich diesem Thema ausführlicher widmen wollten, ist leider nie erschienen. Aus ihrer Sicht haben nicht zuletzt die unterschiedlichen Bedingungen für die Erzeugung landwirtschaftlicher Produkte maßgeblich zur Entstehung komplexer Wirtschafts- und Handlungsräume beigetragen (2.2 Horden/Purcell 2000) und so die *longue durée* der mediterranen Geschichte mitgeprägt. Dieser Ansatz wurde in der Forschung nicht weiterverfolgt und so hat sich die Klimageschichte erst etwa ein Jahrzehnt später mit den Arbeiten von Michael McCormick, John F. Haldon, Joseph G. Manning, Ulf Büntgen, Kyle Harper u. a. endgültig in der Alten Geschichte etabliert. Im Verlauf der 2010er Jahre vervielfältigte sich der Datenbestand zum antiken Klima und die Zahl der einschlägigen Publikationen nahm rapide zu. Es bleibt jedoch weiterhin umstritten, ob das Klima überhaupt als historischer Faktor identifiziert werden kann und wie dessen Einfluss auf den Verlauf der Antike gegebenenfalls zu gewichten ist (für eine ausführliche Kritik dieser neueren Arbeiten vgl. exemplarisch 2.3.2 Erdkamp 2019, 2.3.2 Sessa 2019, 2.3.2 Haldon et. al 2020). In einem kürzlich erschienen Aufsatz zeigte sich Kristina Sessa generell skeptisch gegenüber einer historischen Interpretation paläoklimatologischer Daten und plädiert dafür, den Fokus verstärkt auf die Bedeutung und Wahrnehmung des Klimageschehens für bzw. durch die Zeitgenossen zu legen (2.2 Sessa 2019). Hinter ihren Überlegungen steht die Frage, welche Auswirkungen es auf die Kultur- und Diskursgeschichte sowie auf das Geschichtsverständnis insgesamt hat, wenn die physische Umwelt – zumeist unter den Schlagworten *material* bzw. *environmental turn* – verstärkt in die historische Analyse miteinbezogen wird.

> beschleunigte Entwicklung seit den 2010er Jahren

3.2 Daten und Quellen

Seit der Mitte des 20. Jahrhunderts und dann vor allem in den letzten ein bis zwei Dekaden hat sich die Datenlage in der Paläoklimatologie so rasant entwickelt, dass wir heute eine zumindest ungefähre Vorstellung davon haben, unter welchen klimatischen Bedingungen die Menschen in der Antike lebten. Soll dieses Wissen in den Deutungsrahmen der althistorischen Forschung integriert werden, stellt sich jedoch die Frage, wie ein quantifizierbares naturwissenschaftliches Konstrukt als historisch wirksamer Faktor mit dem klassischen Quellenmaterial und den etablierten Vorstellungen über die Analyse sozialer Zusammenhänge verknüpft werden kann. Anders als die Neuzeitforschung verfügt die Alte Geschichte weder über frühe klimabezogene Messreihen (Säkularreihen; s. S. 29 f.), noch über Gemälde, Hochwassermarken, eine größere Zahl an Witterungstagebüchern – eine mögliche Ausnahme bilden hier nur Ptolemaios' Aufzeichnungen zu den Nilfluten – oder vergleichbare Quellen und ist daher in weit höherem Maße auf die Ergebnisse der Paläoklimatologie angewiesen bzw. muss eine größere heuristische und epistemologische Distanz zwischen ihrem Material und den naturwissenschaftlichen Daten überbrücken (s. S. 86 f.). Freilich finden sich auch in der antiken Literatur zahlreiche Erwähnungen von (extremen) Wetterereignissen und, nach heutiger Diktion, klimatischen Gegebenheiten, die zum Teil in verdienstvollen Quellensammlungen wie dem „Katalog bemerkenswerter Witterungsereignisse von den ältesten Zeiten bis zum Jahr 1800" (2.2 HENNIG 1904) des deutschen Verkehrswissenschaftlers und historischen Geographen Richard CARL GUSTAV HENNIG (1874–1951), den beiden Bänden „Fonti greche e latine per la storia dell'ambiente e del clima nel mondo greco" des italienischen Philologen Giangiacomo PANESSA aus dem Jahr 1991 (2.2 PANESSA 1991) oder, für die östlichen Provinzen ab etwa 300 n. Chr., des griechischen Philologen Ioannis G. TELELĒS (2 Bde.; TELELĒS 2004) erfasst sind. Doch fehlt es bislang an konzeptionellen Arbeiten, die das aggregierte Material aufbereiten und systematisch mit der naturwissenschaftlichen Klimarekonstruktion in Beziehung setzen. Historische Schrift-, Sach- und Bildquellen können durchaus als Ergänzung und Korrektiv (paläo-)klimatologischer Modellbildungen herangezogen werden, vor allem aber ermöglichen solche Quellen häufig eine räumlich und zeitlich präzisere Rekonstruktion der Klimagegebenheiten und stellen zudem ein wichtiges Bindeglied zwischen den quantitativen Methoden der (Paläo-)Klimatologie und historischen Fragestellungen dar. In der Neueren Geschichte wurden bereits in den 1980er und 90er Jahren Klimaindizes entwickelt, die es ermöglichen, historische Wetteraufzeichnungen zu Temperaturen und Niederschlagsmengen quantitativ auszuwerten und statistisch zu verarbeiten; für die griechisch-römische

Antike gibt es aufgrund der Quellenlage bislang keine vergleichbaren Datensätze. Letztlich aber bleibt die historische Forschung, auch wenn sie über eigene Quellen verfügt, bei der Klimarekonstruktion an die oben skizzierten Leitgedanken der naturwissenschaftlichen Klimatologie gebunden. Ein genuin geschichtswissenschaftliches Klimakonzept gibt es nicht – und kann es auch nicht geben, da „Klima" in diesem Sinne kein historisches Phänomen ist.

Wie im Grunde alle empirischen Daten weisen auch die Ergebnisse der Paläoklimatologie in verschiedener Hinsicht eine gewisse Unschärfe auf. Das betrifft nicht nur ihre räumliche und zeitliche Auflösung, sondern auch mess- und analysetechnische Abweichungen sowie die statistische Verarbeitung der Rohdaten und die Modellbildung. Dennoch sind sie im Rahmen der naturwissenschaftlichen Erkenntnistheorie zu einem gewissen Grad objektivierbar und können, bis sie gegebenenfalls falsifiziert werden, von der althistorischen Forschung als empirische Grundlage für klimabezogene Fragestellungen verwendet werden. Historiker sind hier – im Idealfall kritische – Rezipienten und müssen sich, um das Material einordnen zu können, mit den Grundlagen der (Paläo-)Klimatologie befassen. In der Regel haben sie aber nicht die fachliche Expertise, um die Qualität der Daten tatsächlich beurteilen zu können. Auch dieser Umstand mag dazu beitragen, dass die Klimageschichte in weiten Teilen der Althistorie noch immer mit Skepsis betrachtet wird.

Objektivierbarkeit paläoklimatologischer Daten

Auch in der historischen Forschung wurde und wird der Klimarekonstruktion durchaus ein historischer Eigenwert zugeschrieben. Emmanuel Bernard LE ROY LADURIE etwa forderte in seinem 1967 erschienen Buch „Histoire du climat depuis l'an mil" (1.3. LE ROY LADURIE 1967) eine Klimageschichte ohne Berücksichtigung des Menschen und reagierte damit auf eine lange geistesgeschichtliche Tradition, in der die Umwelt und das Klima als determinierende Ressourcen in einen unmittelbaren kausalen Zusammenhang mit der Entwicklung menschlicher Gesellschaften gebracht wurden – was nicht zuletzt auch einen kolonialistischen Überlegenheitsanspruch der westlichen Welt begründen sollte. Klimageschichte beschränkt sich in LADURIES Verständnis auf die bloße Rekonstruktion vergangener Umweltbedingungen ohne jeden Bezug zu historischen Zusammenhängen. Die Geschichtswissenschaft wurde damit zu einer klimatologischen Hilfswissenschaft erklärt, die das damals noch recht lückenhafte Datenmaterial der (Paläo-)Klimatologie mit ihren Quellen ergänzen solle. LADURIE hat durch sein Werk gewiss dazu beigetra-

historische Klimarekonstruktion

Geschichte als Hilfswissenschaft der Klimatologie

gen, dass sich die klimahistorische Forschung in der zweiten Hälfte des 20. Jahrhunderts – freilich ohne eine einheitliche Zielsetzung – allmählich wieder als Teildisziplin der Geschichtswissenschaft etablieren konnte. Zugleich aber wirkt seine Programmatik bis heute nach, wenn sich hauptsächlich Meteorologen und Geologen mit klimahistorischen Fragen befassen, während die Klimageschichte trotz wachsender Bedeutung nicht nur in der althistorischen Forschung noch immer ein Nischendasein führt.

<small>das Klima und die Chronologie der Geschichtswissenschaft</small>

Die Klimaforschung stand von Beginn an in einem Spannungsfeld zwischen dem Zeithorizont und dem Erkenntnisinteresse der Geologie und der auf den Erfahrungshorizont des Menschen bezogenen Geschichtswissenschaft. Bis in das 20. Jahrhundert hinein blieben die Quellen der Altertumswissenschaften eine wichtige Ergänzung zu den noch spärlichen Daten der Paläoklimatologie, und so kann es kaum verwundern, dass die Klimachronologie der Antike bis heute in hohem Maß von der nach anderen Kriterien gewonnenen historischen Zeiteinteilung geprägt ist. Durch die dynamische Entwicklung neuer naturwissenschaftlicher Methoden veränderte sich die Klimaforschung in der zweiten Hälfte des 20. Jahrhunderts grundlegend, und die mathematisch-physikalische Dimension des Klimas trat immer stärker in den Vordergrund. Heute dominiert diese Sichtweise den Klimadiskurs beinahe vollständig, und die Geschichtswissenschaft sucht noch immer ihre Rolle. Dennoch blieb der Bezug zur historischen Chronologie wie auch zu den Deutungsmustern und Narrativen der älteren Klimaforschung untergründig erhalten und verstärkte sich ab den 1960er und 70er Jahren sogar wieder, als sich die raum-zeitliche Auflösung der paläoklimatologischen Daten weiter verfeinerte und die Klimafolgenforschung neuerlich in den Fokus der wissenschaftlichen Debatten rückte.

3.3 „Klima" als historischer Faktor

<small>Umweltgeschichte</small>

Nach traditionellem Verständnis gilt das Interesse der historischen Forschung primär der menschlichen Sphäre, doch die Natur wird, auch jenseits von LADURIES Ansatz, zunehmend als eigenständiger Forschungsgegenstand wahrgenommen. Zu denken ist nicht nur an die seit den 1960er Jahren wachsende Bedeutung der Umweltgeschichte insgesamt, sondern auch an die Herausforderungen, die sich aus der Diskussion um ein neues, durch den Menschen geprägtes Erdzeitalter ergeben. Aus althistorischer Perspektive kommt noch hinzu, dass antike Gesellschaften aufgrund der vergleichsweise begrenzten technischen Möglichkeiten in besonderem Maße an die sie umgebenden Umweltbedingungen gebunden waren – auch wenn die Vorstellung einer gänzlich den Naturgewalten ausgelieferten Vormoderne heute überholt ist. Vor allem das Klima wird in diesem Zusammenhang immer mehr als zentraler historischer Faktor wahrgenommen. Welchen Einfluss aber haben die heute als „Klima" beschriebenen Umweltbedingungen auf historische Zusammenhänge? Diese Frage hat eine lange und wechselvolle Geschichte, die, unter jeweils eigenen Vorzeichen, von der Antike über die Zeit der Aufklärung bis in die rezente Forschung hinein ihre Spuren hinterlassen hat. Das Spektrum der Antworten reicht von einem in seiner stärksten Ausprägung ahistorischen Determinismus, der einen gleichsam naturgesetzlichen Zusammenhang zwischen bestimmten Klimazuständen und kulturellen Formationen bzw., forschungsgeschichtlich jünger, zwischen Klimaänderungen und historischen Entwicklungen konstatiert, bis hin zu kontingenzbasierten Modellen, die den Menschen auch in dieser Konstellation als Akteur begreifen, der seine Lebenswelt (re-)aktiv gestalten kann. Ein rigoroser Determinismus schließt eine im eigentlichen Sinne historische Betrachtung aus, da er keinen Raum für nichtlineare Entwicklungen lässt. So betrachtete Jacob Burckhardt (1818–1897) das Klima als Universalie, die sich einer historischen Interpretation entzieht. Jenseits solcher Modelle sieht sich die antike Klimageschichte mit der Frage konfrontiert, auf welcher Ebene des historischen Geschehens das Klima seine Wirkung entfaltet. Strukturgeschichtlich gesehen sind Klimaelemente wie die durchschnittliche Temperatur oder Niederschlagsmenge Bestandteile eines komplexen Möglichkeitsraumes, in dem sich soziale Formationen organisieren und entwickeln können – wohlgemerkt ohne eine teleologische Richtung. Der Fokus liegt hier auf mittel- und langfristigen historischen Prozessen, was der zeitlichen Struktur des modernen Klimakonzeptes entspricht. Die Ereignisgeschichte hingegen scheint sich, auch wenn die zeitliche und räumliche Auflösung der Klimadaten immer feiner wird, einer klimahistorischen Reflexion zu entziehen, da ihr Zeithorizont eher im Bereich des Wettergeschehens liegt. Untersuchungen über den Einfluss des Wetters auf die Geschichte gibt es heute zur Genüge (e. g. 1.3 GERSTE 2015; 2.2.1 ZEREFOS et al. 2020), in jüngster Zeit zeigt sich jedoch, dass auch das Klima eine ereignisgeschichtliche Dimen-

Welchen Einfluss hat das Klima auf historische Prozesse?

Klimadeterminismus

Struktur- und Ereignisgeschichte

sion haben kann. Einzelne Ereignisse wie eine konkrete Handlung, eine politische Entscheidung oder auch eine Hungersnot lassen sich zwar nicht (direkt) mit klimatischen Veränderungen erklären, können aber in einen komplexen klimahistorischen Deutungsansatz integriert werden, in dem politische, ökonomische, kulturelle und naturwissenschaftliche Aspekte gleichermaßen Berücksichtigung finden. Ein solches Argument folgt keiner monokausalen Begründung, sondern bezieht sich auf den strukturellen Rahmen, in dem Individuen und Gesellschaften kontingente Entscheidungen treffen.

3.4 Klimabewertung

Die historische Interpretation von Klimazuständen und -änderungen ist in hohem Maße an Festlegungen und Vorannahmen aus verschiedenen wissenschaftlichen und gesellschaftlichen Diskursen gebunden, die es jeweils zu reflektieren gilt; das Klima ist nicht nur ein naturwissenschaftliches Konstrukt, sondern auch ein soziales. Daher ist die Frage, was Menschen jeweils über das Klima wussten und wie sie dieses Phänomen in ihren Erfahrungshorizont einordneten, ein zentraler Bestandteil der Klimageschichte. Insbesondere aber gilt es, die Hintergründe der Vorstellungen und Debatten zu reflektieren, die das rezente Klimaverständnis prägen. Die Art und Weise, wie die historische Relevanz des Klimageschehens bewertet wird, hat viel damit zu tun, wie man die Variabilität des Klimas einschätzt sowie „Mensch" und „Natur" zueinander in Beziehung setzt. Es macht einen fundamentalen Unterschied, ob dieses Verhältnis als Dichotomie zweier mehr oder minder unabhängiger Daseinsbereiche gedacht oder als komplexes Wechselverhältnis konzeptualisiert wird, in dem der Mensch (auch) ein gestaltender Teil der Natur ist. Die Geistesgeschichte von der Antike bis in die Moderne hat zahlreiche Denkfiguren zu dieser Konstellation hervorgebracht, wobei die für die gegenwärtigen Debatten relevanten Entwicklungen gegen Ende des 17. Jahrhunderts mit der allmählichen Entdeckung der Klimavariabilität einsetzten und in den Kontroversen um einen vom Menschen verursachten Klimawandel im 18. und 19. Jahrhundert einen ersten Höhepunkt fanden. In den Jahrzehnten um 1800 formte sich allmählich eine naturwissenschaftliche Programmatik aus, die eine vollkommen neue konzeptionelle (kausale), zeitliche (erdgeschichtliche) und räumliche (globale) Dimension zu erschließen begann und darauf abzielte, die Umweltbedingungen auf der Erde systematisch zu erfassen und zu erklären. Das Klima wurde so allmählich zu einem globalen Phänomen mit einer dynamischen Geschichte, die weit über den menschlichen Zeithorizont hinausgreift. Zugleich aber wurde der Mensch als Klima- und Umweltfaktor wahrgenommen, der die Natur insgesamt umzugestalten beginnt.

Seit der Jahrtausendwende hat sich die Diskussion über die Position des Menschen in der Natur sowie der Natur in der Geschichte – auch und gerade durch die fortschreitenden Erkenntnisse der Klimaforschung – noch einmal intensiviert, und die überkommene Trennlinie zwischen „Kultur" und „Natur" löst sich weiter auf (grundlegend für die Geschichte des westlichen Denkens ist hier noch immer: 2.2 GLACKEN 1967). Diese Entwicklung gipfelt in der Annahme, dass der Mensch des sog. Anthropozäns die Lebensbedingungen auf der Erde dergestalt verändert, dass er selbst daran zugrunde geht und damit ein Teil der Naturgeschichte wird, während die Natur wiederum zum Objekt geschichtswissenschaftlicher Betrachtung avanciert, dem eine historische Wirksamkeit (*agency*) zugeschrieben wird. Allerdings obliegt die Bewertung von Klimazuständen und -änderungen, anders als noch im 19. und frühen 20. Jahrhundert, in der öffentlichen Wahrnehmung heute allein den Naturwissenschaften. In den Kultur- und Geisteswissenschaften verläuft die Debatte um die Beziehung zwischen „Mensch" (bzw. „Kultur") und „Natur" äußerst kontrovers und vielschichtig, und es ist derzeit kaum absehbar, in welche Richtung sie sich entwickeln wird. Diese Unterscheidung spielt, wie auch immer sie getroffen wird, bei der Bewertung des Klimas eine nicht zu unterschätzende Rolle.

Stellung des Menschen und der Natur in der Geschichte

Paläoklimatologische Daten, Diagramme und Modelle sind zunächst historisch neutral in dem Sinne, dass sie für sich genommen keine Aussage über ökonomische, politische oder gesellschaftliche Verhältnisse bzw. deren Veränderung enthalten. Erst durch die Festlegung einer klimatischen Norm, die mit einem Ist-Zustand von Natur und Gesellschaft verknüpft wird, können sie, positiv oder negativ konnotiert, überhaupt zu einem historischen Argument oder Narrativ umgedeutet werden. In wissenschaftlichen und gesellschaftlichen Diskursen ist seit dem 19. Jahrhundert ein Deutungsrahmen entstanden, der Klimabedingungen quantitativ einordnet

Klimadaten enthalten keine direkte historische Aussage

quantitaitve und qualitative Klimabewertung

und qualitativ bewertet bzw. mit spezifischen Folgen verknüpft. In diesem Sinne ist das Klima ein soziales Konstrukt und hat unbedingt eine historische Dimension. Was die quantitative Seite betrifft, so stellt sich zunächst die Frage, auf welcher Grundlage, d. h. von welcher Klimanormalperiode aus, die Intensität von Klimaschwankungen beurteilt wird und ab welcher Größenordnung man von einer historisch relevanten Veränderung ausgehen kann. Dafür lassen sich keine absoluten Zahlen angeben, da historische Formationen, wie die Resilienzforschung nahelegt, in unterschiedlicher Weise auf solche Herausforderungen reagieren können. Die Klimageschichte orientiert sich hier in der Regel an den Modellrechnungen der rezenten Klimawirkungsforschung wie dem 1,5-Grad-Ziel, die freilich von vollkommen anderen sozioökonomischen Voraussetzungen ausgeht. Auf das Klimasystem bezogen lassen sich modellhaft durchaus Grenzwerte (Kipppunkte) formulieren, außerhalb derer sich die Lebensbedingungen und das System selbst global oder in einzelnen Regionen grundlegend verändern würden. Für die althistorische Forschung sind solche Zahlen jedoch kaum von Bedeutung, da sie weit außerhalb der rekonstruierten antiken Szenarien liegen. Die qualitative Bewertung von Klimazuständen und -änderungen ist in noch höherem Maße an menschliche Maßstäbe gebunden, da abgesehen von biologisch definierten Grenzwerten, außerhalb derer ein Leben auf der Erde nicht mehr möglich ist, letztlich keine objektivierbaren Bezugsgrößen benannt werden können. Gewiss gibt es Klimabedingungen, die bestimmte Lebensweisen wie etwa die Landwirtschaft begünstigen, aber Gunst-Ungunst-Modelle basieren häufig auf deterministischen Vorannahmen. So haben die Menschen nicht nur das letzte Glazial überdauert, sondern siedeln seit Jahrtausenden in fast allen Klimazonen der Erde. Auch erdgeschichtlich betrachtet gibt es kein objektiv gutes oder schlechtes Klima. Es ist der Mensch, der Klimabedingungen anhand festgelegter Kriterien wie der Artenvielfalt oder der Entwicklung der Tier- und Pflanzenwelt bewertet; das Leben auf der Erde hat sich im Rahmen des biologisch Möglichen stets an die wechselnden Bedingungen angepasst. Der Deutungsrahmen, in dem das Phänomen Klima seit dem 19. Jahrhundert verhandelt wird, bezieht sich auf die Bedürfnisse und Interessen des Menschen – eine für ihn bewohnbare Erde – sowie auf Naturvorstellungen, die ebenfalls kulturell konstruiert und damit kontingent sind. Das Klima als normierte Zustandsgröße hat notwendigerweise eine anthropozentrische

menschliche Maßstäbe

‚gutes'/‚schlechtes' Klima

Der Mensch als Bezugsgröße

Komponente, die durch den einseitig naturwissenschaftlich geprägten Diskurs im Verlauf des 20. Jahrhunderts sukzessive aus dem Blickfeld geraten ist.

Zusammenfassung
Was also ist „Klima"? Der Begriff bezeichnet kein (direkt) mess- oder erfahrbares Naturphänomen, sondern bezieht sich als abstraktes Konstrukt auf eine Vielzahl zentraler Umweltbedingungen, die in ein ebenso komplexes wie fragiles System eingebunden sind. Als naturwissenschaftliches Analyseinstrument dient es der statistisch-quantitativen Beschreibung und der kausalen Erklärung des „durchschnittlichen Wetters" – der Lebensbedingungen – in unterschiedlicher zeitlicher und räumlicher Auflösung von den Anfängen der Erdgeschichte bis in die Jetztzeit. Der Einfluss des Klimas auf die Natur und den Menschen als biologisches und als kulturelles Wesen ist dabei evident, auch wenn sich dieses Phänomen nur über seine Bestandteile und Folgen erfassen lässt. Wird das Klimageschehen als historisches Argument verwendet, so ist dies stets an einen kontingenten Deutungsrahmen gebunden, den es zu problematisieren gilt; das Klima ist auch eine kulturell konstruierte Denkfigur mit einer eigenen Geschichte.

das Klima als Konstrukt und Denkfigur

II Das Klima und die Geschichte der griechisch-römischen Antike

empirische Grundlagen Für gewöhnlich stützen sich historische Narrative und Argumente auf zeitgenössische Quellen, anerkanntes historisches Wissen oder theoriegebundene Deutungsansätze aus den Sozial- und Kulturwissenschaften. In der antiken Klimageschichte ist das – zumindest in Teilen – anders. Ihr primärer Bezugspunkt liegt außerhalb der genannten Heuristiken, in der naturwissenschaftlichen Rekonstruktion der klimatischen Verhältnisse: Wann und wo hat sich das Klima verändert? Von welchen Größenordnungen ist dabei auszugehen? Je nach Region stehen dafür verschiedene natürliche Archive zur Verfügung, anhand derer die Paläoklimatologie (jahreszeitliche) Durchschnittstemperaturen, Niederschlagsmengen und andere klimatische Zustandsgrößen schätzen kann. Im Ergebnis stehen Diagramme und Zahlen, die einen empirischen Referenzrahmen setzen, auf den sich sämtliche klimahistorischen Interpretationen beziehen. Um reflektiert mit diesen Daten umgehen zu können, muss sich die Althistorie nicht nur mit dem aktuellen Sachstand, sondern auch mit den Grundlagen der Klimarekonstruktion vertraut machen: Was weiß die Forschung über das antike Klima? Woher kommt dieses Wissen? Wie valide ist es? Die erste Herausforderung klimageschichtlichen Arbeitens besteht also darin, aus der Vielzahl der naturwissenschaftlichen Publikationen jene Informationen herauszufiltern, welche die Basis der eigentlichen historischen Analyse bilden. Entscheidend sind hierbei neben der Aktualität der Studien auch die raum-zeitliche Auflösung und der Archiv-Typ bzw. die Art der Informationsträger: Eine übergreifende Statistik zur holozänen Klimaentwicklung ist in Hinblick auf eine klimageschichtliche Fragestellung weit weniger aussagekräftig als eine – oder besser: mehrere – spezifische Regionalstudie(n); die jahresscharfen Wuchsmuster von Holzproben lassen sich eher mit historischen Prozessen oder Ereignissen verknüpfen als grönländische Eisbohrkerne; Pflanzenpollen haben einen engeren Bezug zur menschlichen Lebenswelt als beispielsweise Kieselalgen aus Binnenseesedimenten.

Auswahl geeigneter Studien

historische Expertise Bis hierhin muss sich die Geschichtswissenschaft weitestgehend auf die Erkenntnisse der Paläoklimatologie verlassen. Wenn es dann aber darum geht, die klimatischen Zustandsgrößen mit den antiken Quellen und der dahinterstehenden Lebenswelt in Verbindung zu bringen, kommt die historische Expertise zum Tragen: Wie lässt sich der Einfluss klimatischer Veränderungen auf vergangene Gesellschaften (quantitativ) bestimmen, wie in den antiken Quellen greifen und historisch plausibel belegen? Wie kann Klimageschichte erzählt werden, ohne in überkommene deterministische Muster zu verfallen?

Zu den methodologischen Aspekten der Klimageschichte gibt es in der althistorischen Forschung bislang weder eine systematische Debatte noch eine einheitliche Programmatik. Gleichwohl sind sie die grundlegende Voraussetzung für eine möglichst belastbare und differenzierte Antwort auf die Frage, welche Auswirkungen das Klimageschehen auf die Geschichte der griechisch-römischen Antike hatte.

1 Das antike Klima

1.1 Woher kommt das Wissen über das antike Klima?

Meteorologische Messungen mit standardisierten Instrumenten gibt es erst seit der zweiten Hälfte des 19. Jahrhunderts (58 Messungen zwischen 1850 und 1900, 45 davon aus Europa; 2.1.2 ESPER/TORBENSEN/BÜNTGEN 2024). Für die gesamte Zeit davor ist die Forschung auf indirekte Klimazeugnisse aus natürlichen und gesellschaftlichen Archiven angewiesen, wobei zur Rekonstruktion des antiken Klimas keine substantiellen historischen Quellen zur Verfügung stehen. Aus Gletschern, Sedimenten, Speläothemen (Höhlensinter wie bspw. Tropfsteine), Mooren, Holzproben und anderen Signalträgern lässt sich zwar nicht unmittelbar ablesen, wie warm oder kalt, feucht oder trocken es über einen bestimmten Zeitraum hinweg in einer Region war, aber durch aufwendige technische Verfahren können aus solchen Archiven Klimasignale isoliert werden, über die sich dann verschiedene Klimaelemente wie die Luft- bzw. Wassertemperatur, die Niederschlagsmenge, die Windverhältnisse oder die Intensität der Sonneneinstrahlung schätzen lassen. Zu diesen Indikatoren zählen neben den Wuchsmustern von Baumringen und der Verteilung von Pollen und Kleinstlebewesen in Sedimenten vor allem die Konzentration verschiedener chemischer Elemente und Verbindungen in Feststoffen, Gasblasen und Eisbohrkernen sowie deren jeweilige Isotopensignatur, d.h. das Mengenverhältnis unter-

verfügbare Archive

nachweisbare Klimasignale

schiedlicher (Radio-)Isotope. Derzeit sind über einhundert chemische, physikalische und biologische Informationsträger zu mehr als zwei Dutzend Klimaelementen, -parametern und -faktoren bekannt. Die Paläoklimatologie verfeinert ständig ihre Analyseverfahren und erschließt sich immer neue Datenquellen, der technischen und methodischen Kreativität sind hier kaum Grenzen gesetzt. Dennoch sind die Temperatur und der Niederschlag nach wie vor die wichtigsten Kenngrößen zur Beschreibung vergangener Klimata. Sie konstituieren maßgeblich den Lebensraum von Pflanzen, Tieren und Menschen, und sind insofern auch aus historischer Perspektive von besonderem Interesse. Zudem lassen sie sich, insbesondere was die Temperatur betrifft, vergleichsweise präzise rekonstruieren.

ursächliche Betrachtung

Die Ursachen für Klimaveränderungen sind für die Geschichtswissenschaft eher zweitrangig, zumal sie, von konkreten Ereignissen wie Vulkanausbrüchen oder nachweisbaren Schwankungen der Sonnenaktivität abgesehen, in der Regel auch nur unvollständig nachvollzogen werden können. Für die naturwissenschaftliche Klimaforschung sind die Wirkmechanismen des Klimasystems dagegen ebenso wichtig, wie die Rekonstruktion der klimatischen Verhältnisse, da sie die Grundlage der Klimamodellierung und -prognose sind. Ab wann der Mensch selbst zu einem Klimafaktor wurde, ist eine separate Frage, die zunehmend auch in der althistorischen Forschung diskutiert wird.

Schätzwerte zu verschiedenen Kenngrößen

Mangels Messdaten basieren sämtliche Klimarekonstruktionen auf mehr oder weniger gut fundierten Schätzungen, was stets mit einer gewissen Unschärfe verbunden ist. Zudem haben einzelne Klimasignale eine nicht nur in Raum und Zeit begrenzte Aussagekraft, da sie sich bloß auf einen Teilaspekt des Klimageschehens beziehen und häufig, wie beispielsweise Jahresringe, von mehreren Faktoren abhängig sind. Um diesen Problemen zu begegnen, arbeitet die Forschung häufig mit sog. Multiproxy-Analysen (*multi-proxy approaches*), die mehrere, unabhängige Signale zu einer Klimavariable berücksichtigen, und gleicht ihre Ergebnisse, wenn möglich, mit Modellrechnungen ab. Das Spektrum der so rekonstruierten Kenngrößen reicht von der bodennahen Lufttemperatur (*Surface Air Temperature*; *SAT*) und der Niederschlagsmenge über die Meeresoberflächentemperatur (*Sea Surface Temperature*; *SST*) und die Biochemie der Ozeane bis hin zur Dynamik der Atmosphäre und der globalen Zirkulationssysteme. So lassen sich beispielsweise aus Gesteinsablagerungen, die einstmals von Eisbergen transportiert wurden und nach deren Abschmelzen in die Tiefe gesunken sind, Rückschlüsse auf die großen ozeanischen Strömungssysteme ziehen. In der Fachsprache werden die numerischen Werte aus solchen Schätzverfahren als „Proxydaten" bezeichnet, da sie *stellvertretend* für eine Zustandsgröße des Klimas stehen, die nicht mehr direkt gemessen werden kann. Damit diese Daten für die Klimarekonstruktion von Nutzen sind, müssen sie verschiedene Kriterien erfüllen: So sollten sie erstens in konkrete, häufig relationale Zahlenwerte übersetzt werden können, zu denen zweitens zwingend das statistische Unsicherheitsmaß anzugeben ist; drittens schließlich muss bestimmbar sein, auf welchen geographischen Raum und auf welche Zeit sich die Klimasignale beziehen lassen; zeitlich hoch aufgelöste Daten nach Jahren oder gar Jahreszeiten sind für die Klimageschichte besonders wertvoll. In räumlicher Hinsicht kann es hier zu einem Zielkonflikt zwischen der Paläoklimatologie und der Geschichtswissenschaft kommen: Die naturwissenschaftliche Klimaforschung war lange Zeit primär an großräumigen Daten interessiert, da diese für ein vertieftes Verständnis des globalen Klimasystems und dessen Modellierung unerlässlich sind, wohingegen die historische Forschung eher einen regionalen oder lokalen Fokus hat. Seit einigen Jahren ist in der Paläoklimatologie ein Trend zu kleinräumigeren Studien zu verzeichnen, da die Klimaforschung zunehmend hochauflösende Regionaldaten benötigt, um die räumliche Heterogenität des Klimageschehens besser erfassen und abbilden zu können. Die Gewinnung und Aufbereitung von Proxydaten ist aufwändig und teuer, was wohl neben der geographischen Verteilung der Klimaarchive auch ein Grund dafür ist, dass es leider keine flächendeckenden Regionaldaten zur griechisch-römischen Antike gibt.

Im Folgenden werden einige Grundlagen zur Datierung und Schätzung paläoklimatologischer Daten erläutert sowie die für die Rekonstruktion des antiken Klimas wichtigsten Archive und Methoden vorgestellt, allerdings können die einzelnen Verfahren aufgrund ihrer Komplexität hier nicht im Detail besprochen werden.

Datierung

Anders als der Fundort ist das Alter von Klimaproxies in der Regel nicht bekannt. Dabei ist eine möglichst präzise Datierung eine notwendige Voraussetzung dafür, dass Eisbohrkerne, Sedimentschichten oder Baumringe überhaupt einen klimahistorischen Wert haben. Die paläoklimatologische Altersbestimmung ist in Hinblick auf die Antike mit einer Unschärfe von mindestens einigen Jahrzehnten verbunden und die Genauigkeit nimmt mit der zeitlichen Distanz merklich ab. Die Kombination verschiedener Datierungsverfahren zeitigt dennoch durchaus belastbare Chronologien. Im Idealfall lassen sich die Klimasignale aus Eisbohrkernen, geschichteten Sedimenten oder auch Korallen sowie aus den Wachstumslagen von Speläothemen und Baumscheiben durch hochauflösende Verfahren heute sogar jahres- oder jahreszeitenscharf (Sommer/Winter) abbilden. Die entsprechenden Zeiträume werden häufig mit den Anfangsbuchstaben der erfassten Monate bezeichnet (e. g. Sommertemperaturen: JJA [Juni, Juli, August]; Wintertemperaturen: DJF; Niederschlagsmengen: MAM; AMJ; SON). Die präziseste Methode ist das Auszählen der Schichtungselemente oder Jahresringe, was jedoch nur möglich ist, wenn die Probe bis in die Gegenwart reicht und in ihrem chronologischen Aufbau bekannt ist – wie etwa bei lebenden Bäumen, unbeschädigten Speläothemen oder Gletschern, deren Druckschmelzpunkt ganzjährig deutlich unter dem Gefrierpunkt liegt (polare Gletscher). Brechen die Proben zu einem früheren Zeitpunkt ab, lässt sich ihr Alter über stratigraphische Verfahren oder Vergleichsdatenbanken bestimmen. Letztere finden insbesondere in der Dendrochronologie Verwendung, da Bäume in der Regel klimatypische Zuwachsmuster aufweisen, die sich je nach Art und Region über Jahrtausende hinweg rekonstruieren lassen (vgl. etwa die Bristlecone-Pine-Reihe in Zentralkalifornien oder die Hohenheimer Eichenchronologie für Süddeutschland). Wichtige stratigraphische Marker können die Pollenkonzentration (Palynostratigraphie), die Asche von großflächig detektierbaren Vulkanausbrüchen (Tephrochronologie/Eventstratigraphie), typische Lumineszenzmuster (Lichtemission von Mineralien durch ionisierte Strahlung), die magnetischen Eigenschaften (Magnetstratigraphie) sowie Leitfossilien (Biostratigraphie) und archäologische Funde sein. Gibt es, wie in Mooren, ungeschichteten Sedimenten oder den tieferen Lagen von Gletschern, die saisonal (subpolare Gletscher) oder ganzjährig (warme/temperierte Gletscher) antauen, keine erkennbare Schichtung (mehr), bleibt nur die radiometrische Datierung über die Halbwertszeit radioaktiver Isotope, die zum Teil bis in die Frühzeit der Erdgeschichte hinein verwendet werden kann. Das wichtigste Verfahren für kürzere Zeiträume bis ungefähr

55.000 *BP* – und damit auch für die Antike – ist die Radiokarbonmethode, d. h. die Datierung kohlenstoffhaltiger Materie über ^{14}C-Isotope. Für ältere Proben oder Material, das keinen Kohlenstoff enthält, finden u. a. Blei-210-Isotope (^{210}PB) oder Uran-Nuklide – vor allem ^{234}U – Verwendung, die als Zwischenglied ihrer Zerfallsreihe in das Element Thorium (^{230}Th) umgewandelt werden. Die radiometrische Datierung basiert darauf, dass die meisten chemischen Elemente – außer die sog. Reinelemente wie Gold – von Natur aus in verschiedenen Isotopen vorkommen. Isotope sind Nuklide (Atome), deren Kerne die gleiche Anzahl an Protonen enthalten, sich aber in der Zahl der Neutronen unterscheiden. Daher haben sie dieselbe Ordnungszahl (Protonen) im Periodensystem der Elemente und damit auch dieselben Eigenschaften, sind aber aufgrund ihrer Neutronenzahl geringfügig leichter oder schwerer; die Masse eines Atoms resultiert aus der Zahl der Nukleonen (Protonen und Neutronen) in dessen Kern und kann mit einem Massenspektrometer bestimmt werden. Bei einem ungünstigen Verhältnis von Protonen und Neutronen sind Atomkerne instabil (radioaktiv) und zerfallen im Lauf der Zeit zu Isotopen anderer Elemente, bis sie irgendwann einen stabilen Zustand erreichen (Endnuklid); in der Regel hat ein Element nur ein oder wenige stabile Isotope, alle anderen Nuklide sind radioaktiv. Ist die Zerfallskurve eines Isotops bekannt, kann aus dem Verhältnis zwischen den Mutter- und Tochterisotopen in einer Probe deren Alter geschätzt werden. Eine wichtige Kenngröße ist dabei die Halbwertszeit: Sie bezeichnet die Zeitspanne, in der sich die Zahl der Mutterisotope halbiert. Das Prinzip dieses Verfahrens lässt sich am Beispiel der ^{14}C-Methode anschaulich erläutern. Diese wurde gegen Ende der 1940er Jahre von dem amerikanischen Physiker und Chemiker Willard Frank Libby (1908–1980) entwickelt, der dafür 1960 den Nobelpreis für Chemie erhielt. In der Natur gibt es drei Kohlenstoff-Isotope, die in sehr unterschiedlicher Häufigkeit vorkommen: ^{12}C (ca. 98,89 %), ^{13}C (ca. 1,11 %) und ^{14}C (ca. 1 *part per trillion*; ppt). Die beiden erstgenannten Isotope sind stabil, ^{14}C hingegen wird unter dem Einfluss der kosmischen Strahlung in den oberen Schichten der Atmosphäre aus Stickstoff (^{14}N) gebildet und zerfällt anschließend mit einer Halbwertszeit von ca. 5730 Jahren wieder in sein Ausgangselement. Lebendige Pflanzen nehmen durch Photosynthese permanent Kohlenstoff aus der Atmosphäre auf, wodurch das Verhältnis von ^{14}C- zu ^{12}C-Isotopen weitgehend konstant bleibt. Stirbt ein pflanzlicher Organismus, kommt der CO_2-Aus-

Marginalien: Funktionsweise radiometrischer Verfahren; ^{14}C-Methode; Halbwertszeit

tausch mit der Umgebungsluft zum Erliegen und es kann kein ^{14}C mehr aufgenommen werden. Da sich die Menge an ^{12}C-Atomen nicht verändert, der Zerfall der ^{14}C-Isotope aber weitergeht, nimmt die ^{14}C-Konzentration in Abhängigkeit von der Zeit allmählich ab. Aus der Differenz zwischen dem modellhaft angenommenen und dem tatsächlich in einer Probe gemessenen ^{14}C-Gehalt lässt sich das Alter eines Klimasignals näherungsweise bestimmen, wobei diese relative Datierung erst über kalibrierte Zerfallskurven in absolute Jahreszahlen übersetzt werden muss. Im Grunde kann dieses Verfahren auf sämtliche kohlenstoffhaltige Materialien angewendet werden, beispielsweise auch auf die Knochen von Pflanzenfressern und von deren Fressfeinden. Bei älteren Proben liegt die Zahl der ^{14}C-Atome nach zehn Zerfallszyklen mit etwa einem Isotop auf eine Billiarde ^{12}C-Nuklide unterhalb der Nachweisgrenze. Für den Zeitraum der Antike liegt die Standardabweichung der Radiokarbon-Datierung für gewöhnlich im Bereich von plus/minus einigen Jahrzehnten, durch verunreinigte Proben kann es allerdings auch zu Fehldatierungen kommen. Man war lange davon ausgegangen, dass die ^{14}C-Konzentration in der Atmosphäre konstant bleibt und daher als bekannt vorausgesetzt werden darf. Es hat sich jedoch gezeigt, dass sich der ^{14}C-Gehalt der Luft durch Schwankungen der Sonnenaktivität oder des Erdmagnetfelds immer wieder verändert. Seit dem 19. bzw. 20. Jahrhundert hat sich dieses Phänomen durch die Verwendung fossiler Brennstoffe, die aufgrund ihres Alters kein ^{14}C mehr enthalten, sowie durch Atomtests noch einmal deutlich verstärkt. Daher mussten verschiedene Kalibrierungsverfahren entwickelt werden, mit deren Hilfe diese systematischen Fehler korrigiert werden können.

Vom Archiv zur Zustandsgröße

Die Datierung ist nur ein, wenn auch zentraler Schritt auf dem Weg vom Klimaarchiv zu einem konkreten Zahlenwert, der als Kenngröße für eine historische Interpretation verwendet werden kann. Es gibt heute eine Vielzahl sehr unterschiedlicher Methoden zur Detektion und Analyse von Klimasignalen, die sich je nach Archiv und Erkenntnisinteresse erheblich unterscheiden und hier nicht alle ausführlich vorgestellt werden können. Allgemein beginnt die Suche nach Klimaproxies mit der Gewinnung von Proben, was in vielen Fällen – wie etwa bei Bohrungen in Eisschilden oder Tiefseesedimenten – mit einem großen technischen, zeitlichen und finanziellen Aufwand verbunden sein kann. Die Auswahl (Prospektion) geeigneter Bohrstellen gehört zur Kunstfertigkeit der Paläoklimatologen, da nur die Bereiche von Gletschern oder Sedimenten ein brauchbares Ergebnis versprechen, die nicht von Verschiebungen, Umlagerungen oder Verwerfungen betroffen sind, welche die Schichtung zerstören und das Probenmaterial kontaminieren. In einem nächsten Schritt muss das Probenmaterial technisch aufbereitet werden, da zahlreiche Störfaktoren die eigentlichen Klimasignale überlagern können. Um bei dem Beispiel der Eisbohrkerne zu bleiben: Es ist heute möglich, das Eis durch Laserablation in feinste Scheiben von etwa 120 µm zu schneiden und für ein datiertes Jahr aus historischer Zeit mehrere hundert Einzelmessungen durchzuführen. Das so gewonnene Material kann anschließend u. a. mit der (Plasma-)Massenspektrometrie auf seine chemische Zusammensetzung und andere Informationsträger hin untersucht werden. Nicht alle Proben müssen so aufwändig gewonnen und weiterverarbeitet werden, die Schätzverfahren sind aber bei allen Archiven ähnlich komplex. Die ausgewerteten Signale werden anhand mathematischer Funktionen in numerische Werte übersetzt, die, für den jeweils datierten Zeitpunkt und im Rahmen der geographischen Reichweite des Proxies, Auskunft über einzelne Klimaelemente geben. Ein grundsätzliches Problem besteht darin, dass die Ausprägung der Klimasignale häufig von mehreren Zustandsgrößen abhängig ist, deren Einfluss sich nur schwer differenzieren lässt. Wie ein solches Verfahren im Prinzip funktioniert, sei hier am Beispiel einer dendroklimatischen Temperaturschätzung gezeigt: Zunächst müssen das Alter des Holzes und der ungefähre Standort des Baumes ermittelt werden, von dem die betreffende Probe stammt. Dann wird dort die Umgebungstemperatur über einen statistisch relevanten Zeitraum hinweg gemessen und mit den zugehörigen Jahrringbreiten rezenter Bäume in Beziehung gesetzt. Liegen mehrere Parallelmessungen zu verschiedenen Bäumen aus einem Gebiet vor, kann eine sog. Proxy-Klima-Funktion formuliert werden, die den Zusammenhang zwischen der Temperatur und der Jahrringbreite mathematisch beschreibt. Um die statistische Qualität (Signifikanz) einer solchen Funktion überprüfen zu können, wird sie in mehreren Testreihen zu verschiedenen Zeiträumen, für die Temperaturmessungen vorliegen, erprobt. Erst dann kann von den in einer Holzprobe gemessenen Ringbreiten näherungsweise auf den

Weiterverarbeitung und Analyse des Materials

mathematische Beschreibung

Temperaturkorridor geschlossen werden, in dem der entsprechende Baum einmal gewachsen ist.

statistische Auswertung

Jedes Klimasignal transportiert zeit- und ortsgebundene Informationen, die mit einem oder mehreren Klimaelementen korreliert werden können. Aus Baumringen lassen sich beispielsweise häufig die Sommertemperaturen besser rekonstruieren als das Jahresmittel. Hinzukommt, dass die über eine Proxy-Klima-Funktion beschriebene statistische Beziehung zwischen einer Zustandsgröße und einem Klimasignal veränderlichen Umwelteinflüssen unterworfen sein kann und stets lediglich ein mehr oder weniger präzises Modell darstellt – zumal Proxydaten prinzipiell nur auf ein mögliches Spektrum verweisen, in dem die tatsächlichen Temperaturen oder Niederschlagsmengen mit einer gewissen statistischen Wahrscheinlichkeit lagen. In der Paläoklimatologie wird häufig ein sog. Konfidenzintervall von 95 % verwendet, was bedeutet, dass sich die wahren Werte zu 95 % innerhalb des geschätzten Rahmens befinden. Bäume beispielsweise können in einem Toleranzbereich außerhalb ihrer optimalen Wachstumsbedingungen gedeihen, was sich nicht zwingend in ihrem Wuchsmuster abbildet. Um die Schätzwerte empirisch und rechnerisch besser absichern zu können, werden möglichst viele Datensätze in die Statistik miteinbezogen und mit den Ergebnissen aus Simulationen abgeglichen. In den letzten Jahren wurden verschiedene Downscaling-Verfahren entwickelt, über die sich komplexe Klimamodelle auf kleinräumigere Zusammenhänge herunterrechnen lassen. Dennoch weist die Modellierung vergangener Klimata weiterhin in verschiedener Hinsicht Unschärfen auf, da sie mit vereinfachten Axiomen nicht vollständig determinierte Prozesse nachzubilden versucht und die lokale Heterogenität des Klimageschehens demzufolge nur sehr bedingt erfassen kann. Beide Herangehensweisen verfügen nur über eine begrenzte Genauigkeit und so weichen die Ergebnisse von Klimarekonstruktionen aus Proxydaten und Modellrechnungen aus Simulationen nicht selten deutlich voneinander ab.

Konfidenzintervall

Modellierung und Simulation

die wichtigsten Archive zur Antike

Die klimatischen Verhältnisse im Mittelmeerraum und den angrenzenden Gebieten können nur aus der Zusammenschau möglichst vieler Klimaproxies aus unterschiedlichen Archiven rekonstruiert werden, da die Daten aus einzelnen oder wenigen Proben statistisch kaum aussagekräftig sind und sich jedes Signal zudem ausschließlich auf einen begrenzten geographischen und zeitlichen Rahmen beziehen lässt. Die wichtigsten Archive zur europäischen

Antike sind marine Sedimente (Ozeane), Eisschilde, (alpine) Gletscher, limnische Sedimente (Binnenseen), Bäume, Speläotheme und Moore, wobei für die Geschichtswissenschaft hauptsächlich regionale und lokale Daten von Interesse sind, die sich zeitlich möglichst fein auflösen lassen.

Ozeansedimente

Ozeansedimente sind ein Grundpfeiler der hemisphärischen und globalen Klimarekonstruktion, vor allem in Bezug auf die Temperaturentwicklung. Kein anderes Archiv liefert Daten, die so weit in die Vergangenheit zurückreichen – bis zu 200 *mya* – und einen so großen geographischen Raum erschließen; die Ozeane bedecken immerhin etwa 70 % der Erdoberfläche. Seit Jahrzehnten werden im Rahmen verschiedener internationaler Forschungsprogramme, wie dem *Integrated Ocean Drilling Program* (*IODP*), weltweit Tiefseebohrungen durchgeführt. Die ältesten Bohrproben stammen aus einer Tiefe von über 2000 Metern unter dem Meeresgrund. Modernste Bohrschiffe sind für Bohrungen von, bezogen auf die Wasseroberfläche, weit über 10.000 Metern ausgerüstet. In diesen Proben finden sich u. a. Überreste von verschiedensten Kleinstlebewesen, aus denen sich hauptsächlich zwei temperatursensible Klimasignale isolieren lassen: die Sauerstoff-Isotopensignatur ($\delta^{18}O$) in den Schalen benthischer Foraminiferen und die Zusammensetzung des sedimentierten Planktons. Benthische Foraminiferen sind amöbenartige Einzeller, die am oder im Meeresgrund leben. Bei der Bildung ihrer Schalen lagern sie die stabilen Sauerstoff-Isotope ^{18}O und ^{16}O aus dem Meerwasser ein, deren Verhältnis von der Verdunstung und damit von der Temperatur abhängig ist. Die leichteren ^{16}O-Nuklide verdunsten schneller, werden in den Wolken weiter transportiert und regnen häufiger über dem Festland ab, wo sie sich u. a. in den Eisschilden Grönlands und der Antarktis anreichern; damit steigt die ^{18}O-Konzentration in den Ozeanen. Im freien Wasser tummeln sich Myriaden planktonischer Kleinstlebewesen, die unterschiedliche Temperaturbereiche bevorzugen. Sterben diese Organismen ab, werden ihre Schalen und Skelette in den Tiefseeschlamm eingelagert und fossilisieren dort im Lauf der Zeit. Darüber hinaus können in den Bohrkernen auch sog. Biomarker detektiert werden. Dabei handelt es sich um stabile organische Verbindungen, die auch nach der Umwandlung von toten Organismen in Erdöl, Kohle oder organische Mineralien erhalten bleiben und auf deren biologischen Ursprung schließen lassen. Über diese und ähnliche Verfahren kann die mittlere Temperatur der Ozeane und damit auch der bodennahen Luftschichten über viele Millionen Jahre hinweg geschätzt werden. Die zeitliche Auflösbarkeit nimmt proportional zur Bohrtiefe ab und liegt auch in den jüngsten Lagen nur bei etwa einem Jahrhundert (3–4 cm stehen für ca. 1000 Jahre). In Küstennähe werden die Schichten mächtiger, reichen dafür aber nicht so weit in die Vergangenheit zurück (ca. 250.000 Jahre). Hier lagert sich organisches und anorganisches Material aus den Flusssystemen des Festlandes ab, das sich im Idealfall nach Jahren oder sogar Jahreszeiten auflösen lässt.

Bedeutung für die Klimarekonstruktion

Für die Paläoklimatologie sind die Ozeane ein immens wichtiges Archiv, geben sie doch Einblick in die grundlegenden Mechanismen und Schwankungen des globalen Klimasystems. Erst vor wenigen Jahren hat ein internationales Forscherteam aus den Klimasignalen der benthischen Foraminiferen eine neue Referenzkurve für die globale Temperaturentwicklung im Verlauf der Erdneuzeit (Känozoikum; 66 *mya* bis heute) erstellt, die diesen unvorstellbar langen Zeitraum mit einer bislang nicht gekannten Genauigkeit von wenigen Jahr(zehn)tausenden auflöst (2.1.1 WESTERHOLD et al. 2020). Auch die Rahmenchronologie der antiken Klimageschichte basiert in Teilen auf Ozeansedimenten (vgl. etwa 2.1.2 LJUNGQVIST 2010). Für die Klimageschichte sind solche Daten hingegen zu unspezifisch, da sie sich aufgrund ihrer groben räumlichen wie zeitlichen Auflösung nicht auf eine konkrete historische Situation oder den Siedlungsraum einer sozialen Formation beziehen lassen. Dies gilt sowohl für die Proxies einzelner Bohrstandorte als auch für die statistisch errechneten Zeitreihen und Flächendaten etwa zur nördlichen Hemisphäre (gemeint ist zumeist das Gebiet außerhalb der Tropen [extratropisch] zwischen 90° und 30° nördlicher Breite).

Polare Eisbohrkerne

Gletschertypen und Alter des Eises

Auch die Eisschilde auf Grönland und in der Antarktis sind ein wesentlicher Baustein der geologischen Klima- und Umweltgeschichte. Ihre Signale reichen bis (weit) vor das letzte Glazial zurück und lassen sich im besten Fall jahresscharf auflösen. Inlandeis unterscheidet sich von anderen Gletschertypen – beispielsweise in den Alpen – durch seine immense (kontinentale) Ausdehnung, seine landschaftsprägende Morphologie, seine Mächtigkeit von mehreren Kilometern sowie sein deutlich höheres Alter von etwa 125.000 Jahren auf Grönland und wohl über 1 Million Jahren in der Ostantarktis. Polare Gletscher verfügen häufig über eine ausgeprägte Laminierung, Fließprozesse im Eis können allerdings zu Verwerfungen zwischen den Jahreslagen führen. Seit den 1970er Jahren sammeln Wissenschaftler in internationalen Bohrprogrammen wie dem *Greenland Ice Sheet Project* (*GISP* 1 und 2) oder später dem *European Project for Ice Coring in Antarctica* (*EPICA*) Proben aus dem Eis und dessen Untergrund. Die oft kilometerlangen Eisbohrkerne werden abschnittsweise sicher verwahrt, um sie auch nach Jahrzehnten noch, mit möglicherweise neuen Methoden, analysieren zu können. Um auf Proben aus der Römerzeit zu stoßen, muss man auf Grönland etwa 500 Meter tief bohren, wobei die Schichtdicken je nach Bohrstelle variieren können. Eisproben enthalten neben Wasser auch Luftbläschen, Staubpartikel und Spuren von organischen Materialien – wie Pollen –, aus denen sich zahlreiche Klima- und Umweltsignale isolieren lassen. Das hochverdichtete Eis konserviert diese Stoffe wie eine Zeitkapsel, in der sich auch nach Jahr(hundert)tausenden u. a. noch Hinweise auf die Zusammensetzung der Atmosphäre (Luftbläschen), auf Vulkanausbrüche und wirtschaftliche Aktivitäten des Menschen (Schwermetalle; Staubpartikel) sowie auf ältere Vegetationsphasen (organisches Material) finden. Über die Dicke der Jahresschichten können für einige Gebiete außerdem die Niederschlagsmengen und die Windverhältnisse grob geschätzt werden. Zu den wichtigsten Informationsträgern aber zählt das Schmelzwasser, über dessen Isotopensignatur – $\delta^{18}O$ sowie Wasserstoff (^{1}H) zu Deuterium (^{2}H) – die Paläoklimatologie die langfristige (globale) Temperaturentwicklung rekonstruieren kann. In ihm findet sich auch das stabile Beryllium-Isotop ^{10}Be, das u. a. ein Marker für die Sonnenaktivität, einen zentralen extrinsischen Klimafaktor, ist. Beryllium wird durch kosmische Strahlung in der oberen Atmosphäre gebildet und gelangt über den Niederschlag in den Wasserkreislauf der Erde und deren große Eisschilde. Die Intensität dieser Strahlung hängt wiederum vom Magnetfeld der Sonne und damit von der solaren Leuchtstärke ab, die mit einer durchschnittlichen Periode von etwa 11 Jahren (Sonnenfleckenzyklus) schwankt. Das Sonnenmagnetfeld ist der wichtigste Schutzschild der Erde gegen kosmische Einflüsse.

Klimaproxies aus Grönland und der Antarktis sind für die Paläoklimatologie von immensem Wert. Aufgrund der räumlichen Distanz sagen sie indes nichts über die konkreten Lebensbedingungen im Mittelmeerraum oder in anderen Gebieten der antiken Welt aus. Um die verschiedenen (Mikro-)Klimata zwischen der iberischen Halbinsel und der eurasischen Steppe sowie zwischen Nordafrika und (Süd-)Skandinavien auch nur ansatzweise rekonstruieren zu können, bedarf es sehr viel kleinräumigerer Informationsträger, die auch regionale und lokale Zustände abbilden: nahegelegene Gletscher, Binnenseesedimente, Baumringe, Speläotheme und Moore. Diese Archive geben in zumeist sehr guter zeitlicher Auflösung u. a. Auskunft über das Temperaturgeschehen und die Niederschlagsmenge bzw. Bodenfeuchte sowie über die Intensität der Sonneneinstrahlung und die Vegetationsgeschichte, wobei sich die Art, Dichte und Qualität der Daten je nach Region deutlich unterscheiden. Durch fluviale (Flüsse) und terrestrische (Erdoberfläche) Sedimente lassen sich zudem Transportprozesse, der alluviale Bodeneintrag durch Fließgewässer und Überschwemmungen sowie die windbedingte (äolische) Verteilung von Lössböden und anderen Staubsedimenten, nachzeichnen, die erheblichen Einfluss auf die Bodenqualität haben und Hinweise auf größere klimatische Veränderungen (Flutereignisse, Windsysteme) geben können; auf die Debatte über das Alter der Schwemmböden im mediterranen Raum und deren Bedeutung für die antike Klimageschichte wurde bereits hingewiesen (s. S. 53).

Alpine Gletscher

Die Mehrzahl der europäischen Gletscher ist erst im Verlauf des Holozäns entstanden. Ihr Eis ist selten älter als 6000–8000 Jahre, zumeist deutlich jünger. Lediglich auf Island sowie an wenigen Stellen in Norwegen (Svalbard; Austre Okstindbre) und den Alpen (Colle Gnifetti) gibt es (vermutlich) ältere Eismassen. Für die antike Klimageschichte sind wegen ihrer geographischen Nähe vor allem alpine Gletscher von Interesse. Diese waren vor etwa 6000 Jahren weitgehend verschwunden, und erst als sich das Klima zur Mitte des Holozäns spürbar abkühlte, kam es regional zu erneuten Vergletscherungen, die bis heute von einer wechselvollen Klimageschichte zeugen. In den Alpen kann Gletschereis eine Dicke von bis zu 800 Metern erreichen (Aletschgletscher), aufgrund von Schmelz- und

Fließprozessen verfügen dennoch nur wenige Eisbohrkerne über eine Laminierung, die bis in die Antike zurückreicht. Daher ist der Colle Gnifetti (4450 m NN) an der Grenze zwischen der Schweiz und Italien ein Glücksfall für die antike Klimageschichte. Dort gelang es Wissenschaftlern vor einigen Jahren, mit hochsensibler Lasertechnik noch in einer Bohrtiefe von etwa 72 Metern dünnste Eisschichten zu identifizieren, die im frühen 1. Jahrhundert n. Chr. gebildet worden waren (2.1.1 MORE et. al. 2017, 2018; 2.1.1 BINDLER 2018; kritisch bezüglich einer historischen Interpretation der Daten: 2.1.1 HINKLEY 2018). Im Regelfall aber verschwimmt die Stratigraphie des Eises bereits in wesentlich geringerer Tiefe, so dass Proben, die älter als wenige Jahrhunderte sind, zumeist nur über kleinste Spuren organischen Materials mit der ^{14}C-Methode datiert werden können. Aus solchen Eisbohrkernen lassen sich nur bedingt konkrete Informationen über das antike Klima gewinnen. Die Frage, für welchen Raum die Signale aus alpinem Gletschereis gültig sind, lässt sich nur im Einzelfall klären. Grundsätzlich aber gilt, dass sie, etwa in Bezug auf die Intensität wirtschaftlicher Aktivitäten und der daraus resultierenden Luftverschmutzung (e. g. Blei), durchaus als historisches Argument verwendet werden können, wohingegen Temperatur-Proxies aus den Alpen letztlich nichts darüber aussagen, wie warm oder kalt es zeitgleich beispielsweise in Attika oder einer anderen mediterranen Region war. Ihr regionaler bzw. lokaler Informationsgehalt bezieht sich in erster Linie auf das Hochgebirge oder andere besonders kalte Gebiete.

jahresscharfe Laminierung

räumliche Gültigkeit

Baumringe

Die Jahresringe in Holzproben (aus Bäumen, Altholz oder verarbeitetem Holz) erzählen viel darüber, wann und unter welchen Bedingungen ein Baum gewachsen ist. Sie bilden sich durch den Wechsel von Vegetationsperioden und Ruhephasen, die durch jahreszeitliche Schwankungen der Temperatur und/oder des Niederschlags ausgelöst werden. In den mittleren Breiten und den Polargebieten treten sie zumeist sehr deutlich zutage, wohingegen sie bei tropischen Bäumen oft nur chemisch nachweisbar sind. Die folgenden Ausführungen beziehen sich auf die Gebiete der antiken Welt, mithin also auf Regionen, in denen sich ausgeprägte Wachsrumringe zeigen. Während der Vegetationsperiode von Frühjahr bis Herbst entstehen in der Wachstumsschicht (Kambium) eines Baumes neue

Entstehung und Charakteristik

Holzzellen, die sich je nach Jahreszeit erheblich unterscheiden: Das Frühholz (Frühjahr/Spätsommer) hat deutlich größere, weichere und hellere Zellen als das Spätholz ([Spät-]Sommer/Herbst), beide zusammen werden als ein Jahresring (hell/dunkel) gezählt. Die meisten Baumarten bilden nur im Holz Jahresringe, Lärche und Korkeiche auch in der inneren Rinde (Bast bzw. Kork). Das Alter von Holzproben wird über dendrochronologische Datenbanken oder die Radiokarbonmethode bestimmt. Bei verarbeitetem Holz stellt sich zudem die Frage, wo es gefällt wurde. Die Provenienz ist schwierig zu bestimmen, da sich die Zuwachsmuster aus verschiedenen Regionen unter vergleichbaren Umweltbedingungen sehr ähnlich sind; hier können Isotopenanalysen weiteren Aufschluss geben. Die wichtigsten Messgrößen der Dendroklimatologie sind die Ringbreite (*ring width*; *RW*) und die maximale Spätholzdichte (*maximum latewood density*; *MXD*), da diese beiden Variablen einen starken statistischen Zusammenhang mit den Temperaturen vor allem der Sommermonate (JJA) und bedingt auch mit den Niederschlagsmengen aufweisen. Unter Extrembedingungen wie einer Flut/Dürre, starken Temperaturschwankungen oder mechanischen Einflüssen – beispielsweise durch Wind-/Schneelast, einen instabilen Untergrund oder geomorphologische Prozesse – können außerdem Wachstumsanomalien auftreten, die sich in der Struktur des Holzes und der Zellen nachweisen lassen (*frost/light/blue rings, reaction wood, radial cracks* etc.; s. dazu 2.1.1 BRÄUNING et al. 2016). Da das Wachstum eines Baumes von zahlreichen Faktoren wie der Boden- und Luftqualität, den Windverhältnissen, der Verbreitung von Schädlingen/Krankheiten und der Topographie abhängt, ist es häufig schwierig, den Einfluss einzelner Klimaelemente zu isolieren. Für Temperaturschätzungen eignen sich daher vor allem Individuen aus kälteren Regionen wie der Baumgrenze oder dem hohen Norden, da diese sensibler auf Temperaturschwankungen reagieren; ähnliches gilt für Bäume aus Trockengebieten und die Schätzung von Niederschlagsmengen. Ein weiteres wichtiges Klimasignal ist der ^{14}C-Gehalt, über den sich Rückschlüsse auf die Sonnenaktivität und damit auf mögliche Ursachen für Klimaschwankungen ziehen lassen.

Die Überreste jedes Baumes geben zunächst einmal Auskunft über die mikroklimatischen Verhältnisse an dessen (ehemaligem) Standort. Dabei spielen nicht nur die Wachstumsbedingungen eine Rolle, sondern auch die Spezies und das Alter eines Baumes. Zu verschiedenen Baumarten gibt es daher jeweils spezifische Chronologien und Proxy-Klima-Funktionen. Aus der Zusammenschau mehrerer Proben lassen sich regional oder lokal typische Zuwachsmuster rekonstruieren, anhand derer die Klimabedingungen in einem definierten Raum geschätzt werden können. Aufgrund dieser Regionalität und der häufig jahresscharfen Auflösung sind die Klimasignale aus Holzproben ein wichtiges Bindeglied zwischen der Klimarekonstruktion und der historischen Forschung Die geographische Reichweite von Baumdaten liegt durchaus bei etwa 300–700, im Einzelfall auch 900 Kilometern, wobei die Ähnlichkeit der Wuchsmuster mit der Entfernung abnimmt. Da eine hohe Wuchs-Homogenität zwischen klimatisch ähnlichen Regionen besteht, lassen sich dendroklimatische Daten auch über Kontinente hinweg vergleichen.

typische Zuwachsmuster

Binnenseesedimente
Ähnlich wie ozeanische Ablagerungen enthalten auch Binnenseesedimente Überreste verschiedenster Kleinstlebewesen – wie die Siliziumskelette von Kieselalgen (Diatomeen) oder die chitinhaltigen Kopfkapseln von Zuckmückenlarven (Chironomiden) –, über deren Artenzusammensetzung sich die Temperatur in unterschiedlichen Wasserschichten und in der bodennahen Atmosphäre schätzen lassen. In sauerstofffreien (anoxischen) Lagen können zudem Pflanzenpollen konserviert sein, die Rückschlüsse auf die Entwicklung der Vegetation und des Klimas zulassen (s. „Palynomorphe" S. 83 f.). Um die Laminierung des Seebodens nicht zu kontaminieren, wird das Probenmaterial zumeist von schwimmenden Plattformen aus mit Gefrierverfahren gewonnen, doch auch die Ufersedimente sind für die Forschung von Interesse. Sie ermöglichen u. a. die Rekonstruktion von (jahreszeitlich bedingten) Wasserständen und Hochwasserlagen und geben so Aufschluss über Niederschlagsmengen und Extremwetterereignisse.

Zusammensetzung und Gewinnung

Seesedimente liefern insbesondere dann aussagekräftige Klimasignale, wenn sie in Jahresschichten, sog. Warven, erhalten geblieben sind. Der Wechsel von organischen und anorganischen Ablagerungen (Sommer/Winter) grenzt die einzelnen Lagen deutlich voneinander ab, sofern der Seegrund nicht regelmäßig durch Kleintiere aufgewühlt oder anderweitig, etwa durch Rutschungen, verändert wurde. Neben solchen Störfaktoren beeinflussen aber auch das Einzugsgebiet, die Art der Zuflüsse und der Sauerstoffge-

Klimasignale

halt die Sedimentation, und so gibt es nur wenige Seen, für die die Forschung durch bloßes Auszählen eine präzise Langzeitchronologie erstellen könnte. In den meisten Fällen müssen zumindest Teile des Probenmaterials über die Radiokarbonmethode und andere physikalische Verfahren datiert werden, was stets eine Unschärfe von mindestens mehreren Jahrzehnten mit sich bringt. Durch die Korrelation verschiedener Datierungsansätze und Vergleiche mit anderen Archiven, kann die Chronologie der Jahreslagen weiter verfeinert und präzisiert werden.

Verbreitung und räumliche Gültigkeit

Geeignete Gewässer liegen in weiten Teilen der antiken Welt, daher sind Seesedimente, ähnlich wie Baumringe, eine wichtige Quelle für die Rekonstruktion regionaler und lokaler Klimata. Besonders aussagekräftige Studien gibt es u. a. aus den Maaren der Eifel und aus alpinen Gletscherseen, aber auch im griechischen Siedlungsgebiet finden sich geeignete Untersuchungsstandorte wie etwa der zwischen 1936 und 1942 trockengelegte Xinias-See in Zentralgriechenland oder der Dojransee, der heute im Grenzgebiet zwischen Nordmazedonien und Griechenland liegt.

Speläotheme

Entstehung

Bei Speläothemen, auch Höhlensinter genannt, handelt es sich um zumeist kalkhaltige Mineralablagerungen in Höhlen, die durch das Abscheiden von in Wasser gelösten Mineralien entstehen (Versinterung). Die bekannteste und für die Klimaforschung wichtigste Form sind Tropfsteine, die entweder von der Decke in Richtung Boden wachsen (Stalaktiten) oder umgekehrt (Stalagmiten); treffen sich die beiden Gebilde und wachsen zusammen, spricht man von einem Stalagnat. Tropfsteine entstehen, indem kohlensäurehaltiges Wasser durch feinste Kanäle in das Karstgestein einer Höhle eindringt und dabei Kalk löst. Trifft dieses Sickerwasser auf einen Hohlraum, fließt es zunächst der Decke entlang, bis es an Geschwindigkeit verliert und aufgrund der Oberflächenspannung schließlich einen Tropfen bildet. Dabei gibt das Wasser CO_2 an die Luft ab und es fällt Kalzit (Calciumcarbonat; $CaCO_3$) aus. Tropft das Wasser zu Boden, wird erneut Kohlenstoff emittiert und es entsteht weiterer Sinter-Kalk; die Zuwachsrate von Stalagmiten beträgt etwa 0,001–1 mm pro Jahr. Aufgrund des speziellen Klimas in Höhlen, spielt Verdunstung bei der Bildung von Tropfsteinen nur selten eine Rolle, etwa im Eingangsbereich. Ähnliche Ablagerungen finden sich zum

Zuwachsrate

Teil auch in der Infrastruktur antiker Gesellschaften wie beispielsweise in Aquädukten.

Stalagmiten sind für die Paläoklimatologie von besonderem Interesse, da sie zum Teil laminierte Wachstumslagen ausbilden, die, ähnlich wie Baumringe, nach einzelnen Jahren oder Jahreszeiten aufgelöst werden können. Zur weiteren Analyse müssen die Tropfsteine aus der Höhle entfernt und der Länge nach aufgeschnitten werden. Die Altersbestimmung erfolgt meist über die Uran-Thorium-Methode oder andere radiometrische Verfahren, da die Jahresschichtung häufig zu undeutlich ist, um sie auszuzählen. Über den Zerfall von Uran-Isotopen zu Thorium (^{230}Th) lassen sich, bei einer Genauigkeit von 0,5–2 %, auch ältere Proben von bis zu 600.000 Jahren datieren. Die Mächtigkeit der einzelnen Schichten liefert Hinweise auf Niederschlagsmengen und eingeschränkt auch auf den Temperaturverlauf, die wichtigste Kenngröße ist auch hier die Verteilung der Sauerstoffisotope ^{18}O und ^{16}O in den Kalkablagerungen. Eingeschlossene Feststoffe und Fluide geben zudem Auskunft über Vulkanaktivitäten (Sulfatanteil), die paläohydrologischen Verhältnisse (chemische Elemente) oder die Vegetation über einer Höhle (Pollen). In den Höhlen selbst herrscht zwar ein sehr ausgeglichenes Klima, doch die Struktur und Zusammensetzung von Stalagmiten ist in hohem Maße an die Umgebungsbedingungen – wie die Vegetation, die Topographie, die Beschaffenheit des Bodens/Gesteins, die Umgebungstemperaturen oder die Niederschlagsmengen – gebunden. Daher können Speläotheme wichtige Informationen über zeitliche und räumliche Klimaunterschiede liefern, auch wenn es schwierig sein kann, spezifische Signale zu einzelnen Zustandsgrößen zu isolieren.

Klimasignale

Höhlen finden sich in unterschiedlichen Gebieten der antiken Welt, wie etwa auf der Schwäbischen Alb, in Griechenland oder in der Türkei. Da sich die äußeren Gegebenheiten je nach Region und Höhle stark unterscheiden können, bedarf es aufwändiger Vergleichsmessungen und komplexer statistischer Rechenverfahren, um belastbare Ergebnisse zu erzielen. Die räumliche Gültigkeit dieser Daten kann nur im Einzelfall beurteilt werden.

Verbreitung und räumliche Gültigkeit

Moore

Moore sind sauerstoffarme, dauerhaft vernässte Feuchtbiotope mit Torflagen von mindestens 30 Zentimetern Dicke. Sämtliche Moore

Entstehung und Zusammensetzung

auf dem europäischen Kontinent haben sich erst nach dem letzten Glazial gebildet, überwiegend im mittleren und späten Holozän (ab etwa 7000 *BP*). Je nachdem, ob sie durch Niederschläge verwässert (ombrotroph) oder durch unterirdische Wasserspeisung (minerotroph) entstanden sind, unterscheidet man zwischen Hoch- und Niedermooren, die anhand verschiedener Kriterien wie der Vegetation oder der Topographie (*raised mires; blanket mire*) weiter spezifiziert werden können. Für die Paläoklimatologie ist besonders der erstgenannte Typ von Bedeutung. Hochmoore gibt es in vielen Klimazonen und so lassen sich problemlos großräumige Vergleichsdaten gewinnen. Die Proben können, im Gegensatz zu Tiefseesedimenten oder Eisbohrkernen, ohne allzu großen Aufwand entnommen werden und da Torflagen fast ausschließlich aus der autochthonen Vegetation bestehen, lassen sie sich gut über die ^{14}C-Methode datieren. Das saure Milieu in Hochmooren – Niedermoore können auch basisch sein – verhindert eine vollständige Zersetzung abgestorbener Pflanzen und konserviert deren Überreste. Zudem sind die Klimasignale aus Hochmooren nicht durch Sedimenteinträge aus dem Grundwasser kontaminiert, wie dies beispielsweise bei Binnenseen der Fall sein kann.

Unterscheidung Hoch- und Niedermoore

Klimasignale

Moore wurden früh als potentielle Klimaarchive erkannt. Bereits im 19. Jahrhundert galt die unterschiedliche Färbung und Zusammensetzung von Torfschichten (hell/dunkel) als Indiz für Klimaveränderungen, auch wenn diese noch nicht quantifiziert, datiert und erklärt werden konnten. Heute isoliert die Forschung eine große Zahl unterschiedlicher Klimasignale aus Torflagen, die, über die Zusammensetzung und den Humifizierungsgrad der Vegetation sowie über die Mikrofauna, Rückschlüsse auf die Temperaturverhältnisse und die hydrologischen Bedingungen ermöglichen; auch große Vulkanausbrüche können in Mooren ihre Spuren hinterlassen. Als Informationsträger fungieren dabei nicht nur Pollen, Pilz- und Algensporen (Palynomorphe), sondern auch pflanzliche Großreste, Mikrofossilien von Einzellern (*Testate Amoebae*), die biochemischen Spuren (Biomarker und Isotopen) von Torfmoosen (*Sphagnum*) und anderen typischen Moorpflanzen sowie anorganische Stäube aus der Atmosphäre (z. B. Vulkanasche).

Verbreitung und räumliche Gültigkeit

Die meisten Daten zu Mooren kommen aus nord- und mitteleuropäischen Gebieten von den Britischen Inseln über Skandinavien, Deutschland und Polen bis nach Estland. Auch wenn die Grundannahme, dass ein signifikanter Zusammenhang zwischen der torfbildenden Vegetation, den Temperaturverhältnissen und der Niederschlagsmenge besteht, ähnlichen Einschränkungen wie bei Bäumen und anderen Pflanzen unterliegt, liefern Feuchtgebiete wichtige Hinweise auf die Klimageschichte der genannten Regionen. Da sich in Mooren jedoch keine Jahresschichtung findet, lassen sich die Klimadaten nur bedingt auf historische Zusammenhänge beziehen, zumal die räumliche Gültigkeit in der Regel auf das jeweilige Ökosystem begrenzt bleibt.

Palynomorphe
Die Überreste pflanzlicher Keimzellen finden sich u. a. in verschiedenen Sedimenten, Mooren oder Gletschern aus allen Regionen der antiken Welt und liefern daher wichtige Vergleichsdaten zur Entwicklung der Vegetation und damit auch des Klimas. Vor allem aber lassen sie sich mit der menschlichen Lebenswelt in Verbindung bringen: Landwirtschaftliche Kulturformen und handwerkliche Aktivitäten, wie etwa Rotteverfahren bei der Gewinnung von Flachs- oder Leinenfasern, sind über sie ebenso nachweisbar wie eine veränderte Artenvielfalt und Bodenqualität in (ehemaligen) Siedlungsgebieten. Um rekonstruieren zu können, wann welche Pflanzen, Pilze oder Algen wo gewachsen sind, müssen die Palynomorphe zunächst aus dem Probenmaterial isoliert werden. Dafür stehen je nach Archiv-Typ verschiedene physikalische oder chemische Verfahren zur Verfügung, mit denen auch kleinste Partikel herausgefiltert und gereinigt werden können. Die Altersbestimmung erfolgt entweder über die Laminierung der Archive oder über radiometrische Messungen wie die ^{14}C-Methode. Die Außenwand vieler Pollenkörner und Sporen besteht aus Sporopollenin, einem sehr harten und äußerst robusten Biopolymer, das unter (kalten) anoxischen oder sauren Bedingungen viele Jahrtausende überdauern kann. Sie weist eine spezifische Struktur auf, die häufig eine mikroskopische Identifizierung auf Artniveau möglich macht, andernfalls erfolgt die Bestimmung über aDNA-Analysen. Sind die Palynomorphe datiert, identifiziert und ausgezählt, wird ihre Anzahl bzw. Häufigkeit, nach Arten geordnet, in einem Diagramm erfasst und mit einer Zeitachse verknüpft. Der schwedische Geologe Lennart von Post (1884–1951) legte im Jahr 1916 erstmals Pollendiagramme zu südschwedischen Mooren vor, die sich allerdings auf die rezente Vegetation bezogen.

Informationsgehalt

Analyseverfahren

paläoklimatologische Auswertung

In der Paläoklimatologie wird die Pollenanalyse dazu genutzt, die Pflanzenwelt vergangener Zeiten zu rekonstruieren, um anhand der Artzusammensetzung die jeweiligen Klima- und Umweltbedingungen abschätzen zu können. Dieser Ansatz ist für die antike Klimageschichte von besonderer Bedeutung, da die Datenabdeckung sehr hoch ist und sich die Vegetationsgeschichte vergleichsweise gut auf (wirtschafts-)historische Entwicklungen beziehen lässt. Allerdings kann die Pollenverteilung durch verschiedene Faktoren verzerrt sein und auch der Zusammenhang zwischen der Vegetation und den Klimaverhältnissen ist Unschärfen unterworfen. So produzieren windblütige (anemogame) Pflanzen sehr viel mehr Pollen als tierblütige (zoogame), da ihre Verbreitung unspezifisch erfolgt, und Winde, Fließgewässer oder Tiere können Pollen über weite Strecken transportieren, so dass diese außerhalb ihres eigentlichen Umweltmilieus (faziesbrechend) eingelagert werden. Hinsichtlich der Klima-Proxy-Funktionen stellen sich ähnliche Probleme wie in der Dendroklimatologie. Die meisten Arten weisen einen gewissen Toleranzbereich gegenüber ihren Standortbedingungen auf und das Wachstum von Pflanzen ist an ein komplexes Zusammenspiel verschiedener Faktoren gebunden, von denen die Temperaturverhältnisse und das Wasserangebot nur zwei, wenn auch wesentliche Elemente sind. Es ist oft schwierig, hier zwischen Klimaveränderungen, anthropogenen Einflüssen oder anderen Ereignissen wie einem Schädlingsbefall zu unterscheiden.

Unschärfen

1.2 Was weiß die Forschung (heute) über das antike Klima?

räumliche Auflösung

Die Antwort auf diese Frage fällt zwiespältig aus. So lässt sich die grundsätzliche Entwicklung des Klimas heute zwar in zum Teil erstaunlicher zeitlicher und räumlicher Auflösung abschätzen, doch die Forschung ist weit davon entfernt, flächendeckend für den gesamten Zeitraum der Antike konkrete Temperaturwerte und Niederschlagsmengen angeben zu können. Insbesondere ist es nach wie vor kaum möglich, die Mikroklimata in einzelnen Tälern oder anderen Geländeformen zu erfassen, was gerade in Hinblick auf die griechische Geschichte von Interesse wäre. Demgegenüber sind großräumige Daten aus grönländischen Eisbohrkernen oder Tiefseesedimenten mittlerweile empirisch und statistisch sehr gut abgesichert, weisen aber eine große heuristische und epistemologische

Distanz zu den antiken Quellen und der zeitgenössischen Lebenswelt auf (s. u.). Um Klimadaten auf historische Zusammenhänge beziehen zu können, benötigt die Klimageschichte kleinräumige Informationen, aus denen in verständlicher Form hervorgeht, ob und in welcher Größenordnung es in einem Gebiet im langjährigen Mittel wärmer oder kälter bzw. feuchter oder trockener geworden ist. Paläoklimatologische Studien lösen ihre Datensätze jedoch nicht immer so weit auf, dass im Ergebnis anschauliche Zahlenwerte stehen. Häufig referieren und diskutieren sie die von ihnen erhobenen Proxydaten auf einer fachwissenschaftlichen Ebene, die für Laien nur bedingt zugänglich ist. Manche Publikationen nennen jedoch auch Zahlen – teils direkt oder in ergänzenden Veröffentlichungen (Supplementen) –, die ohne besonderes Vorwissen interpretiert und rezipiert werden können. Hinsichtlich des Temperaturgeschehens handelt es sich dabei zumeist um Differenzwerte von langjährigen Durchschnittstemperaturen, die deutlich machen, um wie viele Grad Celsius sich das Temperaturmittel im Vergleich zweier Zeiträume unterscheidet; auch die antiken Klimaepochen werden hauptsächlich über solche Statistiken abgegrenzt und charakterisiert. Das Niederschlagsgeschehen ist aus Laiensicht ungleich schwieriger zu greifen, da es selten in absoluten Zahlen abgebildet wird. In den meisten Studien finden sich komplexe (graphische) Auswertungen zur Entwicklung verschiedener Klimasignale, die Hinweise darauf geben, ob es in einem geographischen Raum im Mittel feuchter oder trockener geworden ist. Je nach Region gehören dazu u. a. die Biochemie von Feuchtgebieten und Seen, die Wasserstände und Sedimente von Seen und Flüssen, die Wachstumslagen in Holzproben und Speläothemen, die Zusammensetzung von Pollendiagrammen oder die Stärke von Gletscherschichten. Da die Ausprägung niederschlagsbezogener Proxies nicht nur an mehrere Klimaelemente gebunden sein kann, sondern auch von den Umgebungsbedingungen abhängt, ist es oft schwierig, einzelne Signale zu isolieren und über eine Klima-Proxy-Funktion mit konkreten Regen- oder Schneemengen zu verknüpfen. So macht es für die Wasserversorgung eines Baumes einen Unterschied, ob er in einer Senke oder an einem Hang wächst und die Stärke von Schneeschichten in Gletschern kann durch Verwehungen beeinflusst sein; bei der Auswertung einer späteren Probe lassen sich solche Verzerrungen nur bedingt feststellen und korrigieren. Ähnliches gilt für die Simulation von Niederschlagsmengen, da sich die lokale Heterogenität

Zugänglichkeit der Informationen

Temperatur

Niederschlag

des Geschehens nur sehr eingeschränkt in Modellen erfassen und abbilden lässt.

Klimanormalperioden — Um Klimaveränderungen überhaupt beschreiben zu können, bedarf es einer Referenzgröße, mit der die Schätzungen aus natürlichen Archiven verglichen und in Beziehung gesetzt werden können. Häufig verwendet die Paläoklimatologie dafür die Klimanormalperiode von 1961 bis 1990 (*with respect to* [*w. r. t.*] 1961–1990), da für diese Jahrzehnte erstmals umfangreiche globale Messungen vorliegen, die zudem nur teilweise von der aktuell beschleunigten Klimaerwärmung beeinflusst sind. Es finden sich aber auch Studien, die sich auf andere Normperioden (wie 1930–1970 oder 1951–1980), das gesamte 20. Jahrhundert, die vorindustrielle Epoche oder chronologisch angrenzende Klimaphasen beziehen; bei der Würdigung von Klimazahlen ist zwingend auf diese Zuordnung zu achten.

Die Wissensgeschichte zum antiken Klima kann in drei Phasen unterteilt werden, die sich hinsichtlich ihrer technischen Möglichkeiten, ihrer Informationsträger und der Detailgenauigkeit ihrer Rekonstruktionen unterscheiden. Der *erste* und zugleich längste Abschnitt dauerte von der frühesten Erwähnung des Begriffes „Klima" bei Autoren wie Edward Gibbon in der zweiten Hälfte des 18. Jahrhunderts bis in die Zeit nach dem zweiten Weltkrieg. Historische Quellen, Fossilien und geologische Befunde (aus Sedimenten, Mooren u. ä.) waren die einzigen Zeugen vergangener Klimata. Aus ihnen ließ sich allerdings keine quantitative Klimabeschreibung ableiten, sondern sie lieferten allenfalls erste Hinweise darauf – was lange umstritten blieb –, dass das antike Klima überhaupt Veränderungen unterworfen war. Zudem konnte das naturwissenschaftliche Material nur relational, etwa über die Stratigraphie von Mooren, zeitlich eingeordnet werden und so gab es, abgesehen von den vagen Bezügen in historischen Texten und den deterministischen Annahmen einiger Forscher, keine wirkliche Verbindung zwischen dem Klima und der Geschichte der Antike. In den 1950er Jahren begann sich das Klimawissen durch technische Innovationen von Grund auf zu verändern. Neue Archive lieferten nun quantifizierbare Informationen, und mit der Radiokarbonmethode kam ein Datierungsverfahren auf, das unter Berücksichtigung der bereits erwähnten Genauigkeit erstmals absolute Jahreszahlen hervorbrachte. Im Zuge dieser Entwicklung verlor die historische Überlieferung rasch an Bedeutung für die Klimarekonstruktion und trat schließ-

erste Zeugnisse zum antiken Klima

das Klima in Zahlen

lich beinahe vollständig in den Hintergrund. Die Beschreibung der antiken Klimaverhältnisse wurde immer präziser, in demselben Maße aber, wie sich dieses neue, physikalisch-mathematisch geprägte Klimaverständnis von dem Erfahrungshorizont historischer Gesellschaften löste, vergrößerte sich die heuristische und epistemologische Distanz zur Geschichtswissenschaft. Es wurde nun zwar möglich, Klimadaten und historische Begebenheiten in einen zeitlichen Zusammenhang zu bringen, doch ohne die Rückbindung an die Überlieferung einer konkreten Lebenswelt gab – und gibt – es keine Bezugsgröße dafür, ob, wie und ab welcher Größenordnung einer Veränderung das Klima überhaupt als relevanter Faktor in eine historische Analyse miteinbezogen werden kann. Dennoch hat diese *zweite* Phase das Bild des antiken Klimas maßgeblich geprägt, da sich in den 1960er und 70er Jahren jene chronologische Ordnung etablieren konnte, die der klimahistorischen Rahmenerzählung bis heute eine Struktur gibt („subatlantisches Pessimum"; „Optimum der Römerzeit"; „Kleine Eiszeit der Spätantike"). In den vergangenen etwa fünfzehn Jahren nahmen die Auflösung der Klimasignale in Raum und Zeit sowie die Sensibilität der Detektions- und Analyseverfahren selbst für kleinste Schwankungen der klimatischen Zustandsgrößen so rasant zu, dass eine *dritte* Stufe konstatiert werden kann, die durch immer kleinteiligere Rekonstruktionen des antiken Klimageschehens gekennzeichnet ist – und die Vorstellung klar abgrenzbarer Klimaphasen zumindest fragwürdig erscheinen lässt. Aus geschichtswissenschaftlicher Perspektive trägt die Verfeinerung der Daten dazu bei, dass sich die heuristische Differenz zur historischen Überlieferung (wieder) verkleinert. Seit etwa 2020 zeichnet sich in der althistorischen Forschung denn auch eine Tendenz zu kleinräumigen klimageschichtlichen Studien ab, die dezidiert danach fragen, über welche Quellen und unter welchen methodischen Voraussetzungen das Klima in eine historische Argumentation eingebunden werden kann. Dies ist nicht zuletzt wohl auch eine Reaktion auf die zum Teil neodeterministischen Ansätze in der jüngeren Forschung, die häufig mit dem Anspruch auftreten, die großen Linien der griechisch-römischen Geschichte aus einer klimahistorischen Perspektive neu erzählen zu wollen, ohne zugleich den Nachweis dafür zu erbringen, dass es überhaupt einen kausalen Zusammenhang zwischen dem Klimageschehen und der historischen Entwicklung gab.

Verhältnis zur Geschichtswissenschaft

räumliche und zeitliche Differenzierung

fragmentiertes Wissen   Obwohl die Forschung heute, global gesehen, über chronologisch lückenlose Datensätze verfügt, die weit hinter das letzte Glazial zurückreichen, ist das Wissen über das antike Klima in zeitlicher wie räumlicher Hinsicht fragmentiert. Größere Schwankungen sind zwar gut dokumentiert, doch liegen nicht zu allen Teilepochen und allen geographischen Räumen regionale oder lokale Proxies vor. Die Gewinnung und Auswertung von Rohdaten ist zumeist sehr aufwändig und teuer und orientiert sich nicht an der Interessenlage der althistorischen Forschung. Hinzu kommt, dass sich nicht überall gleichermaßen für die Klimarekonstruktion geeignete Archive finden. Das Hauptaugenmerk der Paläoklimatologie liegt auf einem besseren Verständnis der langfristigen (globalen) Klimaentwicklung und der Wirkmechanismen des Klimasystems, es gibt jedoch immer mehr naturwissenschaftliche Studien, die sich dezidiert mit der Zeit und dem Raum der Antike befassen. Die meisten dieser Publikationen beziehen sich auf den Aufstieg und vor allem den Niedergang des Römischen Reiches, wohingegen die griechische Geschichte, wenn überhaupt, nur wenig Beachtung findet. Diese Schwerpunktsetzung erklärt sich nicht allein durch statistische Auffälligkeiten in den Klimadaten, sondern resultiert auch daraus, dass die Heterogenität des griechischen Siedlungsraumes und der hellenischen Geschichte kaum Anknüpfungspunkte für übergreifende klimahistorische Narrative bieten. Eine bibliometrische Studie aus dem Jahr 2018 zeigt, dass nur ein Bruchteil der Publikationen – im einstelligen Prozentbereich – zum Einfluss des Klimas auf den Untergang des römischen Reiches dezidiert der Geschichtswissenschaft zugeordnet werden kann und auch nur wenige historische Arbeiten einschlägig zitiert werden (1.1.2 Marx/Haunschild/Bornmann 2018). Die überwiegende Mehrheit der Veröffentlichungen erschien nach 2010 in naturwissenschaftlichen Fachzeitschriften wie „Quaternary Science Reviews", „Climate of the Past", „Nature (Geoscience)" oder „Holocene", wobei bereits seit der Jahrtausendwende eine verstärkte Publikationstätigkeit zu verzeichnen ist. Für Historiker sind die Ergebnisse paläoklimatologischer Studien häufig nur schwer zu erschließen. Ein erstes Problem stellt sich bereits bei der Literaturrecherche, da die meisten Arbeiten unter technischen Titeln in englischer Sprache publiziert werden, die auf den Archiv-Typ, die angewandten Verfahren, die zentralen Klimasignale, den Zeitraum, die Region bzw. den Ort oder andere relevante Aspekte verweisen. Hier bedarf es gewisser naturwissenschaftlicher Grundkenntnisse, um

Schwerpunkt auf der römischen Geschichte

Literaturbestand

Literaturrecherche

überhaupt systematisch bibliographieren zu können. Die zweite Hürde besteht in einer nicht selten unübersichtlichen Studienlage, die für Nichtfachleute auf dem jeweiligen Gebiet schwer einzuschätzen ist. Häufig stehen zahlreiche unterschiedlich konzipierte Einzeluntersuchungen nebeneinander, deren Ergebnisse sich zum Teil ergänzen, aber auch widersprechen. Wie die jeweiligen Daten zu interpretieren sind und in welchem Verhältnis sie zueinander stehen, lässt sich aus fachfremder Perspektive nur sehr bedingt beurteilen.

<!-- Literaturrecherche -->

Die Vorstellungen über das antike Klima haben sich nicht nur forschungsgeschichtlich immer wieder gewandelt, sondern auch in der jüngeren Literatur finden sich unterschiedliche Sichtweisen und Einschätzungen. Dies betrifft neben der Benennung und Charakterisierung vor allem die Datierung und den räumlichen Zuschnitt der als Klimaphasen bzw. -epochen konzeptualisierten Zeitabschnitte (zu dieser Unterscheidung s. S. 94). Für die historische Forschung sind nicht alle Facetten der Klimabetrachtung gleichermaßen von Belang. Es lassen sich drei Kernfragen formulieren, über die sich die Geschichtswissenschaft den paläoklimatologischen Kenntnisstand kritisch erschließen kann: Wie werden das antike Klima und dessen Variabilität erfasst und beschrieben? Wie und in welcher Größenordnung haben sich die Klimabedingungen im Verlauf der Antike verändert? Wie differenziert kann die Paläoklimatologie diese Entwicklung nachzeichnen? Es kann hier weder eine umfängliche Forschungsgeschichte zum antiken Klima noch eine erschöpfende Zusammenschau sämtlicher Regionalstudien gegeben werden, sondern die folgende Darstellung zielt darauf ab, einen fundierten Überblick zum derzeitigen Forschungsstand und, soweit es für ein Verständnis der Zusammenhänge erforderlich ist, zu dessen wissenschaftsgeschichtlichem Hintergrund vorzulegen. Wegen der Vielzahl an paläoklimatologischen Einzeluntersuchungen erscheint es kaum machbar oder auch nur sinnvoll, die zahlreichen Datensätze zu den unterschiedlichsten Regionen der antiken Welt in einem Fließtext enzyklopädisch aufzulisten, zumal sich die jeweiligen Schätzwerte – trotz erkennbarer regionaler und zeitlicher Differenzen – nicht grundsätzlich voneinander unterscheiden. Hinzu kommt, dass die einzelnen Zahlen vor einer Verwendung als historisches Argument eingehend auf ihren Aussagewert hin überprüft werden müssen, was den Rahmen des vorliegenden Buches sprengen würde. Hinsichtlich der dritten Frage geht es also vor allem

<!-- historische Sichtweise -->

<!-- Zielsetzung und Form der folgenden Darstellung -->

darum, exemplarisch aufzuzeigen, wie fein die Forschung das antike Klima in Raum und Zeit auflösen kann, zu welchen Gebieten Datensätze vorliegen und welche methodologischen Aspekte es in diesem Zusammenhang zu beachten gilt; darüber hinaus wird auf die einschlägige Literatur verwiesen.

Allgemeine Einordnung

geologische Zeitskala   Die (derzeitige) Zeitskala der Geologie ist in fünf hierarchische Ebenen gegliedert, deren Nomenklatur sich danach unterscheidet, ob sie sich auf die quantitative Zeitbestimmung anhand physikalischer und chemischer Parameter (Geochronometrie) oder auf die Abfolge der Sedimente (Chronostratigraphie/Biostratigraphie) bezieht: Äon (-othem), Ära(-them), Periode/System, Epoche/Serie und Alter/Stufe. Mit dieser Systematik versucht die Forschung der Vielschichtigkeit der Erdgeschichte gerecht zu werden, daher unterlag und unterliegt sie zum Teil noch immer dem Vorbehalt neuer wissenschaftlicher Erkenntnisse und Paradigmen. Sie berücksichtigt sowohl geologische als auch physikalische, chemische, biologische und klimatische Entwicklungen bzw. Ereignisse und löst diese mit jeder weiteren Ebene feiner auf. Für die Antike ergibt sich daraus folgende Einordnung: Das Aufkommen des ‚sichtbaren', d. h. über Fossilien nachgewiesenen, Lebens markiert den Beginn des Phanerozoikums (vor 541 Jahrmillionen [Ma = Megaannum]). Innerhalb dieses Äonothems werden die vergangenen etwa 66 Millionen Jahre der Erdneuzeit (Känozoikum) zugeordnet, die, nach einem Massenaussterben am Ende des Mesozoikums (Erdmittelalter; 252–66 *mya*), u. a. durch die globale Ausbreitung der Säugetiere gekennzeichnet ist. Mit der dauerhaften Vereisung der südlichen Polarregion vor ungefähr 34 Millionen Jahren begann das känozoische Eiszeitalter, das bis in die

Eisbildung an den Polen   Gegenwart andauert. Auch in der Arktis kam es auf den Land- und Wasserflächen zu langanhaltenden Eisbildungen, die jedoch wiederholt abschmolzen. Zuletzt war der arktische Ozean wohl bis etwa 4000 *BP* im Sommer regelmäßig in weiten Teilen eisfrei (2.1.1 DE VERNAL et al. 2020). Das jüngste System der Erdgeschichte, das Quartär (2,6 Ma), wird seit 2009 über ein stratigraphisches Referenzprofil am Monte San Nicola auf Sizilien datiert. Es zeichnet sich durch erhebliche Klimaschwankungen aus, die vor allem über Tiefseesedimente und Eisbohrkerne rekonstruiert werden können. Nach einer langen Reihe verschiedener Warm- und Kaltphasen (zur

Problematik dieser Begriffe s. S. 36), die das heutige Landschaftsbild nicht nur auf der Nordhalbkugel maßgeblich mitgeprägt haben, zogen sich die Eismassen mit dem Ende des bislang letzten Glazials (115.00–11.500 *BP*) auf die Polargebiete und einige Gebirgsregionen zurück und es setze jene Klimaphase ein, die auch die antiken Verhältnisse prägte, das Holozän (12 ka [Kiloannum]). Im Jahr 2018 entschied sich die Internationale Kommission für Stratigraphie (*International Commission on Stratigraphy*; *ICS*) nach langjährigen Diskussionen dazu, das holozäne Klima neu zu gliedern, da die bis dato gebräuchliche Einteilung in eine frühe, mittlere und späte Phase auf regional unterschiedlichen Datensätzen basierte und international nicht einheitlich verwendet wurde. Auch in der neuen Fassung wird das Holozän in drei Stufen untergliedert, deren jüngste, das Meghalayum [4 ka], unter Ausklammerung der Anthropozän-Debatte die vergangenen etwa 4000 Jahre umfasst. Als Zäsur, die diesen Abschnitt einleitete, gilt eine langanhaltende Dürreperiode mit leicht kühleren Durchschnittstemperaturen, die sich in Proxydaten aus vielen Weltregionen greifen lässt und global mit dem Untergang früher Hochkulturen wie dem Alten Reich in Ägypten in Verbindung gebracht wird. Die untere Grenze dieser chronostratigraphischen Einheit (*Global Stratotype Section and Point*; *GSSP*) wurde anhand eines Tropfsteines aus dem indischen Bundesstaat Meghalaya festgelegt, da vor allem Archive aus den niederen Breiten markante Spuren dieser Klimaveränderung zeigen. Seit Längerem sind Proxydaten bekannt, die auf ein solches Klima-Szenario schließen lassen und unter dem Begriff „4,2-Kilojahr-Ereignis" durchaus als historischer Faktor – und als Beginn einer kühleren Klimaphase ([älteres] Neoglazial) – wahrgenommen werden, doch die Einführung des Meghalayums ist nicht nur unter Archäologen umstritten. Die Kritik wendet sich zum einen gegen die Annahme, dass es sich um eine globale Dürre gehandelt habe, die den Übergang zu einer eigenständigen geochronologischen Stufe prägte, und zum anderen gegen die pauschalisierende klimahistorische Interpretation. Bereits 1939 hatte der in Amsterdam geborene US-amerikanische Geologe François Émile MATTHES (1874–1948) für die Zeit vor etwa 4000 Jahren den Begriff „Little Ice Age" geprägt, dem später in der Klimageschichte eine eigenständige ‚Karriere' zuteilwerden sollte. MATTHES bezog sich bei seiner Begriffsbildung darauf, dass die Gletscher in der Sierra Nevada sämtlich erst im späten Holozän entstanden waren, sah darin aber kein weltweites Phänomen;

das Holozän

das Meghalayum

das „4,2-Kilojahr-Ereignis"

das „globale holozäne Temperatur-Rätsel" daher die Einschränkung „little" (1.1.1 MATTHES 1939). An dieser Stelle sei noch eine methodologische Debatte erwähnt, die in der Paläoklimatologie seit einigen Jahren unter dem Schlagwort „globales holozänes Temperatur-Rätsel" (*holocence global temperature conundrum*) geführt wird: Während ein Teil der Proxydaten, vor allem aus Ozeansedimenten, für die globale Temperaturentwicklung ein thermisches Maximum im frühen bis mittleren Holozän (ca. 6000 *BP*) mit darauffolgender Abkühlung erkennen lässt, legen Klimasimulationen und die Daten aus Pollenanalysen eine kontinuierliche Erwärmung bis etwa zum Beginn der christlichen Zeitrechnung nahe. Neueste Studien versuchen diese Widersprüche aufzulösen, indem sie die großen regionalen Unterschiede der Klimaentwicklung, die jahreszeitlichen Schwankungen und die Ungleichzeitigkeit der verschiedenen Subsysteme (Ozeane, Atmosphäre, Landmasse usw.) herausarbeiten und in die Klimarekonstruktion respektive -simulation miteinbeziehen (2.1.1 LIU et al. 2014; 2.1.1 BADER et al. 2020; 2.1.1 KAUFMANN/BROADMAN 2023).

ein Blick in die ältere Literatur: die Blytt-Sernander-Klassifikation In der älteren Literatur, gelegentlich aber auch in jüngeren Arbeiten, finden sich für die Zeit der Antike die Begriffe „Subboreal" und „Subatlantikum". Diese Terminologie bezieht sich auf die sogenannte Blytt-Sernander-Sequenz, die erste Klassifikation des holozänen Klimas, deren Anfänge in das Jahr 1829 zurückreichen. Der deutsch-dänische Geologe Johann Heinrich Christfried Dau (1790–1831) hatte bei Grabungen auf der dänischen Insel Sjælland – auf der auch ein großer Teil Kopenhagens liegt – dunklere und hellere Torflagen entdeckt, woraufhin die Königlich Dänische Akademie der Wissenschaften (*Kongelige Danske Videnskabernes Selskab*; *KDVS*) einen Preis für die plausibelste Erklärung dieses Phänomens auslobte. Diese fand einige Jahrzehnte später (1876; 1881) der norwegische Botaniker und Geologe Axel Gudbrand Blytt (1843–1898): Durch den Vergleich mit weiteren Feuchtgebieten in Nord- und Mitteleuropa und in Auseinandersetzung mit den Arbeiten anderer Forscher wie Japetus Steenstrup (1813–1897), Christian Vaupell (1821–1862) oder Alfred Gabriel Nathorst (1850–1921) kam er zu dem Schluss, dass die unterschiedliche Färbung und Zusammensetzung der Torfschichten auf eine Veränderung der klimatischen Verhältnisse und damit auch der Vegetation zurückzuführen sei. In den dunkleren Lagen fanden sich Überreste von Baumstümpfen, in den helleren nicht, woraus Blytt folgerte, dass es während des Holozäns trockenere und feuchtere Klimaphasen gegeben haben müsse; er bezeichnete diese in Anlehnung an die Verteilung der Vegetation in Norwegen zu seiner Zeit als „Boreal" (im Landesinneren) bzw. „Atlantikum" (an der Atlantikküste). Der schwedische Botaniker und Geologe Johan Rutger Sernander (1866–1944), ein Pionier der Pollenanalyse, griff Blytts Überlegungen auf und differenzierte die Klassifikation weiter aus (u. a. 1894; 1908). Er grenzte die einzelnen Epochen – freilich ohne sie in absoluten Zahlen datieren zu können – schärfer gegeneinander ab, schloss aus der Vegetationsentwicklung auf die ungefähren Temperaturverhältnisse (wärmer/kühler) und führte mit dem „Subboreal" und dem „Subatlantikum" weitere Unterkategorien ein, über die das holozäne Klima differenzierter beschrieben werden konnte (2.1.1 BIRKS/SEPPÄ 2010). Diese Typologie diente in erster Linie der stratigraphischen Orientierung in Nord- und Mitteleuropa und enthielt noch keine präzise Klimabeschreibung. In den folgenden Jahrzehnten ergänzten verschiedenen Wissenschaftler beständig neue Informationen. Das System wurde auf andere Weltregionen übertragen und nach der Erfindung der ^{14}C-Methode war es möglich, die Abschnitte auch chronologisch einzuordnen. Je nach Datierung umfasst das Subboreal ungefähr den Zeitraum von 5000–2500 *BP*, das Subatlantikum folgt als jüngste Phase, wobei der Übergang teilweise auch einige Jahrhunderte früher angesetzt wird. Die Blytt-Sernander-Klassifikation hat in der Paläoklimatologie wichtige Impulse gesetzt, verlor aber durch die Erschließung immer neuer Klimaarchive ab den 1960er und 70er Jahren sukzessive an Bedeutung und wurde letztlich in die Pollenstratigraphie integriert (2.1.1 MANGERUD et al. 1974; 2.1.1 FRITZ 1977). Die Terminologie blieb gleichwohl erhalten und ist in Teilen der Forschung vor allem bezüglich der Klimaentwicklung in Mittel- und Nordeuropa noch immer gebräuchlich.

„Boreal" und „Atlantikum"

Bedeutung der Blytt-Sernander-Klassifikation

Keine dieser Periodisierungen sagt viel darüber aus, unter welchen Bedingungen die Menschen der Antike tatsächlich lebten, doch sie konstituieren den analytischen Rahmen, über den sich die Paläoklimatologie der Zeit der griechisch-römischen Geschichte nähert. Im holozänen Vergleich fällt das antike Klima nicht durch außergewöhnliche Extremwerte oder eine erhöhte Varianz auf, bei einer feineren Auflösung der Klimasignale zeigen sich indes durchaus kurzzeitige Schwankungen in einer Größenordnung von wenigen Jahrhunderten oder einigen Dekaden, die auch außerhalb des europäischen Raumes nachgewiesen werden können; ein Beispiel hier-

Aussagekraft dieser Periodisierungen

für sind Korallen im südchinesischen Meer, die auf höhere Wassertemperaturen während der „Römischen Warmzeit" schließen lassen (2.1.1 Jiang et al. 2021). Erst gegen Ende des 20. Jahrhunderts erkannte die Forschung, wie schnell sich das Klima tatsächlich verändern kann. Seit den 1950er Jahren hat sich die angenommene Zeitdauer sukzessive von mehreren tausend Jahren auf eine Dekade oder weniger reduziert, was eine wesentliche Voraussetzung dafür war, dass das Klima überhaupt als Faktor für historischen Wandel wahrgenommen werden konnte. Um abrupte Veränderungen auch begrifflich gegen mittel- und langfristige Entwicklungen abzugrenzen, wurde der Ausdruck „Rapid Climate Change" (*RCC*) geprägt (vgl. zur Forschungsgeschichte 2.1.1 Weart 2003; exemplarisch 2.1.1 Bryson 1988; 2.1.1. Stager/Mayewski 1997; 2.1.2 Rohling et al. 2002; 2.1.1 Mayewski et al. 2004). RCC-Phänomene wie das „4,2-Kilojahr-Ereignis" werden häufig mit politischen, sozioökonomischen oder kulturellen Umwälzungen assoziiert (exemplarisch 2.2 Weninger et al. 2009; 2.2 Glais et al. 2023). Ob und wie ein solcher Zeitabschnitt wahrgenommen wird, ist jedoch nicht nur eine Frage der statistischen Auswertung, sondern auch der historischen Perspektivierung; die antike Klimachronologie, wie sie seit den späten 1970er Jahren gebräuchlich ist (s. u.; ein knapper Überblick findet sich bei: 2.1.2 Horden 2018), bezieht sich in hohem Maße auf die Rahmenerzählung vor allem der römischen Geschichte und ist keine rein objektiv durch die Proxydaten begründete Einteilung. Um auch begrifflich Raum für analytische Differenzierungen zu schaffen, wird im Folgenden zwischen *Klimaphasen* und *Klimaepochen* unterschieden. *Klimaphase* bezeichnet eine Zeitspanne, für die Klimasignale auf veränderte Lebensbedingungen hinweisen, *Klimaepoche* hingegen wird für jene klimahistorischen Deutungskonzepte verwendet, die forschungsgeschichtlich auf eine spezifische historische Interpretation festgelegt sind.

Klimachronologie der Antike

In der paläoklimatologischen Literatur kursieren seit Jahrzehnten verschiedene Varianten von zwei bzw. drei klimatisch wie historisch definierten Zeiträumen, die mit der Geschichte der europäischen Antike in Verbindung gebracht werden können: die „Römische Warmzeit", die „Kleine Eiszeit der Spätantike" sowie das „Subatlantik Pessimum", das konzeptionell weniger eng mit der althistorischen Forschung verflochten ist. Als in den Jahrzehnten nach dem zweiten Weltkrieg vermehrt datierbare Klimaproxies zugänglich gemacht werden konnten, begannen Klimaforscher – und vereinzelt auch Historiker – damit, das zunehmend unübersichtliche Datenmaterial durch historische Bezüge zu veranschaulichen und zu strukturieren. Sie orientierten sich dabei an der geschichtswissenschaftlichen Epocheneinteilung und schufen so, trotz der wachsenden heuristischen und epistemologischen Distanz zwischen der Paläoklimatologie und der historischen Überlieferung, erste Bezugspunkte für eine naturwissenschaftlich fundierte Klimageschichte der Antike. In einem Aufsatz über den Verlauf der holozänen Firnlinie in Westnorwegen verwendete der norwegische Glaziologe Olav Liestøl (1916–2002) 1960 erstmals den Begriff „Roman Time", um eine verhältnismäßig kleine Auffälligkeit in seinen Daten zu markieren. Für die Jahrhunderte um die Zeitenwende zeigte sich ein Anstieg der Firnlinie – i. e. die Trennlinie zum Zehrgebiet eines Gletschers, in dem mehr Eis abschmilzt als entsteht – um etwa 50–70 m (abgelesen aus: 2.1.2 Liestøl 1960, 485), was auf wärmere Verhältnisse schließen lässt; zum Vergleich: zwischen 5000 und 1000 v. Chr. liegt die Firnlinie in der Graphik bis zu 300 m höher als in der fraglichen Zeit. Nach eigenen Angaben ist Liestøl nicht der erste, der eine solche Temperaturveränderung für Norwegen vermutet, konkrete Belegstellen nennt er allerdings nicht. Letztlich aber war es sein Schaubild, das nur wenig später in mehreren relevanten Lehrbüchern und Fachartikeln auftauchte (e. g. 2.1.1 Schwarzbach 1961; 2.1.1 Flohn 1967) und so dazu beitrug, dass sich die Paläoklimatologie verstärkt mit dem Klima der Römerzeit zu beschäftigen begann. Da weitere Datensätze aus anderen Archiven und Regionen die These einer Klimaerwärmung stützten und sich diese Befunde mit den makrohistorischen Ereignissen – der römischen Expansion – korrelieren ließen, entwickelte sich aus Liestøls Beobachtung sukzessive die Vorstellung einer markanten Warmphase, die als Klimaepoche fest mit dem Aufstieg der Römer zu einer überregionalen Macht verbunden ist („Römische Warmzeit"). Die ‚Entdeckung' der „Kleinen Eiszeit der Spätantike" verlief, wenn auch zeitversetzt, nach einem ähnlichen Muster. In den 1970er Jahren deuteten Proxies aus der Nordhemisphäre darauf hin, dass sich die Klimabedingungen – aus der Sicht des Menschen – in der zweiten Hälfte des ersten Jahrtausends n. Chr. zu verschlechtern begannen, was zunächst nur wenig Beachtung fand. Vereinzelt ist in der Literatur

historische Epocheneinteilung

die ‚Entdeckung' der „Römischen Warmzeit"

das „Pessimum der Völkerwanderungszeit"

recht unbestimmt von einer Abkühlung und stärkeren Niederschlägen zwischen zwei wärmeren und trockeneren Phasen (ca. 500–800 n. Chr.) die Rede (e. g. 1.3 LAMB 1977), ohne jedoch diesem Phänomen einen Namen zu geben. Das sollte sich wenig später ändern, indem der Meteorologe und Klimaforscher Christian-Dietrich SCHÖNWIESE diese Klimaschwankung als „Pessimum der Völkerwanderungszeit" bezeichnete und so, zumindest zeitlich und begrifflich, in einen Zusammenhang mit dem allmählichen Untergang des Römischen Reiches stellte (2.1.1 SCHÖNWIESE 1979). Auch diese (chronologische) Einordnung verdichtete sich in der Folgezeit zu einer Klimaepoche, die – historisch wie klimatisch – gleichsam das Gegenstück zur „Römischen Warmzeit" bildet. Die dritte, sowohl tatsächlich als auch forschungsgeschichtlich älteste Klimaphase der Antike umfasst in etwa die Zeit von 1200/1000 bis 500 v. Chr.; die Datierungen unterscheiden sich zum Teil erheblich. Bereits im frühen 20. Jahrhundert galt das „Subatlantik Pessimum" aufgrund entsprechender Klimasignale aus Mooren und Sedimenten als niederschlagsreiche Kaltphase, die durchaus Folgen für die Entwicklung verschiedener eisenzeitlicher Gesellschaften gehabt haben könnte (e. g. 1.1.1 BROOKS 1926). Einige Jahrzehnte später wurden diese Annahmen auch auf das frühe Griechenland und insbesondere die ausgehende Bronzezeit übertragen (e. g. 2.2.1 WRIGHT JR. 1968; 2.2 BRYSON/MURRAY 1977), doch es fanden sich offenbar keine den Narrativen der römischen Geschichte vergleichbaren Anknüpfungspunkte, und so blieb das „Subatlantik Pessimum" – auch wenn in Bezug auf die Früharchaik hin und wieder Begriffe wie „Homeric Minimum" (*HM*) zu lesen sind (s. u.) – eine in der Althistorie wenig beachtete Klimaphase, die nur vereinzelt als historischer Faktor wahrgenommen wurde.

Der erste Entwurf einer Klimachronologie zur Antike stammt aus dem Jahr 1979. In dem eher populärwissenschaftlichen Buch „Klimaschwankungen" präsentiert C.-D. SCHÖNWIESE die holozäne Klimageschichte der Nordhalbkugel als lückenhaften Zeitstrahl, auf dem er das klimatische Geschehen datiert, charakterisiert und mit zentralen historischen Ereignissen korreliert (2.1.1 SCHÖNWIESE 1979; zur älteren Forschung vgl. exemplarisch 2.1.1 DENTON/KARLÉN 1973). Die Arbeit wird nur selten zitiert, da sie in erster Linie als Überblicksdarstellung angelegt ist. Gleichwohl hat SCHÖNWIESE mit seiner Terminologie ein Gegensatzpaar in die Klimabeschreibung eingebracht, das erheblichen Einfluss auf die weitere Entwicklung der antiken Klimageschichte haben sollte: Dem gebräuchlichen Begriff

„Optimum" für relativ warme Klimaphasen stellte er „Pessimum" als Bezeichnung für eher kalte Verhältnisse gegenüber. Auch wenn er betont, dass sich die Klimabedingungen nicht einheitlich entwickelt hätten und es kein *per se* gutes oder schlechtes Klima gebe, haben seine Wortwahl und die Engführung mit geschichtlichen Ereignissen jenem dichotomen Denkmodell Vorschub geleistet, welches das antike Klima in historisch positiv oder negativ bewertete Phasen unterteilt. Auf Schönwieses Zeitstrahl finden sich für die Zeit der Antike drei Abschnitte – „Subatlantik Pessimum", „Optimum der Römerzeit" und „Pessimum der Völkerwanderungszeit", die nicht direkt ineinander übergehen. In den meisten Chronologien zum antiken Klima gibt es solche Lücken, und wenn nicht, ist dies erkennbar eine Glättung, die nicht die tatsächliche Datenlage spiegelt. Damit ist ein grundsätzliches Problem nicht nur der antiken Klimageschichte angesprochen: Das (historische) Klima wird in erster Linie über seine Veränderlichkeit bzw. über Extremwerte erfasst und beschrieben, für einen ‚Normalzustand' – so problematisch der Begriff in diesem Zusammenhang auch sein mag – gibt es kein Konzept; dieser Befund verweist einmal mehr auf die Frage, welche Rolle die Geschichtswissenschaft der Natur jenseits deterministischer Klimanarrative zugesteht. So wird die Zeit der griechischen Klassik (5./4. Jh. v. Chr.) und des Hellenismus (4.–1. Jh. v. Chr.) in aller Regel ausgeblendet, da sie nicht ohne weiteres in eine lineare klimahistorische Erzählung eingepasst werden kann, das Klima lange als weitgehend konstant galt (vgl. dazu exemplarisch 2.2.1 Sallares 1991 sowie kritisch: 2.2.1 Post 2017) und sich in den Proxydaten zudem keine flächendeckenden Auffälligkeiten zeigen – auch wenn sich beispielsweise in Speläothemen aus zwei Höhlen auf der Peloponnes (Kapsia und Alepotrypa) Hinweise auf feuchtere Bedingungen ab etwa 600 v. Chr. finden (e. g. 2.2.1 Weiberg et al. 2016). Dabei eignet sich der griechische Siedlungsraum aufgrund der zahlreichen Höhlen und einiger Seen mit gut erhaltenen Sedimenten durchaus für kleinräumige Klimaschätzungen (exemplarisch 2.1.2 Finné et al. 2014; 2.1.2 Katrantsiotis et al. 2018; 2.1.2 Psomiadis et al. 2018; 2.1.2 Katrantsiotis 2019; 2.1.2 Emmanouilidis et al. 2022; zusammenfassend für die Klassik und den Hellenismus: 2.2.1 Post 2017), doch in der klimahistorischen Forschung werden diese Daten bislang nicht systematisch rezipiert. Nur im Zusammenhang mit einer verringerten Sonnenaktivität (vgl. S. 98 f. und S. 101) ist in einer kaum beachteten Studie von einem „Greek Minimum" die Rede, das

Marginalien: erste Klimachronologie; das Klima im griechischen Siedlungsraum

lose mit Migrationsbewegungen und anderen historischen Prozessen im östlichen Mittelmeerraum in Verbindung gebracht wird (2.2.1 Raspopov et al. 2013). Eine erkennbare Folge dieser Leerstelle: Politische Dynamiken und ökonomische Veränderungen werden für diese Jahrhunderte und speziell die griechische Geschichte auf *andere* Faktoren zurückgeführt, etwa die Gründung neuer Siedlungen (Apoikien; teilweise noch immer als „Kolonisation" bezeichnet; zu möglichen klimatischen Kontexten dieses Prozesses vgl. S. 111 ff. [mit weiterer Literatur]), die formierende Kraft des Attischen Seebundes im 5. Jahrhundert v. Chr. oder den Zuwachs an kursierendem Edelmetall nach der Eroberung des Achämenidenreichs durch Alexander III. Wenn aber in einer historischen Großformation (dem griechischen Siedlungsraum) Wandel ohne Rückgriff auf Klimaveränderungen erklärt werden kann, während diesen in einem anderen Kontext (Römerzeit; Spätantike) eine erhebliche, nicht lediglich akzidentielle Erklärungskraft zugebilligt wird, so wirft das ganz grundsätzlich die methodische Frage nach dem Stellenwert klimahistorischer – und anderer umweltbezogener – Erklärungen für allgemeinhistorische Prozesse auf.

zur Terminologie

Der Kanon der antiken Klimachronologie war gegen Ende der 1970er Jahre weitgehend ausformuliert, doch es gibt bis heute keine einheitliche Terminologie (vgl. dazu exemplarisch 2.2 Gunn 1994; 2.1.2 Horden 2018). Die folgenden Begriffe werden (weitgehend) sinngleich verwendet, auch wenn sie sich, je nach räumlichem Zuschnitt, zum Teil auf etwas längere oder kürzere Zeitabschnitte beziehen. Im Kern handelt es sich jeweils um die gleichen Klimaphasen, die aus geringfügig unterschiedlichen Perspektiven in den Blick genommen werden. Insbesondere für den englischen Sprachgebrauch (in Klammern) sind solche Bedeutungsunterschiede zu verzeichnen. „Optimum der Römerzeit" und „Römische Warmzeit" („Roman [Climate] Optimum" [*RCO*]; „Roman Warm Period/Epoch" [*RWP/E*]; vereinzelt auch: „Roman Classical Period" [*RCP*]), sowie „Pessimum der Völkerwanderungszeit" und „Kleine Eiszeit der Spätantike" („Late Antique Little Ice Age" [*LALIA*]; „Migration Era Pessimum" [*MEP*]; „Dark Ages Cold Period" [*DACP*]; „Vandal Minimum" [*VM*]) werden ebenso synonym gebraucht wie „Subatlantik Pessimum" und – in der älteren Literatur vor 2000 – „holozänes Hauptpessimum" („Subatlantic Minimum"; „Iron Age Cold Periods" [*IACP*]; Iron Age Cold Epoch [*IACE*]). Für die Zeit von ca. 800–600 v. Chr. gibt es Hinweise auf eine deutlich verringerte Sonnenaktivität, ein sog. *Solar Grand Minimum*, das vor allem in der englischsprachigen Forschung als „Homeric Climate Anomaly" (*HCA*), „Homerian (Grand) Solar Minimum" (*H[G]SM*) oder „Homeric Climate Oscillation" (*HCO*) bezeichnet wird; der deutsche Begriff „Homerisches Pessimum" findet hingegen kaum Verwendung.

Auch die Zeitangaben variieren zum Teil erheblich, da die Proxies je nach Region und Archivtyp unterschiedliche Entwicklungen nahelegen, wobei nicht immer ersichtlich ist, worauf genau sich die jeweiligen Datierungen gründen. SCHÖNWIESES Terminologie wird hier nur als Chiffre verwendet, gemeint sind jeweils die verschiedenen in der Forschung gebräuchlichen Einteilungen; eine Auswahl mag genügen: Für die „Römische Warmzeit" finden sich u. a. die Zahlen 500 v.–400 n. Chr., 500 v. Chr.–1 v./n. Chr., 200 v.–150 n. Chr. oder 1–250/500 n. Chr. (*RCP*: 1–200 n. Chr.), für die „Kleine Eiszeit der Spätantike" 400–900, 300–600, 450–700 n. Chr. oder 536–660 n. Chr. und für das „Subatlantik Pessimum" 1200–500 v. Chr. oder 900/800–600/300 v. Chr. Um die Lücke zwischen dem „RCO" und der „LALIA" zu schließen, die in einigen Chronologien auftaucht, hat Kyle HARPER kürzlich eine Übergangsperiode („Roman Transitional Period" [*RTP*]) postuliert (2.2.2 HARPER 2017). Er nimmt für diese Zeit eine allmähliche Verschlechterung der Klimabedingungen an, die er mit den im 3. Jh. n. Chr. im Römischen Reich aufkeimenden Krisen in Verbindung bringt. In der Argumentationslogik seines Buches mag dies schlüssig erscheinen, empirisch belegen kann er seine Annahme indes nicht und so ist es wenig verwunderlich, dass sie in der Forschung bislang kaum Anklang gefunden hat.

unterschiedliche Zeitangaben

Bei SCHÖNWIESE finden sich erstmalig konkrete Angaben dazu, in welcher Größenordnung sich das Klima im Verlauf der Antike verändert haben könnte. Er bezieht sich dabei auf die noch vergleichsweise wenig zahlreichen paläoklimatologischen Studien, die Ende der 1970er Jahre vorlagen, gibt aber nicht an, woher genau seine Zahlen stammen. Seine Vergleichsfolie sind rezente Klimadaten aus der Zeit, in der er das Buch verfasst hat. Schönwiese nimmt an, dass es während des „Subatlantik Pessimums" etwa 1–2 °C kälter und merklich feuchter gewesen sei. Für das „Optimum der Römerzeit" geht er von Temperaturen aus, die ca. 1–1,5 °C über seinen Referenzwerten liegen, zudem habe es ausreichend Niederschlag gegen. Das „Pessimum der Völkerwanderungszeit" wird lediglich als kühl und niederschlagsreich charakterisiert; Zahlen nennt er hier keine. Diese Werte sind heute weitgehend überholt, werden aber

erste Zahlen

ohne nähere Angaben auch in der historischen Literatur noch immer ab und an genannt. Kritikern des heutigen Klimawandel-Szenarios dienen sie als Nachweis dafür, dass es in historischer Zeit bereits ähnliche oder gar drastischere Klimaveränderungen als in der Gegenwart gegeben habe. Übersehen wird dabei, dass es sich, anders als in der aktuellen Debatte, nicht um globale Statistiken handelt. In den letzten etwa fünfzehn Jahren hat sich der Datenbestand zum antiken Klima vervielfältigt, und so kann die Paläoklimatologie heute ein sehr viel differenzierteres Bild der Verhältnisse zeichnen. Allerdings unterscheiden sich die publizierten Werte je nach Betrachtungsweise zum Teil erheblich. Zu beachten ist dabei nicht nur, welche Klimasignale einer Studie zugrunde liegen und welche Zustandsgrößen überhaupt erfasst sind (Wassertemperatur, Lufttemperatur), sondern auch, auf welchen Zeitrahmen (Jahrhunderte, Jahrzehnte, Jahre) und welchen geographischen Raum (global, hemisphärisch, regional, lokal) sich eine Klimastatistik bezieht sowie welche Verfahren zur Anwendung kamen; auf (mögliche) Differenzen zwischen Klimarekonstruktionen und -simulationen wurde bereits hingewiesen.

Lange galt das „Subatlantik Pessimum" als die wohl kälteste Klimaphase seit dem Ende des letzten Glazials. Noch 1999 ist in einem namhaften Lehrbuch der Paläoklimatologie zu lesen, dass die Folgen einer solch einschneidenden Klimaveränderung für die moderne Welt unabsehbar wären (2.1.1 Bradley 1999). In der nächsten Auflage aus dem Jahr 2015 wird das „Sub-Atlantic Minimum" noch immer erwähnt, hat aber vor dem Hintergrund einer veränderten Datenlage seine Singularität eingebüßt – als bedrohlich galt nun der kommende Klimawandel (2.1.1 Bradley 2015). Der Übergang von der Bronze- zur Eisenzeit wird für viele Regionen nicht nur der nördlichen Hemisphäre als außergewöhnlich kühl und feucht beschrieben. In einigen Gebieten auch der antiken Welt lagen die Durchschnittstemperaturen zeitweise wohl durchaus 1 °C unter den Klimanormalperioden des 20. Jahrhunderts, wobei es kaum Statistiken oder Simulationen gibt, die konkrete Zahlen zu einzelnen geographischen Räumen nennen. Die konstitutiven Daten der meisten Schätzungen stammen überwiegend aus weiträumigen Archiven wie dem grönländischen Eisschild oder Ozeansedimenten, es gibt aber auch regionale und lokale Proxies u. a. aus Feuchtgebieten, Holzproben, Speläothemen und Binnenseen (e. g. 2.1.2 van Geel/Buurman/Waterbolk 1996; 2.1.2 Finné et al. 2011, 2014; 2.2.1 Weiberg et al.

2016; 2.1.2 Styllas et al. 2018; 2.1.1 Bernal-Wormull et al. 2023; 2.1.2 García et al. 2024). Hinsichtlich der Niederschlagsmengen scheint es regional sehr große Unterschiede gegeben zu haben. Während es beispielsweise in Nord- und Mitteleuropa vermutlich deutlich feuchter geworden ist, gibt es Indizien für eine anhaltende Trockenphase in Nordafrika, Teilen Osteuropas oder auch dem *Great Basin* im Westen der USA (vgl. dazu exemplarisch 2.1.1 Dort Jr./Jones Jr. [Hgg.] 1970; 2.1.1 Davis et al. 1992; 2.1.1 Salzer et al. 2014; 2.1.2 Cruz et al. 2015; 2.1.2 Słowiński et al. 2016; 2.1.2 Rach et al. 2017; 2.1.1 Zielhofer et al. 2017; 2.1.1 Affolter et al. 2019; 2.1.2 Harding et al. 2021; 2.1.2 Zaky et al. 2024). Als Ursache der Abkühlung und mittelbar auch der veränderten Niederschlagsmengen gilt eine stark verringerte Sonnenaktivität, deren genaue Dauer aber umstritten ist (grundlegend: 2.1.1 Stuiver/Kra 1986; 2.1.2 van Geel/Renssen 1998; 2.1.1 Martín-Puertas et al. 2012). Unter der Bezeichnung „Homerian (Grand) Solar Minimum" (o. ä.) wird dieses Phänomen in verschiedenen altertumswissenschaftlichen Disziplinen (Ur- und Frühgeschichte, Archäologie, Althistorie) als Erklärung für Migrationsphänomene und andere gesellschaftliche Wandlungsprozesse herangezogen, die sich in der ersten Hälfte des ersten Jahrtausends v. Chr. in verschiedenen Gebieten Europas greifen lassen (vgl. dazu S. 111 ff.). Ansonsten liegen zum „Subatlantik Pessimum" – oder wie sonst man diese Zeit paläoklimatologisch einordnen mag – kaum Daten vor, die sich direkt auf die griechisch-römische Antike beziehen ließen, was wohl nicht zuletzt auch dem Umstand geschuldet ist, dass diese Klimaschwankung nicht (primär) über ein althistorisches Narrativ konzeptualisiert wurde.

Anders verhält es sich bei der „Römischen Warmzeit" und der „Kleinen Eiszeit der Spätantike", deren Konzeption forschungsgeschichtlich eng mit der europäischen Antike verwoben ist. In mehreren Studien finden sich nach Jahrhunderten, Jahrzehnten und sogar Jahren aufgelöste Temperaturangaben, die ein sehr viel differenzierteres Bild des Klimageschehens zeichnen. Um einen Zeitraum überhaupt als Klimaphase charakterisieren zu können, bedarf es zunächst großräumiger Langzeitdaten, über die sich eine Rahmenchronologie bestimmen lässt. Im Fall der „RWP" und der „LALIA" sind dies u. a. Tiefseesedimente und grönländische Eisbohrkerne sowie großflächige Baumdaten und Speläotheme aus dem eurasischen Raum und darüber hinaus (e. g. 2.1.1 Bianchi/McCave 1999; 2.1.2 Ljungqvist 2010; 2.1.2 Büntgen et al. 2011, 2016; 2.1.2 Esper

grundlegende Daten zur „RWP" und „LALIA"

et al. 2012, 2014; 2.1.2 LUTERBACHER et al. 2012, 2016; 2.1.1 BÜNTGEN et al. 2020; 2.1.2 SHI et al. 2022). Trotz mancher Unterschiede bewegen sich die Ergebnisse der meisten neueren Studien in einer ähnlichen Größenordnung; im Folgenden können nur einige exemplarische Werte angegeben werden. Die rasante Entwicklung der Analysetechniken ermöglicht es der Paläoklimatologie, vermehrt auch kurzzeitige und kleinräumige Schwankungen zu erfassen, was für die Klimageschichte von besonderem Wert ist. Vor allem zu den vergangenen zwei Jahrtausenden liegen mittlerweile zeitlich sehr fein aufgelöste Daten vor, da einzelne Jahre oder Jahrzehnte aus diesem Zeitraum immer wieder zu Vergleichen mit der rezenten Klimaentwicklung herangezogen werden. Die ersten einhundert Jahre nach der Zeitenwende gelten, mit durchschnittlichen Temperaturen von weniger als (<) 0,2 °C über dem Mittel des 20. Jahrhunderts, als das wärmste Jahrhundert der Antike (2.1.2 LUTERBACHER et al. 2016/2016$_{Suppl}$). Deutlich kälter war es im 4. und 6. Jahrhundert n. Chr., für die jeweils Werte von etwa -0,4 °C angenommen werden. Es handelt sich hierbei um großflächige Daten für den europäischen Kontinent, regional kann es zu sehr viel stärkeren Abweichungen gekommen sein (s. u.). Grundsätzlich stellt sich die Frage, ab welcher Größenordnung einer klimatischen Veränderung es überhaupt sinnvoll ist, von einem relevanten Einfluss auf die menschliche Lebenswelt auszugehen; in der antiken Klimageschichte fehlt eine solche Debatte bislang. Es ist auch eher eine Aufgabe allgemeinhistorischer Forschung, unabhängig vom tatsächlichen Grad klimatischer Veränderungen Ausmaß und Gründe von Anfälligkeit bzw. Resilienz politischer, gesellschaftlicher, ökonomischer oder religiöser Ordnungen zu ermitteln (vgl. exemplarisch 2.2.2 MEIER 2003).

Aktuelle Simulationen bestätigen die skizzierte Klimaentwicklung und erklären sie mit einer erhöhten Sonnenaktivität (*RWP*) bzw. mehreren Vulkanausbrüchen (*LALIA*; initial: 2.1.2 STOTHERS/RAMPINO 1983; 2.1.2 STOTHERS 1984) in verschiedenen Weltregionen (2.1.2 SHI et al. 2022). Zugleich legen sie den Schluss nahe, dass es sich bei den Klimaschwankungen der Antike nicht um globale Phänomene gehandelt hat (2.1.1 NEUKOM 2019; anders 2.1.2 BÜNTGEN et al. 2022 sowie exemplarisch für die ältere Forschung: 2.2 GUNN [Hg.] 2000). Berücksichtigt man die statistische Unschärfe von zum Teil mehreren Zehntel Grad Celsius, erscheint die langfristige Temperaturentwicklung in Europa und den angrenzenden Gebieten relativ ausgeglichen – ein Eindruck, den weltweite Schätzungen noch verstärken

(2.1.2 Ljungqvist 2010; 2.1.2 PAGES2k Consortium 2017/2019). Was das Niederschlagsgeschehen betrifft, finden sich in der Literatur nur vereinzelt konkrete Angaben, doch aktuelle Simulationen lassen über den hier relevanten Zeitraum hinweg durchaus Schwankungen von ±100 % und mehr vermuten. Für die „Römische Warmzeit" werden insgesamt größere und ausgeglichenere Niederschlagsmengen angenommen, wohingegen die Klimasignale zur „Kleinen Eiszeit der Spätantike" auf stark wechselhafte Bedingungen hinweisen (e. g. 2.1.2 Büntgen et al. 2011; 2.1.1 Shi et al. 2022). Da Niederschläge in hohem Maße an die Bedingungen vor Ort gebunden sind, ist eine großräumige Rekonstruktion generell schwierig. Aus historischer Sicht haben übergreifende Klimastatistiken nur eine geringe Aussagekraft, da sie zu unspezifisch sind, um sie auf gesellschaftliche Zusammenhänge beziehen zu können.

Niederschlagsgeschehen

Zeitliche und räumliche Differenzierung

Die griechisch-römische Welt erstreckte sich weit über die mediterranen Kerngebiete hinaus von der europäischen Atlantikküste bis in die eurasische Steppe sowie von Nordafrika bis (Süd-)Skandinavien. Dieser immense geographische Raum umspannt(e) sehr unterschiedliche Klimazonen, die sich mit der Köppen-Geiger-Klassifikation wie folgt charakterisieren lassen (eine weitere Differenzierung der thermisch-hygrischen Bedingungen ist an dieser Stelle nicht erforderlich): feuchtkontinentales Klima (Df; Nord-, Mittel- und Osteuropa), feuchtgemäßigtes Klima (Cf; Westeuropa, britische Inseln, Balkanregion), Etesienklima (Cs; Mittelmeerraum), Steppenklima (BS; Teile der iberischen Halbinsel und Vorderasiens; eurasische Steppe) und Wüstenklima (BW; Teile Vorderasiens und Nordafrikas). Eigentlich bezieht sich dieses Ordnungssystem auf rezente Vegetationsmuster, paläoklimatologische Simulationen zeigen jedoch, dass die Klimazonen zur Zeit der Antike ähnlich verteilt waren wie heute (2.1.1 Willmes 2016). Dem widerspricht nicht, dass sich die Bodenbeschaffenheit und die Vegetation (e. g. Erosion, Wüstenbildung) in einigen Regionen u. a. Nordafrikas, der Levante oder der iberischen Halbinsel durch Abholzung und/oder eine intensive landwirtschaftliche Nutzung massiv verändert haben (zur Diskussion dieser Phänomene vgl. exemplarisch 2.1.2 Hughes/Thirgood 1982; 2.2 Meiggs 1982; 2.2 Hughes 2010; 2.1.2 Dotterweich/Dreibrodt 2012; 2.1.1 Dotterweich 2013; 2.1.1 Vanwalleghem et al. 2017).

räumliche Gliederung des antiken Klimas

Klimafaktoren Die einzelnen Klimate sind – auch in ihrer lokalen Ausprägung – von zahlreichen Faktoren wie der geographischen Breite, der topographischen Höhe, der Nähe zu (Groß-)Gewässern, den globalen und regionalen Zirkulationssystemen, der Bodenbeschaffenheit oder der Vegetation abhängig und reagieren unterschiedlich sensibel auf Veränderungen. So ist der mediterrane Raum in hohem Maße davon beeinflusst, dass er in einer meteorologisch dynamischen Übergangszone zwischen den Tropen und den gemäßigten Breiten liegt, während die eurasische Steppe vor allem durch ihre Distanz zu den Ozeanen geprägt ist. Grundsätzlich folgt auch die regionale Klimaentwicklung den großen Trends, die von globalen/hemisphärischen Klimafaktoren wie der Sonnenaktivität getragen werden, doch bei einer feineren räumlichen und/oder zeitlichen Auflösung treten zum Teil erhebliche Schwankungen zutage, die in übergreifenden Statistiken nicht zu erkennen sind. Dies lässt sich **regionale Temperatur-** an den folgenden Zahlen verdeutlichen: Im Norden Skandinaviens **unterschiede** waren die Sommertemperaturen (JJA) des 6. Jahrhunderts n. Chr. mit ca. +0,14 °C zum Referenzzeitraum von 1951–1980 (2.1.2 Esper et al. 2012/2012$_{SI,\,Table\,S4}$) beträchtlich wärmer als beispielsweise in den Alpen oder dem Altai-Gebirge, für die Temperaturen von weit mehr als einem bzw. zwei Grad Celsius (<-1 °C/<-2 °C) unter dem Mittel der Klimanormalperiode von 1961–1990 geschätzt werden (2.1.2 Büntgen et al. 2016). Die Zahlen der letztgenannten Studie haben wesentlich dazu beigetragen, dass die Zeit von 536 bis etwa 660 seit einigen Jahren verstärkt als historisch wirksame Klimaepoche („Late Antique Little Ice Age") wahrgenommen wird, was aber nicht ohne **die „LALIA" als** Widerspruch blieb. Im Zentrum der Diskussion stehen nicht nur die **Klimaepoche** zeitliche und räumliche Ausdehnung dieser Kaltphase, sondern auch deren Konzeption über konkrete Bezüge zur Geschichte Ostroms, des Sassanidenreiches und Chinas sowie zu Bevölkerungsbewegungen in der eurasischen Steppe, auf der arabischen Halbinsel und im slawischen Sprachraum (2.2 Helama/Jones/Briffa 2017b; Replik: 2.2 Büntgen et a. 2017). In den Jahrzehnten zwischen 536 und ~570 scheint es in weiten Teilen nicht nur auf der Nordhalbkugel zu einer spürbaren Verringerung der durchschnittlichen Sommertemperaturen gekommen zu sein. Für die Zeit davor und danach gibt es zwar Hinweise auf Abkühlungstendenzen, doch es finden sich nur zu einzelnen Gebieten (e. g. Alpen und Altai-Gebirge) Klimasignale, über die sich die Annahme einer scharf abgrenzbaren Klimaepoche begründen ließe. Helama/Jones/Briffa plädieren deshalb dafür, die von BÜNTGEN et al. publizierten Daten als regionale Ausprägungen eines mittelfristigen Trends zu werten, der in der paläoklimatologischen Literatur bereits seit den 1970er Jahren bekannt war und später als „Dark Ages Cold Period" (400–900/300–600 n. Chr.) bezeichnet wurde (2.2 HELAMA/JONES/BRIFFA 2017a/b). Bei der Betrachtung noch kleinerer geographischer Räume und Zeitabschnitte fallen die einzelnen Schätzwerte stärker ins Gewicht und so vergrößert sich nicht nur deren Streuung, sondern auch die statistische Unschärfe. Nach LUTERBACHER et al. (2016/2016$_{SOM}$ [2.1.2]) liegen die wärmsten Jahrzehnte der Antike – bezogen auf die europäischen Sommertemperaturen – zwischen 24 bis 53 n. Chr. (~+0,55 °C), die kältesten zwischen 534 und 563 (ca. -0,6 °C; jeweils *w. r. t.* 1961–1990). Marine Sedimente mit einer Auflösung von drei Jahren aus dem Süden der italischen Halbinsel deuten nicht nur auf Temperaturunterschiede von bis zu 3 °C zwischen den wärmsten bzw. kältesten Abschnitten der „Römischen Warmzeit" und der „Kleinen Eiszeit der Spätantike" hin, sondern auch auf ausgeprägte Kaltphasen mit -1 °C und mehr (JJA; *w. r. t.* 1961–1990) um 100, 130 und 160–180 n. Chr., also mitten in der *RWP* (2.2.1 ZONNEVELD et al. 2024). Wie groß die Konfidenzintervalle in einem solchen Fall sein können, lässt sich an zwei Beispielen verdeutlichen: ESPER/TORBENSEN/BÜNTGEN (2024 [2.1.2]) weisen den Sommer 246 n. Chr. mit +0,88 °C (*w. r. t.* 1901+2010) als den wärmsten der Antike aus und geben dabei einen Wertebereich von -0,03–1,50 °C an, in dem die tatsächlichen Temperaturen mit einer Wahrscheinlichkeit von 95 % lagen; für den mutmaßlich kältesten antiken Sommer seit der Zeitenwende – 536 mit -1,86 °C – liegt dieser Korridor sogar bei -0,31–-3,08 °C (2.1.2 ESPER/TORBENSEN/BÜNTGEN 2024). Regionaldaten aus dem Altai-Gebirge lassen auf eine zeitweise noch stärkere Abkühlung mitten in der *RWP* schließen. Anhand jahresscharfer Baumdaten datieren BÜNTGEN et al. (2016 [2.1.2]) die dort niedrigsten JJA-Temperaturen der vergangenen zweitausend Jahre auf 172 n. Chr.; die Werte sollen in diesem Jahr ca. 4,6 °C unter den Durchschnitt der Klimanormalperiode von 1961–1990 gesunken sein.

Warm- und Kaltphasen

Unschärfe der Schätzwerte

Ähnlich konkrete Zahlen zu Niederschlagsmengen sucht man aus den oben genannten Gründen meist vergeblich, und so muss sich die klimahistorische Forschung in der Regel mit Informationen darüber begnügen, ob es in einem Gebiet feuchter oder trockener wurde und in welchem Umfang die Klimasignale (Wasserstände, Pollendiagramme, Sedimentzusammensetzung usw.) von den rezenten Referenzwerten abweichen. Die zugehörigen Proxydaten haben,

das (regionale) Niederschlagsgeschehen

wie auch das folgende Beispiel zeigt, für gewöhnlich einen regionalen oder lokalen Gültigkeitsbereich. MARTÍN-PUERTAS et al. (2008/2009 [2.1.2]) konnten anhand der Sedimente eines Sees in Andalusien (Laguna de Zóñar) plausibel machen, dass die Antike die insgesamt feuchteste Phase im Süden der iberischen Halbinsel seit etwa 4000 Jahren war („Iberian-Roman Humid Period" [*IRHP*; 2600–1600 *BP*]). Innerhalb dieser Epoche differenzieren sie vier Abschnitte mit unterschiedlichen Niederschlagsmengen: eine Übergangszeit (650–550 v. Chr.) nach einer längeren Trockenphase, die frühe Römerzeit (550–190 v. Chr.) mit den meisten Niederschlägen, eine Trockenperiode zwischen 190 v. und 150 n. Chr. sowie einen erneuten Anstieg der Regenmengen ab der Mitte des zweiten Jahrhunderts n. Chr. (ca. 150–350). Die Struktur der *IRHP* deckt sich mit Beobachtungen aus dem östlichen Mittelmeerraum und Nordeuropa, was es wahrscheinlich macht, dass diese Entwicklung auf großräumige Wirkmechanismen wie die *North Atlantic Oscillation* und die Intensität der Sonneneinstrahlung zurückgeführt werden kann. Um zumindest einen Eindruck davon zu vermitteln, in welcher Schwankungsbreite sich das Niederschlagsgeschehen bewegt haben könnte, sei hier noch eine vor allem in der althistorischen Forschung umstrittene Studie zitiert, die einen Vulkanausbruch in Alaska (Mount Okmok) im Jahr 43 v. Chr. mit dem Untergang der Römischen Republik und des Ptolemäerreiches in Verbindung bringt (2.2.2 MCCONNELL et al. 2020/2020$_{SI\ Appendix}$). Diese Arbeit stützt sich auf eine Simulation der Klimaverhältnisse in Südeuropa mit dem „Community Earth System Model" (*CESM*), einem globalen Klimamodell, über das sich vergangene, gegenwärtige und zukünftige Klimazustände auch auf regionaler Ebene nachbilden lassen. MCCONNELL et al. nennen für das besagte Jahr einen Anstieg der Niederschläge im Sommer um 50–120 % und im Herbst sogar um bis zu 400 %, ihr Bezugsrahmen sind die Jahre 60–46 vor der angenommenen Eruption in Nordamerika; allerdings decken sich die Angaben in der eigentlichen Publikation m. E. nicht mit den Graphiken in der angefügten Datenauswertung (SI Appendix). Es wurde bereits darauf hingewiesen – und auch die Forschungsgruppe um MCCONNELL macht diese Einschränkung – wie schwierig es ist, Niederschlagsmengen zu simulieren.

Die Divergenz der genannten Zahlen unterstreicht noch einmal mit Nachdruck, wie wichtig zeitlich und räumlich möglichst fein aufgelöste Proxies nicht nur für die Klimageschichte sind. Insbesondere zur „Römischen Warmzeit" und der „Kleinen Eiszeit der Spätantike" liegen mittlerweile kleinräumige Datensätze aus vielen Gebieten der antiken Welt vor, doch es ist hier nicht der geeignete Ort, um das vorhandene Material enzyklopädisch aufzulisten (zu den Gründen s. S. 4 und S. 89). Eine knappe Übersicht mag genügen, die zugehörige Literatur findet sich im bibliographischen Anhang (hauptsächlich in Abschnitt 2.1.2 „Was weiß die Forschung [heute] über das antike Klima?"): Bereits im Jahr 2000 haben REALE/DIRMEYER (Teil 1 [2.1.2]) und REALE/SHUKLA (Teil 2 [2.1.2]) eine Rekonstruktion der mediterranen Vegetation für die vergangenen etwa zwei Jahrtausende vorgelegt und in den letzten Jahren erschienen zahlreiche Regionalstudien u. a. zu Teilen Spaniens, Frankreichs, Italiens, Deutschlands, der Alpenregion, der britischen Inseln, (Süd-)Skandinaviens, des Balkanraumes, Griechenlands, Nordafrikas, Ägyptens, der Türkei, der Levanteküste, Vorderasiens, Zentralasiens, der Nordsee sowie des westlichen und östlichen Mittelmeerraumes; eine Zusammenstellung und Zitationsanalyse der wichtigsten Veröffentlichungen bis 2018 bieten MARX/HAUNSCHILD/BORNMANN (2018 [1.1.2]).

Die Menge und Auflösung der paläoklimatologischen Daten nehmen beständig zu, doch auch die präziseste lokale Schätzung kann keine Antwort auf die Frage geben, ab welcher Größenordnung einer klimatischen Veränderung Auswirkungen auf gesellschaftliche Zusammenhänge zu verzeichnen sind und welchen Einfluss das Klimageschehen konkret auf historische Prozesse hatte; hierzu bedarf es einer dezidiert geschichtswissenschaftlichen Expertise.

2 Das Klima als historisches Narrativ und Argument

Das Wesen der Vergangenheit besteht darin, dass sie sich jeder unmittelbaren Beobachtung entzieht (vgl. dazu Johann Gustav B. DROYSENS [1808–1884] „Grundriss der Historik" [2.2 DROYSEN 1882; zuerst 1868]). Dies gilt gleichermaßen für kürzlich (selbst) Erlebtes wie für historische Zusammenhänge oder den Verlauf der Erdgeschichte. Greifbar sind jeweils nur größere oder kleinere Bruchstücke dessen, was einmal war: Erinnerungen, Erzählungen, Gegenstände und Gebäude, Schriftquellen, Bilder, archäologische Funde, Fossilien

Zugriff auf die Vergangenheit?

oder – ohne jeden Anspruch auf Vollständigkeit – Klima- und andere Umweltdaten. In einem weiten Sinne können all diese Hinterlassenschaften als historische Materialien verstanden werden, die auf ganz unterschiedliche Weise Auskunft über vergangene Zeiten geben. Dazu bedarf es geeigneter Verfahren, wie der historisch-kritischen Methode zur Textinterpretation oder dem oben skizzierten Instrumentarium der Paläoklimatologie, die das jeweilige Material ‚zum Sprechen' bringen und für weitere Analysen zugänglich machen. Da sich die Geschichtswissenschaft vornehmlich mit jenem Teil der Vergangenheit beschäftigt, der den Menschen betrifft und von diesem – ob willentlich oder nicht – dokumentiert wurde, mag es kaum verwundern, dass historische Begebenheiten in der Regel mit menschlichem Handeln oder von Menschen gemachten Strukturen erklärt werden; der Natur kommt dabei, wenn überhaupt, nur eine Nebenrolle zu. In der Klimageschichte ist das anders. Sie befasst sich zwar mit durchaus klassischen Themen wie der Entwicklung von Gesellschaften, wirtschaftshistorischen Fragen, Migrationsphänomenen oder Hungersnöten, versucht aber, das Klimageschehen in die Betrachtung miteinzubeziehen, um der Geschichtswissenschaft eine weitere Facette der Vergangenheit zu eröffnen, die so bislang nicht zugänglich war. Aus einer solchen Perspektive ist der Naturraum nicht länger nur die passive Bühne, auf der sich die Geschichte des Menschen vollzieht, sondern wird selbst Teil der historischen Dramaturgie. Die umweltgeschichtliche Forschung konzeptualisiert die Natur als Ressource, die menschliches Handeln ebenso ermöglicht wie begrenzt (exemplarisch zur Einführung: 2.2 WINIWARTER/KNOLL 2007; noch immer grundlegend: 2.2 GLACKEN 1967; spezifisch zur Antike: 2.3.2 HARRIS (Hg.) 2013; 2.3.2 IZDEBSKI/MULRYAN 2019; 2.3.2 SCHLIEPHAKE 2020; 2.3.2 ERDKAMP/MANNING/ VERBOVEN 2021). Aus dieser Perspektive beschäftigt sie sich mit ganz unterschiedlichen Themen von der Landnutzung und deren Folgen (e. g. Abholzung, Bodendegradation, Erosion; vgl. exemplarisch 2.1.2 CASANA 2008) bis hin zur Ausbreitung von Seuchen (e. g. 2.2.2 HARPER 2017), wobei dem Klima als Kenngröße für wesentliche Umweltbedingungen seit einigen Jahren eine besondere Bedeutung zukommt. Das verändert die Art und Weise, wie Geschichte erzählt wird, und wirft Fragen auf, die über die gewohnte Methodik der althistorischen Forschung hinausgreifen: (Wie) lässt sich der Einfluss von (veränderten) Durchschnittstemperaturen und Regenmengen oder anderer Umweltfaktoren auf historische Zusammenhänge angemessen erfassen und beschreiben? Kann die Althistorie eine methodisch belastbare und inhaltlich plausible Verbindung zwischen den paläoklimatologischen/naturwissenschaftlichen Daten und ihren klassischen Quellen herstellen, um so nach belegbaren Wirkmechanismen zu fragen, die über deterministische Vorannahmen hinausgehen?

Die antike Klimageschichte konstituiert sich weniger über einen spezifischen Forschungsgegenstand als über die Art und Weise, wie sie historische Zusammenhänge darstellt und begründet. Ihr Ausgangspunkt sind zunächst nicht die schriftlichen oder archäologischen Quellen, sondern die Zahlen und Diagramme der Paläoklimatologie. Um auf dieser Basis Geschichte erzählen zu können, bedarf es jedoch narrativer Strukturen und historischer Erklärungsansätze, die das Klimageschehen überhaupt erst plausibel mit der menschlichen Lebenswelt in Verbindung bringen. Da das naturwissenschaftliche Klima kein antikes Konzept ist, finden sich in der griechisch-römischen Überlieferung keine direkten Anknüpfungspunkte für einen solchen Deutungsrahmen. Vereinzelt nehmen die Texte zwar Bezug auf das Wetter- und Witterungsgeschehen, doch die Menschen erkannten darin weder abgrenzbare Zeiteinheiten mit einer spezifischen meteorologischen Charakteristik noch einen historisch wirksamen Faktor. Die einzige Verbindung zwischen den Klimadaten und dem historischen Geschehen ist daher anfangs eine zeitliche Korrelation (die oben skizzierte Klimachronologie), die allerdings nichts über die Kausalität der Ereignisse aussagt. Hat eine klimahistorische Studie die nach Zeit und Raum relevanten Daten zusammengetragen, kann sie in einem zweiten Schritt nach den möglichen Auswirkungen des Klimas auf den Verlauf der Geschichte, bzw. den konkreten Mechanismen dahinter, fragen. Die Voraussetzung dafür sind möglichst fein aufgelöste Klimasignale sowie geeignete – soll heißen: auf diese Daten beziehbare – historische und archäologische Quellen. Wo solche Informationsträger (noch) nicht verfügbar sind, gerät die Klimageschichte an ihre Grenzen oder bewegt sich im Bereich der Spekulation. Die Erkenntnismöglichkeiten der klimahistorischen Forschung sind also nicht nur an die technische Entwicklung der Paläoklimatologie gebunden, sondern auch an den Bestand der antiken Überlieferung.

In den vergangenen etwa fünfzehn Jahren sind zahlreiche Arbeiten erschienen, die das antike Klima – oder besser: dessen Einordnung und Bewertung durch den Menschen – zum Gegenstand

Marginalien:
- zur Konzeption der antiken Klimageschichte
- Perspektive der antiken Quellen
- Arbeitsweise der antiken Klimageschichte
- Forschungsansätze in der jüngeren Klimageschichte

bzw. Ausgangspunkt ihrer historischen Betrachtung machen (ein Überblick zur Literatur bis etwa 2010 findet sich u. a. bei 2.2.2 McCormick et al. 2012, 2.3.2 Manning 2013 und 2.2.2 Haldon et al. 2014; zur neueren Literatur vgl. 2.3.2 Decker 2017; 2.2 Eisenberg et al. 2018; 1.1.2 Marx/Haunschild/Bornmann 2018; 2.2 McMahon/Sargent 2018; 2.2 Newfield 2018; 1.3 Walter 2021). Dabei lassen sich, von der Rekonstruktion des Klimageschehens einmal abgesehen, drei Herangehensweisen unterscheiden, die in der Praxis in vielfältiger Weise miteinander verwoben sind: das Klima als Strukturelement historischer Entwicklung (e. g. 2.2 Horden/Purcell 2000), die Klimachronologie als (determinierende) Leiterzählung – sei es in Bezug auf die großen Linien der (postglazialen) Menschheitsgeschichte (e. g. 2.2 Brooke 2014 sowie zuletzt 2.2 Frankopan 2023) oder das ‚Schicksal' des Römischen Reiches (e. g. 2.2.2 McCormick et al. 2012; 2.2.2 Harper 2017) – sowie die klimabasierte Analyse einzelner historischer Situationen, die – bestenfalls – nach belegbaren Verbindungslinien zwischen den paläoklimatologischen Daten und der antiken Überlieferung fragt (e. g. 2.2.2 Haldon et al. 2014; 2.1.2 Izdebski et al. 2016a; 2.2.2 Huebner 2020; 2.2 Preiser-Kapeller 2021a/b). Wie bereits erwähnt, spielt die strukturgeschichtliche Betrachtung in der aktuellen Debatte keine nennenswerte Rolle. Die deutlich größere, auch öffentliche Aufmerksamkeit kommt jenen Entwürfen zu, die das Klima zum Leitmotiv ihrer historischen Erzählung machen. Letztlich folgen solche Darstellungen den klassischen (europäischen) Narrativen vom Aufstieg und Niedergang sozialer Formationen und verknüpfen diese kausal mit dem (vermeintlichen) Klimageschehen. Zur Begründung werden mögliche Auswirkungen klimatischer Veränderungen auf die Lebensmittelproduktion, die wirtschaftliche Entwicklung, die Populationsgröße, die Ausbreitung von Seuchen, die körperliche Verfasstheit der Zeitgenossen, die Siedlungsbedingungen, Migrationsphänomene oder auch das Wegenetz (zu denken wäre hier beispielsweise an die Überquerbarkeit der Alpen) angeführt, wobei weniger mit konkreten Zahlen und Zusammenhängen als mit deterministischen Vorannahmen argumentiert wird. Zumeist fehlt eine reflektierte Auseinandersetzung mit der Frage, ab welchem Grad der Veränderung das Klima als historisch wirksam betrachtet werden kann und wie sich dessen Auswirkungen auf den Verlauf der Geschichte überhaupt greifen lassen. Noch immer sind solche Erzählkonzepte im klimahistorischen Diskurs sehr präsent – zu denken wäre hier u. a. an Kyle Harpers Buch „The Fate of Rome" (2017

Kritik an (neo-)deterministischen Narrativen

[2.2.2]) –, doch nicht zuletzt aus der Kritik an diesen im Kern (neo-)deterministischen Großnarrativen versucht die altertumswissenschaftliche Forschung seit einigen Jahren, die Erkenntnisse der Paläoklimatologie auf mikrohistorischer Ebene in den jeweiligen sozialen, kulturellen, ökonomischen und politischen Kontext zu stellen, um die naturwissenschaftlichen Daten differenzierter in die historische bzw. archäologische Analyse einbeziehen und so auch die Vulnerabilität und Resilienz von Gesellschaften berücksichtigen zu können (vgl. dazu 2.3.2 ERDKAMP 2019, 2021b; 2.2 PREISER-KAPPELER 2021a/b).

Im Unterschied zu anderen Deutungsansätzen, beschäftigt sich die klimahistorische Forschung weniger mit der Rekonstruktion als mit der Erklärung geschichtlicher Ereignisse und so lassen sich unterschiedliche Entwürfe vor allem über deren Narrative und Argumente charakterisieren. Ein Forschungsstand im eigentlichen Sinne ist dabei nicht auszumachen, da selbst die Grundzüge einer antiken Klimageschichte noch immer umstritten sind (s. die Einleitung zu diesem Buch). Die folgenden Ausführungen geben einen Überblick zur jüngeren klimahistorischen Forschung insbesondere seit den 2010er Jahren; diese zeitliche Eingrenzung ergibt sich aus der Verfügbarkeit fein aufgelöster Klimasignale für eine wachsende Zahl antiker Siedlungsgebiete (zur älteren Forschung s. S. 54 f. und S. 113 f.). Es geht dabei nicht um eine erschöpfende Würdigung des gesamten Literaturbestandes, sondern um eine Zusammenschau der grundlegenden inhaltlichen und methodologischen Positionen.

Zielsetzung und Form der folgenden Darstellung

2.1 Griechische Geschichte

Das antike Griechenland war ein hochgradig heterogener Siedlungsraum mit über tausend historischen Formationen, deren kulturelle, soziale, politische und ökonomische Entwicklung sich kaum auf einen gemeinsamen Nenner bringen lässt. Nach klassischer Definition umfasst die griechische Geschichte die Zeit von etwa 800 v. Chr. bis zum Ende des letzten hellenistischen Reiches mit dem Tod Kleopatras der VII. im Jahr 30 v. Chr., wobei in Teilen der Forschung auch die bronzezeitlichen Palastkulturen (ca. 2600–1100 v. Chr.) und die sog. *Dark Ages* (ca. 1100–800 v. Chr.) dazu gezählt werden (vgl. zur Einführung: 2.2.1 ULF/KISTLER 2020; 2.2.1 SCHULZ/WALTER 2022). Diese Vielgestaltigkeit bietet kaum Anknüpfungspunkte für eine kli-

zur Konzeption der griechischen Geschichte

mahistorische Leiterzählung, zumal es auch in der Paläoklimatologie kein Modell für das Klima der griechischen Antike gibt (s. S. 88 und S. 97 f.). Zu einzelnen Teilepochen oder Aspekten finden sich indes durchaus klimabasierte Erklärungsansätze: So wurde bereits in der älteren Forschung wiederholt darüber spekuliert, dass massive Dürren für den Untergang der minoischen (e. g. 2.2.1 Carpenter 1966 sowie in Reaktion darauf: 2.2.1 Lamb 1967, 1968; 2.2.1 Carpenter 1969; 2.2.1 Tsonis et al. 2010) und vor allem der mykenischen (Wright Jr. 1968; 2.2.1 Bryson/Lamb/Donley 1974; 2.2 Bryson/Murray 1977; 2.2.1 Weiss 1982) Palastkulturen verantwortlich gewesen sein könnten, konkrete Belege lassen sich dafür freilich nicht anführen (exemplarisch für die neuere Forschung: 2.1.2 Kaniewski et al. 2008, 2010; 2.2.1 Kaniewski et al. 2013; 2.2.1 Kaniewski/Guiot/van Campo 2015; 2.2.1 Knapp/Manning 2016; 2.2.1 Finné et al. 2017; 2.2.1 Weiberg/Finné 2018, 2021; 2.1.2 Glais et al. 2023; 2.1.2 Finné et al. 2011 sehen [noch] keine paläoklimatologischen Belege für eine Dürre im östlichen Mittelmeerraum). Ähnlich verhält es sich mit den Klimaschwankungen um 800 v. Chr. (dem bereits erwähnten „Homeric Minimum"), die mit den komplexen Entwicklungen zur Zeit der homerischen Epen in Verbindung gebracht werden. Die Argumentation folgt einer einfachen Formel (2.2.1 Morris 2009, der sich explizit auf 2.1.1 Bradley 1999 sowie, was die Lebensbedingungen im Mittelmeerraum betrifft, auf 2.2 Shaw 1996 und 2.2 Scheidel 2001 bezieht): Ein Trend zu niedrigeren Temperaturen und umfangreicheren Niederschlägen habe in weiten Teilen Nord- und Mitteleuropas zu einer massiven Verschlechterung der Lebensbedingungen geführt, da Feuchtigkeit und Kälte dort ohnehin die limitierenden Faktoren der Landwirtschaft gewesen seien (vgl. dazu exemplarisch 2.1.2 van Geel/Buurman/Waterbolk; 2.1.2 Dark 2006; 2.2 Haselgrove/Rebay-Salisbury/Wells 2023; erste Erwähnung der „Iron Age Cold Epoch" bei: 2.2 Gribbin/Lamb 1978). Im östlichen Mittelmeerraum hingegen hätten sich die Anbaubedingungen durch die kühleren Temperaturen und die regelmäßigeren Niederschläge erheblich verbessert, was wiederum zu einem Bevölkerungswachstum und einer Ausdifferenzierung der gesellschaftlichen Strukturen im Verlauf der frühen Archaik geführt habe. Morris' These blieb in der Archaikforschung ohne Resonanz, zumal er sie letztlich nicht belegen konnte. Darüber hinaus sehen einzelne Studien insbesondere für die Zeit der Archaik und der Klassik einen Zusammenhang zwischen dem Klimageschehen und den ökonomischen Strukturen (e. g. 2.2 Horden/Purcell 2000), der Siedlungs- und Bevölkerungsentwicklung auf der Peloponnes (2.2.1 WEIBERG et al. 2016) sowie großräumigen Migrationsbewegungen (2.2.1 RASPOPOV et al. 2013); zur Wasserversorgung und der Verfügbarkeit von Holz während des Alexanderzuges vgl. LAMB (1995 [1.3]). Insgesamt aber ist festzuhalten, dass das Klima in der Forschung zum antiken Griechenland keine nennenswerte Rolle spielt (ein Überblick findet sich bei 2.3.2 MANNING 2013; kritisch gegenüber klimahistorischen Interpretationen: 2.2.1 DRAKE 2012).

2.2 Römische Geschichte

Die Römer selbst haben ihrer Vergangenheit „ab urbe condita" („seit Gründung der Stadt") eine narrative Struktur gegeben, die den Zugriff auf diese Epoche bis heute prägt: von der weitgehend mythischen Königszeit über die Republik und die zunehmende Expansion hin zum Prinzipat und dem allmählichen Untergang des *Imperium Romanum*. Freilich nahm auch die römische Geschichte keinen linearen Verlauf, doch sie lässt sich als Abfolge großer Ereigniszusammenhänge erzählen und ist daher in hohem Maße anschlussfähig für übergreifende Deutungsansätze wie die Klimageschichte. In den Jahrzehnten nach dem zweiten Weltkrieg verfügte die Paläoklimatologie erstmals über Proxydaten, die sich, zunächst rein zeitlich, mit der römischen Antike in Verbindung bringen ließen. Diese Chronologie verdichtete sich sukzessive zu einem Klimanarrativ, das die römische Geschichte in zwei historisch wirksame Epochen untergliedert: die „Römische Warmzeit" und die „Kleine Eiszeit der Spätantike" (zur Genese und Charakterisierung dieser Konzepte s. das Kapitel „Klimachronologie der Antike" [S. ff.]). Spekulationen über die Auswirkungen des Klimas auf das historische Geschehen hatte es seit der Aufklärung immer wieder gegeben, aber seit den 1970er stehen naturwissenschaftlich fundierte Schätzwerte zur Verfügung, die ein ungefähres Bild davon vermitteln, unter welchen klimatischen Bedingungen die Menschen der Antike tatsächlich gelebt haben. Auf dieser Grundlage erschienen in den folgenden Jahrzehnten wiederholt Arbeiten zu ganz unterschiedlichen Themen der römischen Klimageschichte (vgl. die entsprechenden Literaturangaben auf S. 54 f. sowie e. g. 2.2 KODER 1996, 1.3 STATHAKOPOULOS 2003, 2.2 HIRSCHFELD 2004 und 2.1.1 CHEYETTE 2008 zur Transformation des Römischen Reiches; 2.2 GUNN [Hg.] 2000

zur Konzeption der römischen Geschichte

römische Klimachronologie

klimahistorische Forschung vor 2010

zum Jahr 536 n. Chr.; 2.1.2 Brown et al. 2001 zum Weinbau auf den britischen Inseln; 1.1.2 Tainter/Crumley 2007 zur Verwendung des Römischen Reiches als historisches Vorbild; 2.2.2 Hermon [Hg.] 2009 zur Wasserversorgung). Eine systematische Rezeption des paläoklimatologischen Materials wird jedoch erst nach 2010 greifbar, als in kurzer Folge eine Vielzahl hochaufgelöster Klimaproxies publiziert wurde, die sehr viel kleinteiliger mit der römischen Geschichte in Verbindung gebracht werden können als die älteren Datensätze (e. g. 2.1.2 Ljungqvist 2010; 2.1.2 Büntgen et al. 2011; 2.1.2 Luterbacher et al. 2012; 2.1.2 Esper et al. 2012). Dies führte einerseits dazu, dass die römischen Klimaepochen weiter an Kontur gewannen (initial: 2.2.2 McCormick et al. 2012; 2.1.2 Büntgen et al. 2016), andererseits aber wuchs mit der Zahl der Regionalstudien (e. g. 2.2 Izdebski 2011; 2.2.2 Haldon et. al 2014; 2.1.2 Izdebski et al. 2016a) auch die Skepsis gegenüber diesen Leitnarrativen (e. g. 2.2 Helama/Jones/Briffa et al. 2017a/b; 2.3.2 Erdkamp 2019; 2.3.2 Sessa 2019).

jüngere Klimageschichte ab etwa 2010

Eine Arbeitsgruppe um den britischen Historiker Michael McCormick veröffentlichte 2012 (2.2.2) einen ersten Entwurf zu einer großangelegten Klimageschichte des Römischen Reiches, der einige Jahre später von Kyle Harper aufgegriffen und weiterentwickelt wurde (s. u.). McCormick et al. trugen die aus ihrer Sicht relevanten Proxydaten von 100 v. bis 800 n. Chr. zusammen – der zeitliche Zuschnitt orientiert sich an der Klimachronologie – und machten sie zur Grundlage ihrer historischen Analysen. Im Ergebnis steht eine ereignisgeschichtlich klassische Erzählung zur Entwicklung des Römisches Reiches, die sich jedoch beinahe vollständig auf den paläoklimatologischen Befund stützt. Diese Engführung manifestiert sich bereits in den Überschriften zu den einzelnen Kapiteln, die gleichermaßen das klimatische wie historische Geschehen charakterisieren: „Roman Optimum: stability from c. 100 B. C. to 200 A. D." (Aufstieg und ‚Blüte' des Römischen Reiches), „instability and initial recovery: 200 A. D. to 400 A. D." (erste Krisen gegen Ende des 2. Jhs. n. Chr. sowie eine zwischenzeitliche Erholung um 300), „instability returns: 400 A. D. to 600 A. D." (die eigentliche Phase des Niedergangs) sowie „from instability to recovery? 600 A. D. to 800 A. D." (die Neuformierung der ehemals römischen Welt und der Übergang zum Mittelalter). Der Ausdruck „Late Antique Little Ice Age" taucht hier noch nicht auf, da er erst von 2.1.2 Büntgen et al. 2016 (2.1.2) geprägt wurde (s. S. 104). Um ihre Argumentation historisch zu unterfüttern, veröffentlichte die Arbeitsgruppe – zu der auch Ulf Büntgen

Entwurf zu einer Klimageschichte des Römischen Reiches

narrative Struktur

historische Argumentation

und Kyle Harper gehörten – parallel eine Excel-Tabelle, in der zahlreiche Quellenverweise aufgelistet sind, die sich auf Umweltphänomene (wie etwa die Nilschwemme) beziehen lassen (2.2.2 McCormick et al. 2012~Appendix „Geodatabase"~). Kristina Sessa kritisiert jedoch zu Recht, dass sich diese Sammlung, so verdienstvoll sie auch sein mag, kaum als Beleg für die postulierten Zusammenhänge eignet (2.3.2 Sessa 2019); weder werden die Textstellen quellenkritisch eingeordnet noch definiert die Studie Kriterien, anhand derer die einzelnen Fundstellen auf ihren Quellenwert hin überprüft werden könnten. Vor allem aber setzen McCormick et al. (2012 [2.2.2]) voraus, dass alle erfassten Krisenszenarien (wie beispielsweise Hungersnöte) auf Klimaveränderungen zurückzuführen seien, obgleich eine solche Kausalität gerade zu belegen wäre. Letztlich stützt sich die Darstellung auf eine (neo-)deterministische Interpretation der paläoklimatologischen Daten und deren zeitliche Korrelation mit dem historischen Geschehen.

Kritik an diesem Entwurf

Im Jahr 2017 legte Kyle Harper mit „The Fate of Rome" (2.2.2) die bislang umfangreichste Darstellung zur römischen Klimageschichte vor. Das Buch erfuhr viel, auch öffentliche, Aufmerksamkeit, stieß in der Fachwelt jedoch auf ein geteiltes Echo. Es ist hier nicht der Ort für eine umfängliche Auseinandersetzung mit diesem vielschichtigen Text, eine grobe Skizze des Leitnarrativs und der wesentlichen Argumentationslinien mag genügen (zur Kritik an Harper vgl. die dreiteilige Rezension von 2.2.2 Haldon et al. 2018a/b/c sowie 2.3.2 Sessa 2019; 2.3.2 Erdkamp 2019, 2021b; eine positivere Sicht findet sich u. a. in der Besprechung von 2.2 Meier 2018 sowie bei 1.3 Walter 2021). Harper (2017 [2.2.2]) geht von drei Klimaepochen aus, die er, ähnlich wie McCormick et al. (2012 [2.2.2]), mit den Eckdaten der römischen Geschichte korreliert: Der Aufstieg Roms von einer kleinen italischen Siedlung zu einer überregionalen Großmacht sei durch stabile Klimaverhältnisse begünstigt worden, die ein für vormoderne Gesellschaften ungewöhnliches demographisches und ökonomisches Wachstum ermöglicht hätten („Roman Climate Optimum"; 200 v.–150 n. Chr.). Während der von Harper postulierten „Roman Transitional Period" (150–450 n. Chr.; zur Konzeption der *RTP* s. S. 99) – mit einem deutlich wechselhafteren Klima – sei diese Entwicklung durch verschiedene Krisen (wie die Antoninische Pest, die Instabilität des Kaisertums oder den Einfall der Hunnen) zunächst unterbrochen und, nach einer kurzen Atempause im 4. Jahrhundert, schließlich in ihr Gegenteil – die Desintegration des Weströmi-

Kyle Harpers „The Fate of Rome"

Inhalt und Struktur der Leiterzählung

schen Reiches – verkehrt worden. Auch die politischen, gesellschaftlichen und kulturellen Umwälzungen jener Zeit (e. g. Umgestaltung des Kaisertums, der Provinzorganisation, des Finanzwesens und des Heeres; Christianisierungsprozesse) werden mit diesem Szenario erklärt. In den folgenden Jahrhunderten („Late Antique Little Ice Age"; 450–700 n. Chr.) sei das ohnehin geschwächte Reich mit einer weiteren (dramatischen) Verschlechterung der klimatischen Verhältnisse und einer verheerenden Epidemie (der sog. Justinianischen Pest, als deren Auslöser das Bakterium *Yersinia Pestis* gilt; e. g. 2.1.2 HARBECK et al. 2013) konfrontiert gewesen, die nun auch den Osten massiv in seiner Existenz bedroht und so die endgültige Transformation der antiken Welt eingeleitet hätten.

zur römischen Expansion

HARPER begründet den Einfluss des Klimas auf den Aufstieg der Römer mit dem sog. Bevölkerungsgesetz („An Essay on the Principle of Population"; 1798 [2.2]) des britischen Ökonomen Thomas Robert MALTHUS (1766–1834), welches besagt, dass die maximale Populationsgröße einer Gesellschaft gleichsam naturgesetzlich an die – erst später so bezeichnete (vgl. 2.2 SAYRE 2008) – „carrying capacity" (Versorgungskapazität) der landwirtschaftlich nutzbaren Fläche gebunden sei und es bei Erreichen dieser Grenze zu Lebensmittelknappheit und Hungersnöten und so letztlich – durch höhere Sterbezahlen, sinkende Geburtenraten und die Ausbreitung von Seuchen – zu einer rekursiven Regulierung der Bevölkerungszahlen komme. Aus HARPERS Sicht hat das ausgeglichene Klima während des *RCO* die Kapazität der römischen Landwirtschaft fortwährend erhöht, so dass Rom, entgegen diesem Modell, permanent neue Ressourcen habe generieren können. Den Untergang des Römischen Reiches erklärt er hingegen, anders als etwa BROOKE (2014 [2.2]), nicht über eine „malthusian crisis" (vgl. dazu 2.2.2 HARPER 2015, 2016 sowie die Replik von 2.2 BROOKE 2016; eine ausführliche Diskussion zur Rezeption [auch neuerer] agrarökonomischer Theorien in der antiken Klimageschichte findet sich bei 2.3.2 ERDKAMP 2021), sondern mit einer dramatischen Verschlechterung des Klimas und den Folgen mehrerer aufeinanderfolgender Epidemien. Die katastrophalen hygienischen Bedingungen in römischen Städten, der zunehmende Handel mit weit entfernten Gebieten – insbesondere im Indischen Ozean, in Zentralasien und Ostafrika – und die kühleren Temperaturen hätten der Ausbreitung neuer Krankheiten den Weg geebnet, zumal ein erheblicher Teil der Bevölkerung durch Ernteausfälle und Landflucht zusätzlich von Mangelernährung betroffen gewesen

zum Untergang des Römischen Reiches

sei (zu der Frage, wie Harper dabei die Rolle von Ratten [als Erregerreservoir] und deren Vektoren [Flöhe etc.] einschätzt vgl. die Kritik von 2.2.2 Haldon et al. 2018b; grundlegend zu diesem Thema: 2.2 McCormick 2003). Letztlich also, so lässt sich Harpers Erzählung zusammenfassen, hätten die Römer von einer für Agrargesellschaften positiven Klimaentwicklung profitiert, bevor ihnen ihr eigener Erfolg zum Verhängnis geworden sei, als sich die naturräumlichen Bedingungen erneut veränderten. So innovativ diese Argumentation auch sein mag, steht sie doch auf tönernen Füßen (eine Übersicht zu anderen Erklärungsversuchen findet sich bei 2.2.2 Lomas 2018 und 2.2.2 Demandt 1984): Weder verfügt die Forschung über zuverlässige Zahlen zur Entwicklung der Populationsgröße oder der Wirtschaftskraft (vgl. dazu 2.3.2 Erdkamp 2019 und 2.3.2 Sessa 2019, jeweils mit weiterer Literatur) noch gelingt es Harper, seine Argumentation konkret in der historischen oder archäologischen Überlieferung zu verankern. Um die Methodologie der antiken Klimageschichte zu systematisieren, hat Johannes Preiser-Kapeller kürzlich vorgeschlagen, ein klimahistorisches Modell aus der Neuzeitforschung für die Alte Geschichte zu adaptieren, das „Extremwetter und Klimavariabilität" auf unterschiedlichen Ebenen und über „mögliche Reaktionen" – die sämtlich in Wechselwirkung stehen – mit der menschlichen Lebenswelt in Verbindung bringt (vgl. 2.2 Preisser-Kapeller 2021a): „biophysikalische Effekte" (e.g. neue Agrartechniken); „Wirtschaft, Gesundheit von Mensch und Tier" (e.g. Ausbau der Infrastruktur); „demographische und soziale Effekte" (e.g. Migration); „kulturelle Antworten" (e.g. Änderung der Regelsysteme). Auch dieser Ansatz löst die heuristische Distanz zwischen den paläoklimatologischen Daten und der historischen Überlieferung nicht vollständig auf, ermöglicht es jedoch, sowohl das Handeln der Zeitgenossen als auch die Resilienz und Vulnerabilität von Gesellschaften konzeptionell in klimahistorische Analysen miteinzubeziehen (vgl. 2.2 Preisser-Kapeller 2021a/b).

kritische Zusammenfassung

Modellbildung

Die Leitnarrative der römischen Klimageschichte – allen voran McCormick et al. (2012 [2.2.2]), Büntgen et al. (2016 [2.1.2]) und Harper (2017 [2.2.2]) – lassen wenig Raum für regionale Differenzierung und suggerieren eine Gleichförmigkeit des Klimageschehens und der historischen Entwicklung, die so nicht gegeben war (vgl. zu dieser Kritik 2.3.2 Erdkamp 2019; 2.3.2 Sessa 2019). Dies zeigen kleinräumige Studien zu ganz unterschiedlichen Gebieten, die jedoch zum Teil ebenfalls an der klassischen Klimachronologie ausgerichtet

methodologische Grundprobleme

kleinräumige Studien

sind (e. g. 2.2.2 Haldon et al. 2014 zum spätantiken Anatolien; 2.1.2 Izdebski et al. 2016a zum östlichen Mittelmeerraum in der Spätantike; 2.2.2 Ludlow/Manning 2016 zu Aufständen und Nilfluten im Ptolemäerreich; 2.2.2 Huebner 2020 zu Nordafrika in der Spätantike; 2.2 Preiser-Kapeller 2021a/b in mehreren Zeitschnitten zu verschiedenen Regionen im eurasischen Raum). Zudem blenden diese Erzählungen die Frage aus, warum andere historische Formationen (e. g. Seleukiden, Ptolemäer, Parther oder Karthager) nicht von der „Römischen Warmzeit" profitieren konnten (zur Entwicklung Galliens während des *RCO* vgl. 2.2.2 Clauzel et al. 2020) oder umgekehrt (wie die Merowinger, Langobarden, Hunnen oder Awaren) gerade während der „Kleinen Eiszeit der Spätantike" zu relevanten Akteuren aufgestiegen sind (allgemein zum Einfluss des Klimas auf Migrationsprozesse in römischer Zeit vgl. 2.2.2 Drake 2017; speziell zu den Hunnen vgl. 2.2.2 Hakenbeck/Büntgen 2022 sowie zu den Hunnen und Awaren 2.2.2 Cook 2013; kritisch gegenüber solchen Interpretationsansätzen: 2.2.2 Meier 2025). Insgesamt erfährt der Untergang des *Imperium Romanum* in der klimahistorischen Forschung sehr viel mehr Aufmerksamkeit als dessen Aufstieg, auch wenn es durchaus Arbeiten gibt, die sich explizit mit dem *RCO* befassen (e. g. 2.2.2 Bernard et al. 2023 zur römischen Expansion in Italien und der regionalen Heterogenität des Klimageschehens). Forschungsgeschichtlich ist die „Römische Warmzeit" das ältere Konzept, doch da klimatische Veränderungen in der rezenten Debatte hauptsächlich als Krisenszenarien konzeptualisiert werden, bleibt auch in der Geschichtswissenschaft wenig Raum für positive Klimanarrative.

andere historische Akteure

Fokus auf Untergangsszenario

3 Grenzen und Perspektiven der antiken Klimageschichte – ein vorläufiges Fazit

empirische Ebene

Welchen Beitrag kann eine klimahistorische Betrachtung (perspektivisch) zur Erforschung der griechisch-römischen Welt leisten und wo liegen (derzeit) ihre Grenzen? In empirischer Hinsicht fällt eine Antwort auf diese Frage nicht schwer. Die Paläoklimatologie verfügt über ein beständig wachsendes Reservoir immer feiner aufgelöster Klimadaten zu den meisten Regionen der antiken Welt. Dieses Material wird aufgrund der Beschaffenheit der verschiedenen Archive stets lückenhaft bleiben, deckt aber bereits heute einen relevanten Teil vor allem der römischen Geschichte ab (zum griechischen Siedlungsraum s. S. 97 f. und S. 111 ff.). Das Wissen über das antike Klima ist für Laien nicht immer einfach zu erschließen und so bedarf es – auch wegen der schieren Menge an Publikationen – künftig (mehr) historisch ausgerichteter Datenbanken, welche die vorhandenen Informationen sammeln, aufbereiten und auch für Nichtfachleute zugänglich machen (vgl. dazu die Projekte „HistClim" an der Universität Basel zu Nordafrika und „CCH" an der Universität Tübingen zur griechisch-römischen Antike). In Abschnitt 2.3.1 der Bibliographie findet sich darüber hinaus eine Zusammenstellung relevanter paläoklimatologischer Datenbanken, die zum Teil auch historische Aspekte berücksichtigen. Da Zahlen und Diagramme zur Entwicklung des Klimas keinen direkten Einblick in den Gang der Geschichte geben, können sie die antike Überlieferung und ‚traditionellere' historische Erklärungsmodelle nicht ersetzen und so ist die Verfügbarkeit kleinräumiger historischer und archäologischer Quellen, auf die sich die Klimasignale beziehen lassen, der dritte limitierende Faktor. Auch die altertumswissenschaftlichen Zeugnisse sollten künftig in qualifizierten Sammlungen aggregiert und in ihrem Quellenwert für die klimahistorische Forschung bestimmt werden: Was wussten die Menschen über ihre Umwelt? Wurden klimatische Veränderungen wahrgenommen und war dies, auch wenn es noch kein naturwissenschaftliches Klimakonzept gab, gegebenenfalls handlungsleitend? Finden sich in den antiken Quellen implizite Informationen über die naturräumlichen Bedingungen? Wie lassen sich literarische Topoi und tatsächliche Beobachtungen voneinander unterscheiden?

limitierende Faktoren

Bedarf an Datenbanken

Methodologisch betrachtet gestaltet sich die Situation weitaus komplexer. Es mangelt der Althistorie zwar nicht an Informationen über das antike Klima, wie aber – und mit welchem Erkenntnisgewinn – sie diese in ihre Analysen einbeziehen kann, ist weiterhin umstritten. Die jüngere Klimageschichte ist sich der Problematik deterministischer Interpretationen durchaus bewusst (e. g. 2.3.2 DE VRIES 1980; 1.3 MCCORMICK et al. 2011, 2012; 2.3.2 MANNING 2013; 2.2 MCCORMICK 2013; 2.2.2 HALDON et al. 2014; 2.3.2 IZDEBSKI et al. 2016b, 2022; 2.2.2 HARPER 2017; 2.3.2 HALDON et al. 2020; 2.3.2 DEGROOT et al. 2021; 2.2.2 PREISER-KAPELLER 2021a/b) und versucht daher, ihre Narrative und Argumente über die historische Lebenswelt zu entwickeln bzw. zu begründen (e. g. 2.3.2 IZDEBSKI 2011; 2.2.2 HARPER 2017; 2.2.2 PREISER-

methodologische Ebene

KAPELLER 2021a/b). Damit geht sie über einen reinen Determinismus, wie ihn Ellsworth HUNTINGTON zu Beginn des 20. Jahrhunderts vertreten hatte (vgl. 1.1.1 HUNTINGTON 1917), hinaus, kennzeichnend bleibt dennoch ein ausgeprägter Positivismus gegenüber naturwissenschaftlichen Daten, die – nicht nur in der Klimageschichte (vgl. 2.2 MEIER/PATZOLD 2021 sowie exemplarisch 2.2 SCHEIDEL [Hg.] 2018) – als Quellen historischer Erkenntnis betrachtet werden, ohne ihr heuristisches und epistemologisches Verhältnis zur Sphäre der menschlichen Vergangenheit und deren Hinterlassenschaften hinreichend zu problematisieren. Bislang jedenfalls mangelt es trotz aller Bemühungen noch immer an methodologisch tragfähigen Konzepten, die es ermöglichen, das paläoklimatologische Material konkret mit der antiken Überlieferung in Verbindung zu bringen. Ein (erster) Zusammenhang wird, wie bereits ausgeführt, meist über die zeitliche Nähe zwischen historischen und klimatischen Ereignissen hergestellt. In den Jahrzehnten nach dem zweiten Weltkrieg etablierte sich auf diese Weise eine Chronologie, die einzelnen Klimaphasen – oder besser: -epochen – spezifische Eigenschaften und eine historische Wirksamkeit zuschreibt. Dieser Gliederung kommt eine wesentliche heuristische und narrative Funktion zu, da sie die Erkenntnisse der Paläoklimatologie mit der menschlichen Lebenswelt verknüpft und so überhaupt erst Bezugspunkte für eine historische Interpretation der naturwissenschaftlichen Daten schafft. Zugleich blendet diese Periodisierung die Heterogenität, Unschärfe und teilweise Widersprüchlichkeit der Proxydaten aus und suggeriert eine Kausalität zwischen klimatischen Veränderungen und historischen Prozessen, die für jeden Einzelfall zunächst zu belegen wäre. Die althistorische Forschung ist auf Klimadaten angewiesen, die sie nicht selbst generieren und auch nur bedingt in ihrem Informationsgehalt beurteilen kann, wohingegen die Paläoklimatologie ihr historisches Rahmenwissen der geschichtswissenschaftlichen Literatur entnimmt, ohne die komplexen Diskurse dahinter angemessen zu berücksichtigen. Wird dieser erkenntnistheoretische Zusammenhang nicht hinreichend reflektiert, ist die Klimageschichte äußerst anfällig für zirkuläre Argumente und deterministische Narrative. Ein wesentlicher Kritikpunkt lautet denn auch, dass klimahistorische Studien aus einer zeitlichen Korrelation und problematischen Vorannahmen über eine – aus der Sicht des Menschen – positive bzw. negative Entwicklung des Klimas unkritisch und vorschnell Kausalbeziehungen ableiteten. Anhand der Schätzwerte zu einzelnen Klimaelementen lassen sich zwar Rückschlüsse darauf ziehen, wie sich die naturräumlichen Bedingungen (die Durchschnittstemperaturen, die Niederschlagsmengen, die Vegetation, die Bodenbeschaffenheit etc.) mittel- und langfristig entwickelt haben, sie sagen jedoch nichts darüber aus, wie die Menschen auf solche Veränderungen reagierten und welche konkreten Folgen sich daraus ergaben. Um diese Wirkmechanismen aufschlüsseln zu können, bedarf es einer multikausalen Betrachtung, die auch die kulturellen, politischen, sozialen und ökonomischen Umstände berücksichtigt sowie einer systematischen Debatte darüber, ab welcher Größenordnung klimatische Veränderungen überhaupt in einer historischen Analyse Berücksichtigung finden sollten und welche regionalen Unterschiede dabei auftreten (können). Möglich ist dies nur für kleinräumige Zusammenhänge, zu denen Daten und Quellen mit einer ähnlichen räumlichen und zeitlichen Skalierung verfügbar sind. Perspektivisch könnten sich daraus auch neue Impulse für eine differenzierte klimahistorische Rahmenerzählung zur griechisch-römischen Antike ergeben.

Differenz zwischen Daten und Quellen

künftige Forschungen

III Bibliographie

Die mit einem Asterisk (*) versehenen Einträge kennzeichnen Titel, die im vorausgegangenen Text zitiert wurden.

1 Klima und Geschichte – ein ungleiches Paar

1.1 Was ist Klima – und wie wird (heute) darüber gesprochen?

1.1.1 Historischer Überblick
(Forschungsgeschichte)

o. A., Climate Changes in Western America, in: Nature 117 (1926), 238–239
o. A., Climatic Changes in Western America, in: Monthly Weather Review 54,2 (1926), 62
R. G. Barry, Short Communication. A Brief History of the Terms Climate and Climatology, in: International Journal of Climatology 33 (2013), 1317–1320
P. J. Bowler, Science and the Environment: New Agendas for the History of Science?, in: M. Shortland (Hg.), Science and Nature. Essays in the History of Environmental Sciences, Oxford 1993, 1–22
C. E. P. Brooks, Climate through the Ages. A Study of the Climatic Factors and their Variations, London 1926/²1970*
C. E. P. Brooks, The Evolution of Climate, London 1922*
C. E. P. Brooks, The Evolution of Climate in North-West Europe, in: Quarterly Journal of the Royal Meteorological 47.199 (1921), 173–190
J. Burnet, Early Greek Philosophy, London ³1920
D. Cameron, Early Discoverers XXII: Goethe – Discoverer of the Ice Age, in: Journal of Glaciology 5 (1965), 751–754
D. R. Dicks, Early Greek Astronomy to Aristotle, Ithaca/New York 1970
J. B. Dubos, Réflexions critiques sur la poésie et la peinture, Paris 1719*
D. Dueck, Geography in Classical Antiquity, Cambridge 2012
H. Egede, Det gamle Grønlands nye Perlustration. Eller: En kort Beskrivelse om de gamle Nordske Coloniers Begyndelse og Undergang i Grønland, Grønlands Situation, Luft og Temperament, og dets itsige Indbyggeres Klædedragt, Handtæring, Spise, Sprog, Ægteskab, og andre deres saavel i Samqvem som i egne Huuse nu brugelige Sæder, Kopenhagen 1729
F. N. Egerton, Commentary, A History of the Ecological Sciences, Part 16: Robert Hooke and the Royal Society of London, in: Bulletin of the Ecological Society of America 86.2 (2005), 93–101
P. N. Edwards, History of Climate Modeling, in: WIREs Climate Change 2 (2011), 128–139
T. S. Feldmann, The Ancient Climate in the Eighteenth and Early Nineteenth Century, in: M. Shortland (Hg.), Science and Nature. Essays in the History of Environmental Sciences, Oxford 1993, 23–40

T. S. Feldmann, Late Enlightenment Meteorology, in: T. Frängsmyr/J. L. Heilbron/ R. E. Rider (Hgg.), The Quantifying Spirit in the 18th Century, Oxford 1990, 143–177

E. Gibbon, The History of the Decline and Fall of the Roman Empire (6 Bde.), London 1776–1788*

M. Hantel/H. Kraus/C.-D. Schönwiese, Climate Definition, in: G. Fischer (Hg.), Landolt-Börnstein. Numerical Data and Functional Relationships in Science and Technology, Volume 4 (Meteorology), Subvolume c (Climatology), Part 1, Berlin et al. 1987, 1–28

N. Heringman, Buffons *Époques de la Nature* (1778) und die Tiefenzeit im Anthropozän, in: Zeitschrift für Kulturwissenschaften 1 (2016), 73–86

G. Hestmark, Istidens Oppdager. Jens Esmark, pioneren i Norges fjellverden, Oslo 2017

M. Heymann, The Evolution of Climate Ideas and Knowledge, in: WIREs Climate Change 1 (2010), 581–597

M. Heymann, Klimakonstruktionen. Von der klassischen Klimatologie zur Klimaforschung, in: NTM International Journal of History & Ethics of Natural Sciences Technology & Medicine 17.2 (2009), 171–197

F. Holl, Alexander von Humboldt und der Klimawandel: Mythen und Fakten, in: HiN: Alexander von Humboldt im Netz, 19.37 (2018/2019), 37–56

E. Horn/P. Schnyder (Hgg.), Romantische Klimatologie, Bielefeld 2016

E. Huntington, Climatic Change and Agricultural Exhaustion as Elements in the Fall of Rome, in: The Quaterly Journal of Economics 31.2 (1917), 173–208*

E. Huntington, Civilization and Climate, New Haven 1915*

W. W. Hyde, The Alps in History, in: Proceedings of the American Philosophical Society 75.6 (1935), 431–442

T. Jung, Das Neue der Neuzeit ist ihre Zeit, in: Moderne. Kulturwissenschaftliches Jahrbuch 6 (2010/2011), 172–184

H. Kiesel, Das nationale Klima. Zur Entwicklung und Bedeutung eines ethnographischen Topos von der Renaissance bis zur Aufklärung, in: C. Wiedemann (Hrsg.), Rom-Paris-London. Erfahrung und Selbsterfahrung deutscher Schriftsteller und Künstler in den fremden Metropolen, Germanistische Symposien Berichtsbände, Stuttgart 1988, 124–134

H. L. Koppelmann, Klima und Sprache, in: Anthropos 29.1/2 (1934), 127–147

W. Köppen, Die Wärmezonen der Erde, nach der Dauer der heissen, gemässigten und kalten Zeit und nach der Wirkung der Wärme auf die organische Welt betrachtet, in: Meteorologische Zeitschrift 1 (1884), 215–226

A. Koschorke, Zur Epistemologie der Natur/Kultur-Grenze und zu ihren disziplinären Folgen, in: C. A. Leyton (Hg.), Identität und Unterschied: Zur Theorie von Kultur, Differenz und Transdifferenz, Bielefeld 2010, 169–183

T. Krüger, Die Entdeckung der Eiszeiten. Internationale Rezeption und Konsequenzen für das Verständnis der Klimageschichte, Basel 2008

U. Lehmkuhl, Die Historisierung der Natur. Zeit und Raum als Kategorien der Umweltgeschichte, in: B. Herrmann (Hg.), Umweltgeschichte, Göttingen 2007, 121–139

F. Locher/J.-B. Fressoz, Modernity's Frail Climate: A Climate History of Environmental Reflexivity, in: Critical Inquiry 38.3 (2012), 579–598

F. E. Matthes, Report of Committee on Glaciers, in: Eos 20 (1939), 518-523*
F. E. Matthes, Report of Committee on Glaciers, in: Eos 21 (1940), 396-406
F. Mauelshagen, Ein neues Klima im 18. Jahrhundert, in: Zeitschrift für Kulturwissenschaften 10.1 (2016), 39-58*
F. Mauelshagen, Redefining Historical Climatology in the Anthropocene, in: The Anthropocene Review 1.2 (2014), 171-204
F. Mauelshagen, „Anthropozän". Plädoyer für eine Klimageschichte des 19. und 20. Jahrhunderts, in: Zeithistorische Forschungen 9 (2012), 131-137
D. R. Oldroyd, Historicism and the Rise of Historical Geology, Part 1, in: History of Science 17.3 (1979), 191-211
D. R. Oldroyd, Historicism and the Rise of Historical Geology, Part 2, in: History of Science 17.4 (1979), 227-257
S. Pelloutier, Histoire des Celtes et particulièrement des Gaulois et des Germains, depuis Les Tems fabuleux jusqu'à la Prise de Rome par les Gaulois, 2 Bde., La Haye 1740-1750*
M. Sanderson, The Classification of Climates from Pythagoras to Koeppen, in: Bulletin of the American Meteorological Society 80.4 (1999), 669-673
R. Shackleton, The Evolution of Montesquieu's Theory of Climate, in: Revue Internationale de Philosophie 9.33/34 (1955), 317-329
D. Shcheglov, Hipparchus' Table of Climata and Ptolemy's Geography, in: Orbis terrarum 9 (2007), 159-192
D. Shcheglov, Ptolemy's System of Seven Climata and Eratosthenes' Geography, in: Geographia Antiqua 13 (2004), 21-37
E. Slutzky, The Summation of Random Causes as the Source of Cyclic Processes, in: Econometrica 5.2 (1937), 105-146
C. Somigliana, Umberto Monterin, in: Bollettino del Comitato Glaciologico Italiano 20 (1940), 14-25
N. Stehr/H. v. Storch (Hgg.), Eduard Brückner. Die Geschichte unseres Klimas: Klimaschwankungen und Klimafolgen, Wien 2008
K. S. Thomson, Hookes Fossilien und die Anti-Evolutionisten, in: Spektrum der Wissenschaft 4 (2006), 118-120
C. W. Thornthwaite, An Approach toward a Rational Classification of Climate, Geographical Review 38 (1948), 55-94*
R. DeC. Ward, The Literature of Climatology, in: Annals of the Association of American Geographers 21.1 (1931), 34-51
E. Weigl, Wald und Klima: Ein Mythos aus dem 19. Jahrhundert, in: HiN: Alexander von Humboldt im Netz, 5.9 (2004), 74-92

1.1.2 „Klima" heute

A. P. M. Baede (Hg.), Appendix I (Glossary), in: J. T. Houghton et al. (Hgg.), Climate Change 2001. The Scientific Basis. Contribution of Working Group I to the third assessment report of the Intergovernmental Panel on Climate Change, Cambridge 2001*
L. R. Bjørst, Grönländische Klimatheorien in einer klimatisch veränderten Welt, in: F. Sowa (Hg.), Continuities and Discontinuities in the Life of Greenlandic Inuit, Aalborg 2019, 339-351

B. Bolin, A History of the Science and Politics of Climate Change. The Role of the Intergovernmental Panel on Climate Change, New York 2007

L. Bornmann/W. Marx, The Anna Karenina Principle: A Way of Thinking About Success in Science, in: Journal of the Association for Information Science and Technology 63 (2012), 2037–2051

W. Burns/D. Dana/S. J. Nicholson, Climate Geoengineering: Science, Law and Governance, Cham 2021

J. G. Charney et al., Carbon Dioxide and Climate: A Scientific Assessment, Washington 1979*

J. Conrad, Klimawandel, Klimaforschung, Klimapolitik: Soziologische und epistemologische Perspektiven von Gesellschaft und Natur, Gesellschaft als Labor und der Natur der Gesellschaft, in: K.-S. Rehberg (Hg.), Die Natur der Gesellschaft. Verhandlungen des 33. Kongresses der Deutschen Gesellschaft für Soziologie in Kassel 2006, Frankfurt a. Main 2008, 3082–3086

P. J. Crutzen, Geology of Mankind, in: Nature 415.3 (2002), 23

P. J. Crutzen/E. F. Stoermer, The ‚Anthropocene‘, in: IGBP Global Change Newsletter 41 (2000), 17–18

D. Degroot et al., Towards a Rigorous Understanding of Societal Responses to Climate Change, in: Nature 591 (2021), 539–550

W. Endlicher/F.-W. Gerstengarbe (Hgg.), Der Klimawandel – Einblicke, Rückblicke und Ausblicke, Potsdam 2007

H. Fernow, Der Klimawandel im Zeitalter technischer Reproduzierbarkeit. Climate Engineering zwischen Risiko und Praxis, Heidelberg 2014

H. Fischer et al., Palaeoclimate Constraints on the Impact of 2 °C Anthropogenic Warming and Beyond, in: Nature Geoscience 11 (2018), 474–485

H. Flohn, Mensch und Klima, Das Weltklimaforschungsprogramm der Weltorganisation für Meteorologie (WMO), in: Vereinte Nationen 3 (1987), 89–93

H. Flohn, Climatology – Descriptive or Physical Science?, In: WMO Bulletin 19 (1970), 223–229

A. Folkers, Was ist das Anthropozän und was wird es gewesen sein? Ein kritischer Überblick über neue Literatur zum kontemporären Erdzeitalter, in: NTM Zeitschrift für Geschichte der Wissenschaft, Technik und Medizin 28 (2020), 589–604

B. Früchtenicht, Jenseits von CO_2. Eine naturphilosophische Betrachtung der Klimadebatte, München 2022

Y. Gu et al., An Approach for Treating the Uncertainties in the Impact of Climate Change, in: Environmental Pollution 83 (1994), 87–93

R. Haunschild/L. Bornmann/W. Marx, Climate Change Research in View of Bibliometrics, in: PLoS ONE 11.7 (2016), 1–19

E. Horn, Das Wetter von übermorgen. Kleine Imaginationsgeschichte der Klimakatastrophe, in: Merkur 12 (2012), 1091–1105

J. T. Houghton et al. (Hgg.), Climate Change 2001. The Scientific Basis, Cambridge 2001

J. T. Houghton/G. J. Jenkins/J. J. Ephraums (Hgg.), Climate Change, The IPCC Scientific Assessment, Cambridge 1990

M. Hulme, Climates Multiple: Three Baselines, Two Tolerances, One Normal, in: Academia Letters 2020, Art. 102*

M. Hulme: Why We Disagree about Climate Change. Understanding Controversy, Inaction and Opportunity, Cambridge 2009

M. Hulme/P. D. Jones, Global Climate Change in the Instrumental Period, in: Environmental Pollution 83 (1994), 23–36

S. Ineson et al., Regional Climate Impacts of a Possible Future Grand Solar Minimum, in: Nature Communications 6 (2015), Art. 7535

L. Kemp et al., Climate Endgame: Exploring Catastrophic Climate Change Scenarios, in: Proceedings of the National Academy of Sciences 119.34 (2022), 1–9

H. Kromp-Kolb et al. (Hgg.), Österreichischer Sachstandsbericht Klimawandel 2014, Wien 2014

W. A. Kurz/M. J. Apps, The Carbon Budget of Canadian Forests. A Sensitivity Analysis of Changes in Disturbance Regimes, Growth Rates, and Decomposition Rates, in: Environmental Pollution 83 (1994), 55–61

H. Le Treut et al., Historical Overview of Climate Change Science, in: S. Solomon et al. (Hgg.), Climate Change 2007. The Physical Science Basis, Cambridge 2007, 93–127

R. S. Lindzen, On the Scientific Basis for Global Warming Scenarios, in: Environmental Pollution 83 (1994), 125–134

W. Marx/L. Bornmann, The Emergence of Plate Tectonics and the Kuhnian Model of Paradigm Shift: A Bibliometric Case Study Based on the Anna Karenina Principle, in: Scientometrics 94 (2013), 595–614

W. Marx/R. Haunschild/L. Bornmann, Climate and the Decline and Fall of the Western Roman Empire: A Bibliometric View on an Interdisciplinary Approach to Answer a Most Classic Historical Question, in: Climate 6.4 (2018), Art. 90*

W. Marx/R. Haunschild/L. Bornmann, The Role of Climate in the Collapse of the Maya Civilization: A Bibliometric Analysis of the Scientific Discourse, in: Climate 5 (2017), Art. 88

F. Mauelshagen, Die Klimakatastrophe, Szenen und Szenarien, in: G. Schenk (Hg.), Katastrophen. Vom Untergang Pompejis bis zum Klimawandel, Stuttgart 2009, 205–223/256–257

F. Mauelshagen, Keine Geschichte ohne Menschen. Die Erneuerung der historischen Klimawirkungsforschung aus der Klimakatastrophe, in: A. Kirchhofer/C. Pfister (Hgg.), Nachhaltige Geschichte. Festschrift für Christian Pfister, Zürich 2009, 169–193

S. Mayer, Klimawandelfiktionen und gesellschaftlicher Klimadiskurs, in: Y. Ibrahim/S. Rödder (Hgg.), Schlüsselwerke der sozialwissenschaftlichen Klimaforschung, Bielefeld 2022, 367–372

M. Nies, Die ökologische Katastrophe – Natur als Politik. Positionen des ökologischen Krisendiskurses der 1970er/1980er Jahre und Bezüge zum Globalisierungsdenken, Flensburg 2020

W. D. Nordhaus, Economic Growth and Climate. The Carbon Dioxide Problem, in: The American Economic Review 67.1 (1977), 341–346

W. D. Nordhaus, Can We Control Carbon Dioxide? (From 1975), in: The American Economic Review 109.6 (2019), 2015–2035

E. Putterer, „Schöne Klimaprosa", „unnötig dramatische Rhetorik" und „Blablabla": Sprachthematisierende Äußerungen und metadiskursive Reflexionen im deutschen Klimawandeldiskurs, in: Linguistik Online 123.5 (2023), 49–70

S. Randalls, Optimal Climate Change. Economics and Climate Science Policy Histories (from Heuristic to Normative), in: Osiris 26.1 (2011), 224–242

S. Randalls, History of the 2 °C Climate Target, in: WIREs: Climate Change 1.4 (2010), 598–605

M. Schnegg, Die Sorge um das Klima von morgen, in: M. Bitzer et al. (Hgg.), Zeit und Sorge, Baden-Baden 2023, 229–250

J. E. Smerdon/H. N. Pollack, Reconstructing Earth's Surface Temperature over the Past 2000 Years. The Science Behind the Headlines, in: WIREs Climate Change 7.5 (2016), 746–771

N. Stehr/H. v. Storch, Klima, Wetter, Mensch, Opladen et al. 2010

N. Stehr/H. v. Storch, Von der Macht des Klimas. Ist der Klimadeterminismus nur noch Ideengeschichte oder relevanter Faktor gegenwärtiger Klimapolitik?, in: GAIA – Ecological Perspectives for Science and Society 9,3 (2000), 187–195

H. v. Storch, From Decoding Turbulence to Unveiling the Fingerprint of Climate Change. Klaus Hasselmann – Nobel Prize Winner in Physics, Cham 2022

H. v. Storch et al., Attitudes of Young Scholars in Qingdao and Hamburg about Climate Change and Climate Policy – The Role of Culture for the Explanation of Differences, in: Advances in Climate Change Research 10.3 (2019), 159–164

H. v. Storch, Regional Climate Knowledge for Society, in: M. Troegeler/S. Lingler (Hgg.), Remote Sensing and Regional Climate Change, Wien 2012, 13–18

J. R. Tainter/C. L. Crumley, Climate, Complexity, and Problem Solving in the Roman Empire, in: R. Costanza/L. J. Graumlich/W. Steffen (Hgg.), Sustainability or Collapse? An Integrated History and Future of People on Earth, Cambridge (MA) 2007, 61–76*

S. R. Weart, The Discovery of Global Warming, Cambridge 2008*

H. Welzer/H.-G. Soeffner/D. Giesecke (Hgg.), KlimaKulturen, Soziale Wirklichkeiten im Klimawandel, Frankfurt/New York 2010

R. M. White et al., The Great Climate Debate, in: Proceedings of the Annual Meeting (American Society of International Law) 84 (1990), 346–365

R. White, The World Climate Conference. Report by the Conference Chairman, in: WMO Bulletin 28.3 (1979), 177–178

WMO, Proceedings of the World Climate Conference. A Conference of Experts on Climate and Mankind, in: WMO 537 (1979)

G. Yohe, The Economics of Climate Change. An Editorial Essay, in: WIREs Climate Change 1.4 (2010), 483–485

J. Zalasiewicz et al., Scale and Diversity of the Physical Technosphere: A Geological Perspective, in: The Anthropocene Review 4.1 (2017), 9–22

W. Zillman, A History of Climate Activities, in: WMO Bulletin 58.3 (2009), 141–150

1.2 Naturwissenschaftliche Perspektive

F. Amato et al., A Novel Framework for Spatio-Temporal Prediction of Environmental Data Using Deep Learning, in: Scientific Reports 10 (2020), 22243

E.-G. Beck, 180 Years of Atmospheric CO_2 Gas Analysis by Chemical Methods, in: Energy & Environment 18.2 (2007), 259–282

H. E. Beck et al., Data Descriptor: Present and Future Köppen-Geiger Climate Classification Maps at 1-km Resolution, in: Scientific Data 5 (2018), Art. 180214

M. Begon/R. W. Howarth/C. R. Townsend (Hgg.), Ökologie, Berlin et al. ³2017

T. Behrens et al., The Relevant Range of Scales for Multi-Scale Contextual Spatial Modelling, in: Scientific Reports 9 (2019), Art. 14800

A. Berger, Milankovitch, the Father of Paleoclimate Modeling, in: Climate of the Past 17.4 (2021), 1727–1733

A. Berger (Hg.): Climatic Variations and Variability: Facts and Theories, Dordrecht 1981

N. L. Bindoff et al., Detection and Attribution of Climate Change. From Global to Regional, in: T. F. Stocker et al. (Hgg.), Climate Change 2013 – The Physical Science Basis. Working Group I Contribution to the Fifth Assessment Report of the Intergovernmental Panel on Climate Change, Cambridge 2013, 867–952

J. Blüthgen/W. Weischet, Allgemeine Klimageographie, Berlin et al. ³1980

P. Braconnot et al., Evaluation of Climate Models Using Palaeoclimatic Data, in: Nature Climate Change 2 (2012), 417–424

V. Brovkin et al., Past Abrupt Changes, Tipping Points and Cascading Impacts in the Earth System, in: Nature Geoscience 14 (2021), 550–558

R. A. Bryson, A Perspective on Climatic Change, in: Science 184.4138 (1974), 753–760

M. Caian et al., An Interannual Link between Arctic Sea-Ice Cover and the North Atlantic Oscillation, in: Climate Dynamics 50 (2018), 423–441

A. Cane et al., Progress in Paleoclimate Modeling, in: Journal of Climate – Special Section 19 (2006), 5031–5057

T. R. Carter, Assessing Impacts of Climate Change: An Editorial Essay, in: WIREs Climate Change 1 (2010), 479–482

B. Fagan, The Great Warming: Climate Change and the Rise and Fall of Civilizations, New York 2008

G. Flato et al., Evaluation of Climate Models, in: T. F. Stocker et al. (Hgg.), Climate Change 2013: The Physical Science Basis, Cambridge 2013

J. C. Hargreaves/J. D. Annan, Can We Trust Climate Models?, in: WIREs Climate Change 5 (2014), 435–440

K. Hasselmann, Multi-Pattern Fingerprint Method for Detection and Attribution of Climate Change, in: Climate Dynamics 13 (1997), 601–611

K. Hasselmann et al., Detection of Anthropogenic Climate Change Using a Fingerprint Method, in: P. Ditlevsen (Hg.), Modern Dynamical Meteorology: Proceedings from a Symposium in Honor of Prof. Aksel Wiin-Nielsen, Kopenhagen 1995, 203–221

K. Hasselmann, Optimal Fingerprints for the Detection of Time-Dependent Climate Change, in: Journal of Climate 6 (1993), 1957–1971

K. Hasselmannn, Stochastic Climate Models, in: Tellus 28 (1976), 473–485

G. C. Hegerl et al., Detecting Greenhouse-Gas-Induced Climate Change with an Optimal Fingerprint Method, in: Journal of Climate 9 (1996), 2281–2306

B. Hennemuth et al., Statistische Verfahren zur Auswertung von Klimadaten aus Modell und Beobachtung, eingesetzt in Projekten und Institutionen, die sich mit Klimafolgen und Anpassung befassen, Hamburg 2013

D. Jacob, Regionalisierte Szenarien des Klimawandels, in: Raumforschung und Raumordnung 67.2 (2009), 89–96

G. C. Jacoby Jr./R. D'Arrigo, Reconstructed Northern Hemisphere Annual Temperature since 1671 Based on High-Latitude Tree-Ring Data from North America, in: Climatic Change 14 (1989), 39–59

L. J. Lane/M. H. Nichols/H. B. Osborn, Time Series Analyses of Global Change Data, in: Environment Pollution 83 (1994), 63–68

J. Laskar et al., La2010: A New Orbital Solution for the Long-Term Motion of the Earth, Astronomy & Astrophysics 532 (2011), 1–15

T. M. Lenton, Climate Tipping Points – Too Risky to Bet Against, in: Nature 575 (2019), 592–595

T. M. Lenton et al., Tipping Elements in the Earth's Climate System, in: PNAS 205.6 (2008), 1786–1793

L. Li et al., Regional Atmospheric, Marine Processes and Climate Modelling, in: P. Lionello/P. Malanotte-Rizzoli/R. Boscolo (Hgg.), Developments in Earth and Environmental Sciences 4, Amsterdam 2006, 373–397

M. B. McElroy, Climate of the Earth: An Overview, in: Environmental Pollution 83 (1994), 3–21

J. M. Mitchell, An Overview of Climatic Variability and its Causal Mechanisms, in: Quaternary Research 6 (1976), 481–493

D. Möller, Das chemische Klima, in: Sitzungsberichte der Leibniz-Sozietät 86 (2006), 37–51

E. L. Mueller/J. R. Kramer, Computer Simulations of Terrestrial Carbon and Atmospheric Interactions, in: Environmental Pollution 83 (1994), 113–120

N. Oreskes/D. A. Stainforth/L. A. Smith, Adaptation to Global Warming. Do Climate Models Tell Us What We Need To Know?, in: Philosophy of Science 77.5 (2010), 1012–1028

F. E. L. Otto, Attribution of Weather and Climate Events, in: Annual Review of Environment and Resources 42 (2017), 627–646

M. Rietkerk et al., Evasion of Tipping in Complex Systems through Spatial Pattern Formation, in: Science 374 (2021), Art. eabj0359

D. Rind, The Consequences of not Knowing Low- and High-Latitude Climate Sensitivity, in: Bulletin of the American Meteorological Society, 89.6 (2008), 855–864

M. Rummukainen, State-of-the-Art with Regional Climate Models, in: WIREs 1.1 (2010), 82–96

C.-D. Schönwiese, Klimatologie, Stuttgart ^{5}2020*

C.-D. Schönwiese, Praktische Statistik für Meteorologen und Geowissenschaftler, Stuttgart ^{5}2013*

C.-D. Schönwiese, Analysis and Prediction of Global Climate Temperature Change Based on Multiforced Observational Statistics, in: Environmental Pollution 83 (1994), 149–154

T. Stocker, Einführung in die Klimamodellierung, Bern 2008

H. v. Storch, Brief Communication: Climate Science as a Social Process – History, Climatic Determinism, Mertonian Norms and Post-Normality, in: Nonlinear Processes in Geophysics 30 (2023), 31–36

H. v. Storch, Inconsistencies at the Interface of Climate Impact Studies and Global Climate Research, in: Meteorologische Zeitschrift 4 (1995), 72–80

WMO, WMO Guidelines on the Calculation of Climate Normals, in: WMO 1203 (2017)

1.3 (Alt-)historische Perspektive

A. B. Appleby, Epidemics and Famine in the Little Ice Age, in: The Journal of Interdisciplinary History 10.4 (1980), 643–663

W. Behringer, Kulturgeschichte des Klimas. Von der Eiszeit bis zur globalen Erwärmung, München ⁵2010

R. S. Bradley/P. D. Jones, When Was the „Little Ice Age"?, in: T. Mikami (Hg.), Proceedings of the International Symposium on the Little Ice Age Climate, Tokyo 1992, 1–4

R. Brázdil, Historical Climatology and its Contribution to Climate Reconstruction in Europe, in: A. Kirchhofer et al. (Hgg.), Nachhaltige Geschichte, Zürich 2009, 65–91

R. Brázdil et al., Historical Climatology in Europe – the State of the Art, in: Climate Change 70 (2005), 363–430

S. Brönnimann/D. Krämer, Tambora und das „Jahr ohne Sommer" 1816. Klima, Mensch und Gesellschaft, Bern 2016

N. Brown, History and Climate Change, A Eurocentric Perspective, London/New York 2001

N. Brown, Climate Change and Human History, Some Indications from Europe, 400–1400, in: Environmental Pollution 83 (1994), 37–43

R. A. Bryson/C. Padoch, On the Climates of History, in: The Journal of Interdisciplinary History 10.4 (1980), 583–597*

A. Burke et al., The Archaeology of Climate Change: The Case for Cultural Diversity, in: Proceedings of the National Academy of Sciences 118 (2021), 1–10

C. Camenisch et al., Climate Reconstruction and Impacts from the Archives of Societies, in: Past Global Changes 28 (2020), 34–67

C. Camenisch et al., The 1430s: A Cold Period of Extraordinary Internal Climate Variability during the Early Spörer Minimum with Social and Economic Impacts in North-Western and Central Europe, in: Climate of the Past 12 (2016), 2107–2126

M. Carey, Climate and History: A Critical Review of Historical Climatology and Climate Change Historiography, in: WIREs Climate Change 3 (2012), 233–249

D. Chakrabarty, The Human Sciences and Climate Change: A Crisis of Anthropocentrism, in: Science and Culture 86 (2020), 46–48

D. Chakrabarty, The Planet: An Emergent Humanist Category, in: Critical Inquiry 46 (2019), 1–31

D. Chakrabarty, Anthropocene Time, in: History and Theory 57.1 (2018), 5–32

D. Chakrabarty, Verändert der Klimawandel die Geschichtsschreibung, in: Transit. Europäische Revue 41 (2011), 143–163

D. Chakrabarty, The Climate of History: Four Theses, in: Critical Inquiry 35 (2009), 197–222

D. Collet, Die doppelte Katastrophe. Klima und Kultur in der europäischen Hungerkrise 1770–1772, Göttingen 2019

D. Collet/T. Lassen/A. Schanbacher (Hgg.), Handeln in Hungerkrisen, Neue Perspektiven auf soziale und klimatische Vulnerabilität, Göttingen 2012

F. Daim, Zur Relevanz der Umweltarchäologie für den gegenwärtigen gesellschaftlichen Diskurs, in: F. Daim/D. Groneborn/R. Schreg (Hgg.), Strategien zum Überleben. Umweltkrisen und ihre Bewältigung, Mainz 2011, 3–13

W. Dansgaard et al., Climatic Changes, Norsemen and Modern Man, in: Nature 255 (1975), 24–28

S. K. Eddy, Climate in Greco-Roman History, in: Syracuse Scholar 1 (1979), 19–30*

R. Emmett/ T. Lekan, Whose Anthropocene? Revisiting Dipesh Chakrabarty's „Four Theses", in: RCC Perspectives: Transformations in Environment and Society 2 (2016)

P. Erdkamp, A Historian's Introduction to Paleoclimatology, in: ders./J. G. Manning/ K. Verboven (Hgg.), Climate Change and Ancient Societies in Europe and the Near East. Diversity in Collapse and Resilience, Cham 2021, 1–24

D. H. Fischer, Climate and History. Priorities for Research, in: The Journal of Interdisciplinary History 10.4 (1980), 821–830

J. R. Fleming, Climate, History, Society, Culture: An Editorial Essay, in: WIREs Climate Change 1 (2010), 475–478

J. R. Fleming, Historical Perspectives on Climate Change, Oxford 1998

R. D. Gerste, Wie das Wetter Geschichte macht. Katastrophen und Klimawandel von der Antike bis heute, Stuttgart 2015*

R. Gradmann, Das Problem der Klimaänderung in geschichtlicher Zeit, in: Geographische Zeitschrift 21.10 (1915), 586–591

J. Haldon et al., History Meets Palaeoscience: Consilience and Collaboration in Studying Societal Responses to Environmental Change, in: Proceedings of the National Academy of Science 115 (2018), 3210–3218

D. Herlihy, Climate and Documentary Sources. A Comment, in: The Journal of Interdisciplinary History 10.4 (1980), 713–717

M. J. Ingram/D. J. Underhill/ T. M. L. Wigley, Historical Climatology, in: Nature 276 (1978), 329–334*

P. D. Jones, Historical Climatology – a State of the Art Review, in: Weather 63.7 (2008), 181–186

C. Kearns, Mediterranean Archaeology and Environmental Histories in the Spotlight of the Anthropocene, in: History Compass 15 (2017), Art. e12371

M. Kelly/C. Ó Gráda, Change Points and Temporal Dependence in Reconstructions of Annual Temperature: Did Europe Experience a Little Ice Age?, in: The Annals of Applied Statistics 8.3 (2014), 1372–1394

M. Kelly/C. Ó Gráda, Debating the Little Ice Age, in: The Journal of Interdisciplinary History 45.1 (2014), 57–68

M. Kelly/C. Ó Gráda, The Warning of the Little Ice Age: Climate Change in Early Modern Europe, in: The Journal of Interdisciplinary History 44.2 (2013), 301–325

A. M. J. de Kraker, Historical Climatology, 1950–2006. An Overview of a Developing Science with a Focus on the Low Countries, in: Belgeo (Revue belge de géographie) 3 (2006), 307–338

P. I. Kuniholm, Archaeological Evidence and Non-Evidence for Climatic Change, in: Philosophical Transactions of the Royal Society of London. Series A, Mathematical and Physical Sciences 330.1625 (1990), 645–655

H. H. Lamb, Climate, History and the Modern World, London ²1995*

H. H. Lamb, Weather, Climate & Human Affairs, London/New York 1988

H. H. Lamb, Climate, History and the Modern World, London 1982*

H. H. Lamb, Climate: Present, Past and Future, Volume 2: Climatic History and the Future, New York 1977 *

H. H. Lamb, Climate: Present, Past and Future, Volume 1: Fundamentals and Climate Now, New York 1972

H. H. Lamb, The Changing Climate, London 1966

H. H. Lamb, The Early Medieval Warm Epoch And its Sequel, in: Palaeogeography, Palaeoclimatology, Palaeoecology 1 (1965), 13–37

H. H. Lamb/M. J. Ingram, Climate and History, in: Past & Present 88.1 (1980), 136–141

H. E. Landsberg, Past Climates from Unexploited Written Sources, in: The Journal of Interdisciplinary History 10.4 (1980), 631–642

E. Le Roy Ladurie/M. Baulant, Grape Harvests from the Fifteenth through Nineteenth Centuries, in: The Journal of Interdisciplinary History 10.4 (1980), 839–849

E. Le Roy. Ladurie, Motionless History, in: Social Science History 1.2 (1977), 115–136

E. Le Roy Ladurie, Histoire du climat depuis l'an mil, Paris 1967*

E. Le Roy Ladurie, Aspects historiques de la nouvelle climatologie, in: Revue Historique 225.1 (1961), 1–20

E. Le Roy Ladurie, Histoire et Climat, in: Annales. Économies, Sociétés, Civilisations 14.1 (1959), 3–34*

L. Leggewie/F. Manuelshagen (Hgg.), Climate Change and Cultural Transition in Europe, Leiden/Boston 2018

G. Little, Connecting Environmental Humanities: Developing Interdisciplinary Collaborative Method, in: Humanities 6.4 (2017), 1–22

F. C. Ljungqvist/A. Seim/H. Huhtamaa, Climate and Society in European History, in: WIREs Climate Change 12.2 (2020), 1–28

J. Mathieu, Klimawandel und Wirtschaftsgeschichte der Vormoderne, Zur Methodendiskussion, in: T. David/T. Straumann/S. Teuscher (Hgg.), Neue Beiträge zur Wirtschaftsgeschichte, Zürich 2015, 21–33

J. A. Matthews/K. R. Briffa, The ‚Little Ice Age'. Re-Evalution of an Evolving Concept, in: Geografiska Annaler. Series A, Physical Geography 87.1 (2005), 17–36

F. Mauelshagen, Geschichte des Klimas. Von der Steinzeit bis zur Gegenwart, München 2023

F. Mauelshagen, Klimageschichte der Neuzeit. 1500–1900, Darmstadt 2010 (= Mauelshagen 2010)*

F. Mauelshagen/C. Pfister, Vom Klima zur Gesellschaft. Klimageschichte im 21. Jahrhundert, in: H. Welzer/H.-G. Soeffner/D. Giesecke (Hgg.), KlimaKulturen. Soziale Wirklichkeiten im Klimawandel, Frankfurt am Main 2010, 241–269

McCormick, History's Changing Climate: Climate Science, Genomics and the Emerging Consilient Approach to Interdisciplinary History, in: The Journal of Interdisciplinary History 42 (2011), 252–273* (= McCormick 2011)

McCormick et al., 2500 Years of European Climate Variability and Human Susceptibility, in: Science 331 (2011), 578–582

N. Mehler, Anpassung und Krisenbewusstsein als Überlebensstrategien: Das Beispiel Island im Mittelalter und in der Neuzeit, in: F. Daim/D. Gronenborn/R.

Schreg (Hgg.), Strategien zum Überleben, Umweltkrisen und ihre Bewältigung, Mainz 2011, 255–264
J. Namias, Severe Drought and Recent History, in: The Journal of Interdisciplinary History 10.4 (1980), 697–712
A. Nesje/S. O. Dahl, The ‚Little Ice Age'. Only Temperature?, in: The Holocene 13 (2003), 139–145
S. U. Nussbaumer/H. J. Zumbühl, The Little Ice Age History of the Glacier de Bossons (Mont Blanc Massif, France). A New High-Resolution Glacier Length Curve Based on Historical Documents, in: Climate Change 111 (2012), 301–334
R. Peterson/ L. Rix, Klimasvingninger og grønlændernes forhistorie, in: Grønland 30.3 (1982), 82–100
C. Pfister, Klimawandel in der Geschichte Europas. Zur Entwicklung und zum Potenzial der Historischen Klimatologie, in: Österreichische Zeitschrift für Geschichtswissenschaften 12.2 (2001), 7–43
C. Pfister, The Little Ice Age. Thermal and Wetness Indices for Central Europe, in: The Journal of Interdisciplinary History 10.4 (1980), 665–696
J. D. Post, The Impact of Climate on Political, Social, and Economic Change. A Comment, in: The Journal of Interdisciplinary History 10.4 (1980), 719–723
T. K. Rabb, The Historian and the Climatologist, in: The Journal of Interdisciplinary History 10.4 (1980), 831–837
S. Rebenich, Brachte der Okmok Rom zur Strecke?, in: FAZ 160 (2020), 11
E. J. Reitz/M. Shackley, Environmental Archaeology, Berlin et al. 2012
D. B. Rose et al., Thinking through the Environment, Unsettling the Humanities, in: Environmental Humanities 1 (2012), 1–5
R. I. Rotberg/T. K. Rabb (Hgg.), Climate and History. Studies in Interdisciplinary History, Princeton 1981*
R. I. Rotberg/T. K. Rabb (Hgg.), History and Climate. Interdisciplinary Explorations, in: The Journal of Interdisciplinary History 10.4 (1980)*
G. J. Schenk, Aus der Geschichte lernen? Chancen, Probleme und Grenzen des Lernens aus der Geschichte von ‚Natur'-Katastrophen, in: M. Mersch (Hg.), Mensch – Natur – Wechselwirkungen in der Vormoderne. Beiträge zur mittelalterlichen und frühneuzeitlichen Umweltgeschichte, Göttingen 2016
I. Selsvold/L. Webb, The Romans and the Anthropocene: Posthuman Provocations, in: dies. (Hgg.), Beyond the Romans: Posthuman Perspectives in Roman Archaeology 3, Oxford 2020, 109–110
S. Sörlin, Historicizing Climate Change. Engaging New Approaches to Climate and History, Climate Change 151 (2018), 1–13
D. C. Stathakopoulos, Reconstructing the Climate of the Byzantine Empire. State of the Problem and Case Studies, in: J. Laszlovszky/P. Szábo (Hgg.), People and Nature in Historical Perspective, Budapest 2003, 247–261*
U. Walter, Klima macht Geschichte? Das Beispiel des antiken Mittelmeerraums, in: Geschichte für heute 14.1 (2021), 23–40*
S. White/C. Pfister/F. Mauelshagen (Hgg.): The Palgrave Handbook of Climate History, London 2018
S. White, The Real Little Ice Age, in: The Journal of Interdisciplinary History 44.3 (2014), 327–352

T. M. L. Wigley/M. J. Ingram/G. Farmer (Hgg.), Climate and History. Studies in Past Climates and their Impact on Man, Cambridge 1981*

2 Das Klima und die Geschichte der griechisch-römischen Antike

2.1 Das antike Klima

2.1.1 Woher kommt das Wissen über das antike Klima?
(Grundlagen und Archive der Paläoklimatologie)

S. Affolter et al., Central Europe Temperature Constrained by Speleothem Fluid Inclusion Water Isotopes over the Past 14.000 Years, in: Science Advances 5 (2019), Art. eaav380*

K. J. Anchukaitis et al., Last Millennium Northern Hemisphere Summer Temperatures from Tree Rings: Part II, Spatially Resolved Reconstructions, in: Quaternary Science Reviews 163 (2017), 1–22

F. Arthur et al., Simulations of the Holocene Climate in Europe Using an Interactive Downscaling within the iLOVECLIM Model (version 1.1), in: Climate of the Past 19 (2023), 87–106

Y. Axford/A. de Vernal/E. C. Osterberg, Past Warmth and its Impacts during the Holocene Thermal Maximum in Greenland, in: Annul Review of Earth and Planetary Sciences 49 (2021), 279–307

I. S. S. Aukan, Sea Ice Response to the 536/540 CE Double Volcanic Eruption Event, University of Oslo 2020 (Masterarbeit)

T. G. Askjær et al., Multi-Centennial Holocene Climate Variability in Proxy Records and Transient Model Simulations, in: Quaternary Science Reviews 296 (2022), Art. 107801

J. Bader et al., Global Temperature Modes Shed Light on the Holocene Temperature Conundrum, in: Nature Communications 11 (2020), Art. 4726*

A. Baker et al., A Composite Annual-Resolution Stalagmite Record of North Atlantic Climate over the Last Three Millennia, in: Scientific Reports 5 (2015), Art. 10307

D. G. Baker, Botanical and Chemical Evidence of Climatic Change. A Comment, in: The Journal of Interdisciplinary History 10.4 (1980), 813–819

J. T. Baker/L. H. Allen Jr., Assessment of the Impact of Rising Carbon Dioxide and Other Potential Climate Changes on Vegetation, in: Environmental Pollution 83 (1994), 223–235

M. Bar-Matthews et al., The Eastern Mediterranean Paleoclimate as a Reflection of Regional Events: Soreq Cave (Israel), in: Earth and Planetary Science Letters 166 (1999), 85–95

R. W. Battarbee/H. B. Binney (Hgg.), Natural Climate Variability and Global Warming: A Holocene Perspective, Chichester (2008)

B. Bell, Analysis of Viticultural Data by Cumulative Deviations, in: The Journal of Interdisciplinary History 10.4 (1980), 851–858

J.-F. Berger et al., A Fluvial Record of the Mid-Holocene Rapid Climatic Changes in the Middle Rhone Valley (Espeluche-Lalo, France) and of their Impact on Late Mesolithic and Early Neolithic Societies, in: Quaternary Science Reviews 136 (2016), 66–84

J. L. Bernal-Wormull et al., New Insights into the Climate of Northern Iberia during the Younger Dryas and Holocene: The Mendukilo Multi-Speleothem Record, in: Quaternary Science Reviews 305 (2023), Art. 108006*

R. Bindler, Comment on „Next-Generation Ice Core Technology Reveals True Minimum Natural Levels of Lead (Pb) in the Atmosphere: Insights from the Black Death" by More et al., in: GeoHealth 2.5 (2018), 155–161*

H. J. B. Birks/H. Seppä, Late-Quaternary Palaeoclimatic Research in Fennoscandia. A historical review, in: Boreas 39 (2010), 655–673*

H. J. B. Birks, Holocene Climate Research – Progress, Paradigms, and Problems, in: R. W. Battarbee/H. A. Binney (Hgg.), Natural Climate Variability and Global Warming: A Holocene Perspective, Chichester/Hoboken 2008, 7–57

P. Bohleber et al., Temperature and Mineral Dust Variability Recorded in Two Low-Accumulation Alpine Ice Cores Over the Last Millennium, in: Climate of the Past 14 (2018), 21–37

A. Boschetti-Maradi/R. Kontic, Möglichkeiten und Schwierigkeiten dendrochronologischer Untersuchungen in Mittelalterarchäologie und Bauforschung, in: Mitteilungen der DGAMN: Holzbau in Mittelalter und Neuzeit 24 (2012), 49–60

R. S. Bradley, Paleoclimatology. Reconstructing Climates of the Quaternary, Oxford et al. ^{3}2015*

R. S. Bradley, Paleoclimatology. Reconstructing Climates of the Quaternary, Oxford et al. ^{2}1999*

R. S. Bradley, Paleoclimatology, Reconstructing Climates of the Quaternary, Oxford et al. 1985

A. Bräuning et al., Tree-Ring Features. Indicators of Extreme Event Impacts, in: IAWA Journal 37.2 (2016), 206–231*

N. Brehm et al., Eleven-Year Solar Cycles over the Last Millennium Revealed by Radiocarbon in Tree Rings, in: Nature Geoscience 14 (2021), 10–15

K. Brehme, Jahrringchronologische und -klimatologische Untersuchungen an Hochgebirgslärchen des Berchtesgadener Landes, in: Zeitschrift für Weltforstwirtschaft 14.3 (1951), 65–80

E. J. Brook/C. Buizert, Antarctic and Global Climate History Viewed from Ice Cores, in: Nature 558 (2018), 200–208

R. A. Bryson, Civilization and Rapid Climatic Change, in: Environmental Conservation 15.1 (1988), 7–15*

C. Buizert et al., Greenland-Wide Seasonal Temperatures during the Last Deglaciation, in: Geophysical Research Letters 45 (2018), 1905–1914

U. Büntgen et al., Global Wood Anatomical Perspective on the Onset of the Late Antique Little Ice Age (LALIA) in the Mid-6th century CE, in: Science Bulletin 67 (2022), 2336–2344*

U. Büntgen et al., Recent European Drought Extremes beyond Common Era Background Variability, in: Nature Geoscience 14 (2021), 190–196

U. Büntgen et al., The Influence of Decision-Making in Tree Ring-Based Climate Reconstructions, in: Nature Communications 12 (2021), Art. 3411

U. Büntgen et al., Prominent Role of Volcanism in Common Era Climate Variability and Human History, in: Dendrochronologia 64 (2020), 1–11*

U. Büntgen/J. Esper/D. Frank, Wie reagieren Bäume auf Klimaveränderungen? – Ergebnisse dendroklimatologischer Untersuchungen, in: Jahrbuch der Baumpflege (2008), 26–39

O. Cartapanis et al., Complex Spatio-Temporal Structure of the Holocene Thermal Maximum, in: Nature Communications 13 (2022), Art. 5662

F. M. Chambers, Lemma: Natural Archives, in: J. A. Matthews (Hg.), Encyclopedia of Environmental Change, Los Angeles (CA) 2014

F. M. Chambers et al., Development and Refinement of Proxy-Climate Indicators from Peats, in: Quaternary International 268 (2012), 21–33

F. M. Chambers/D. J. Charman, Holocene Environmental Change: Contributions from the Peatland Archive, in: The Holocene 14.1 (2004), 1–6

J. E. Chappell, Climatic Pulsations in Inner Asia and Correlations between Sunspots and Weather, in: Palaeogeography, Palaeoclimatology, Palaeoecology, 10 (1971), 177–197

A. M. Cortizas, 9000 Years of Changes in Peat Organic Matter Composition in Store Mosse (Sweden) Traced Using FTIR-ATR, BOREAS 50.4 (2021), 1161–1178

T. M. Cronin: Paleoclimates. Understanding Climate Change Past and Present, New York 2010

T. J. Daley, The 8200 yr BP Cold Event in Stable Isotope Records from the North Atlantic Region, in: Global and Planetary Change 79.3–4 (2011), 288–302

A. Dallmeyer et al., Holocene Vegetation Transitions and their Climatic Drivers in MPI-ESM 1.2, in: Climate of the Past 17.6 (2021), 2481–2513

W. Dansgaard et al., Evidence for General Instability of Past Climate from a 250-Kyr Ice-Core Record, in: Nature 364 (1993), 218–220

W. Dansgaard et al., One Thousand Centuries of Climatic Record from Camp Century on the Greenland Ice Sheet, in: Science 166 (1969), 377–381

R. D. D'Arrigo, Northern Hemisphere Temperature Variability for the Past Three Centuries: Tree-Ring and Model Estimates, in: Climatic Change 42 (1999), 663–675

R. D. D'Arrigo/G. C. Jacoby, Secular Trends in High Northern Latitude Temperature Reconstructions Based on Tree Rings, in: Climatic Change 25 (1993), 163–177

O. K. Davis/J. Jirikowic/R. M. Kalin, Radiocarbon Record of Solar Variability and Holocene Climatic Change in Coastal Southern California, in: K. T. Redmond (Hg.), Eighth Annual Pacific Climate (PACLIM) Workshop, Sacramento (CA) 1992, 19–33*

A. de Vernal et al., Natural Variability of the Arctic Ocean Sea Ice during the Present Interglacial, in: PNAS 117.42 (2020), 26069–26075*

J. R. Dean et al., Eastern Mediterranean Hydroclimate over the Late Glacial and Holocene, Reconstructed from the Sediments of Nar Lake (central Turkey), Using Stable Isotopes and Carbonate Mineralogy, in: Quaternary Science Reviews 124 (2015), 162–174

M. Deininger et al., Inter-Hemispheric Synchroneity of Holocene Precipitation Anomalies Controlled by Earth's Latitudinal Insolation Gradients, in: Nature Communications 11 (2020), Art. 5447

A. Demény et al., Holocene Hydrological Changes in Europe and the Role of the North Atlantic Ocean Circulation from a Speleothem Perspective, in: Quaternary International 571 (2021), 1–10

G. H. Denton/W. Karlén, Holocene Climatic Variations – Their Pattern and Possible Cause, in: Quaternary Research 3 (1973), 155–205*

M. Dima/G. Lohmann, Fundamental and Derived Modes of Climate Variability. Concept and Application to Interannual Time-Scales, in: Tellus A: Dynamic Meteorology and Oceanography, 56 (2004), 229–249

W. Dort Jr./J. K. Jones Jr. (Hgg.), Pleistocene and Recent Environments of the Central Great Plains, Manhattan et al. 1970*

M. Dotterweich, The History of Human-Induced Soil Erosion: Geomorphic Legacies, Early Descriptions and Research, and the Development of Soil Conservation – A Global Synopsis, in: Geomorphology 201 (2013), 1–34*

I. Draxler, Archivwert der Moore im Dachsteingebiet, in: Gmundner Geo-Studien 5, Gmunden 2014, 41–56

J. A. Eddy, Climate and the Role of the Sun, in: The Journal of Interdisciplinary History 10.4 (1980), 725–747

J. Ehlers/P. L. Gibbard, The Extent and Chronology of Cenozoic Global Glaciation, in: Quaternary International 164/165 (2007), 6–20

C. Emiliani, Pleistocene Temperatures, in: The Journal of Geology 63 (1955), 538–578

L. Erdős et al., Where Forests Meet Grasslands: Forest-Steppes in Eurasia, in: Palaearctic Grasslands 40 (2019), 22–26

G. Esser/M. Lautenschlager, Estimating the Change of Carbon in the Terrestrial Biosphere from 18.000 BP to Present Using a Carbon Cycle Model, in: Environmental Pollution 83 (1994), 45–53

D. Etienne et al., Two Thousand-Year Reconstruction of Livestock Production Intensity in France Using Sediment-Archived Fecal *Bacteroidales* and Source-Specific Mitochondrial Markers, in: Holocene 25.9 (2015), 1384–1393

L. Fang et al., Radiocarbon Dating of Alpine Ice Cores with the Dissolved Organic Carbon (DOC) Fraction, in: The Cryosphere 15 (2021), 1537–1550

H. Flohn, Klimaschwankungen in historischer Zeit, in: H. v. Rudloff (Hg.), Die Schwankungen und Pendelungen des Klimas in Europa seit dem Beginn der regelmäßigen Instrumenten-Beobachtungen, Braunschweig 1967, 81–90

J. A. Foley et al., Regime Shifts in the Sahara and Sahel: Interactions between Ecological and Climatic Systems in Northern Africa, in: Ecosystems 6 (2003), 524–539

H. C. Fritts, Tree Rings and Climate, Amsterdam 1976

H. C. Fritts/G. R. Lofgren/G. A. Gordon, Past Climate Reconstructed from Tree Rings, in: The Journal of Interdisciplinary History 10.4 (1980), 773–793

A. Fritz, Pollenstratigraphische Gliederung des mitteleuropäischen Spät- und Postglazials, in: Carinthia II (Klagenfurt), Jg. 167.87 (1977), 179–187*

H. Goosse et al., Quantifying Climate Feedbacks in Polar Regions, in: Nature Communications 9 (2018), Art. 1919

H. Goosse et al., The Medieval Climate Anomaly in Europe. Comparison of the Summer and Annual Mean Signals in Two Reconstructions and in Simulations with Data Assimilation, in: Global and Planetary Change 84/85 (2012), 35–47

F. M. Gradstein et al., Geologic Time Scale 2020 (2 Bde.), Amsterdam 2020

M. J. Head, Formal Subdivision of the Quaternary System/Period: Present Status and Future Directions, in: Quaternary International 500 (2019), 32–51

R. Hébert/U. Herzschuh/T. Laepple, Millennial-Scale Climate Variability over Land Overprinted by Ocean Temperature Fluctuations, in: Nature geoscience 15 (2022), 899–905

T. Hinkley, Comment on „Next-Generation Ice Core Technology Reveals True Minimum Natural Levels of Lead (Pb) in the Atmosphere: Insights From the Black Death" by More et al., in: GeoHealth 2.5 (2018), 150–154*

H. M. Hoffmann et al., A New Sample Preparation System for Micro-^{14}C Dating of Glacier Ice with a First Application to a High Alpine Ice Core from Colle Gnifetti (Switzerland), in: Radiocarbon 60.2 (2018), 517–533

H. M. Hoffmann, Micro Radiocarbon Dating of the Particulate Organic Carbon Fraction in Alpine Glacier Ice: Method Refinement, Critical Evaluation and Dating Applications, Heidelberg 2016 (Dissertation)

A. Jaeschke et al., Holocene Hydroclimate Variability and Vegetation Response in the Ethiopian Highlands (Lake Dendi), in: Frontiers in Earth Science 8 (2020), Art. 585770

L. Jiang et al., Coral Perspective on Temperature Seasonality and Interannual Variability in the Northern South China Sea during the Roman Warm Period, in: Global and Planetary Change 207 (2021), Art. 103675*

X. Jin et al., Weakening Monsoon Event during 2.8 Ka BP in East China Linked to the North Atlantic Cooling, in: Quaternary Science Reviews 306 (2023), 108037

S. J. Johnsen et al., The δ^{18}O Record along the Greenland Ice Core Project Deep Ice Core and the Problem of Possible Eemian Climatic Instability, in: journal of Geophysical Research 102 (1997), 26,397–26,410

P. D. Jones et al., High-Resolution Palaeoclimatology of the Last Millennium: A Review of Current Status and Future Prospects, in: The Holocene 19.1 (2009), 3–49

P. D. Jones/M. E. Mann, Climate over Past Millenia, in: Reviews of Geophysics 42 (2004), 1–42

D. S. Kaufmann/E. Broadman, Revisiting the Holocene Global Temperature Conundrum, in: Nature 614 (2023), 425–435*

D. S. Kaufmann et al., Holocene Global Mean Surface Temperature, a Multi-Method Reconstruction Approach, in: Scientific Data 7 (2020), Art. 201

D. S. Kaufmann et al., Technical Note. Open Paleo-Data Implementation Pilot – The PAGES 2k special issue, in: Climate of the Past 14 (2018), 593–600

B. Kausch, Geoarchäologische Untersuchungen an Schwemmfächern als korrelate Sedimentkörper holozäner Bodenerosionen zur Erfassung morphodynamischer Prozessphasen in der Region Trier, Trier 2006

T. Kiss et al., The Evolution of the Great Hungarian Plain Fluvial System – Fluvial Processes in a Subsiding Area from the Beginning of the Weichselian, in: Quaternary International 388 (2015), 142–155

K. H. Kjaer et al., Glacier Response to the Little Ice Age during the Neoglacial Cooling in Greenland, in: Earth-Science Reviews 227 (2022), Art. 103984

K. V. Kremenetski, Steppe and Forest-Steppe Belt of Eurasia: Holocene Environmental History, in: M. A. Levine/C. Renfrew/K. V. Boyle (Hgg.), Prehistoric Steppe Adaptation and the Horse, Michigan 2003, 11–27

H. Küster, Die Pollenanalyse: Methoden, Ergebnisse, Hypothesen, in: Jahrbücher des Nassauischen Vereins für Naturkunde 142 (2021), 131–148

M. E. Kylander et al., It's in Your Glass: A History of Sea Level and Storminess from the Laphroaig Bog, Islay (southwestern Scotland), in: BOREAS 49.1 (2020), 152–167

V. C. LaMarche, Tree-Ring Evidence of Past Climatic Variability, in: Nature 276 (1978), 334–338

H. H. Lamb/A. I. Johnson, Climatic Variation and Observed Changes in the General Circulation, in: Geografiska Annaler 43 (1961), 363–400

G. Lang, Quartäre Vegetationsgeschichte Europas. Methoden und Ergebnisse, Jena et al. 1994

P. G. Langdon/N. Holmes/C. J. Caseldine, Environmental Controls on Modern Chironomid Faunas from NW Iceland and Implications for Reconstructing Climate Change, in: Journal of Paleolimnology 40 (2008), 273–293

B. S. Lecavalier et al., High Arctic Holocene Temperature Record from the Agassiz Ice Cap and Greenland Ice Sheet Evolution, in: PNAS 114.23 (2017), 5952–5957

B. Lemieux-Dudon et al., Consistent Dating for Antarctic and Greenland Ice Cores, in: Quaternary Science Reviews 29 (2010), 8–10

P. Lionello et al., Mediterranean Climate: Past, Present and Future, in: K. Schroeder/J. Chiggiato (Hgg.), Oceanography of the Mediterranean Sea. An Introductory Guide, Amsterdam 2023, 41–91

P. Lionello et al., The Mediterranean Climate: An Overview of the Main Characteristics and Issues, in: Developments in Earth and Environmental Sciences 4 (2006), 1–26

L. E. Lisiecki/M. E. Raymo, A Pliocene–Pleistocene Stack of 57 Globally Distributed Benthic $d^{18}O$ Records, in: Paleoceanography 20.1 (2005), 1–16

T. Litt et al., Stratigraphische Begriffe für das Quartär des norddeutschen Vereisungsgebietes, in: Eiszeitalter und Gegenwart Quaternary Science Journal 56.1-2 (2007), 7–65

T. Litt et al., Correlation and Synchronization of Lateglacial Continental Sequences in Northern Central Europe Based on Annually Laminated Lacustrine Sediments, in: Quaternary Science Reviews 20 (2001), 1233–1249

Z. Liu et al., The Holocene Temperature Conundrum, in: PNAS 111.34 (2014), E3501–E3505*

F. C. Ljungqvist et al., Centennial-Scale Temperature Change in Last Millennium Simulations and Proxy-Based Reconstructions, in: Journal of Climate 32 (2009), 2441–2482

M. T. Luongo et al., Possible Icelandic Tephra Found in European Colle Gnifetti Glacier, in: Geochemistry, Geophysics, Geosystems 18.11 (2017), 3904–3909

M. Magny, Holocene Climate Variability as Reflected by Mid-European Lake-Level Fluctuations and its Probable Impact on Prehistoric Human Settlements, in: Quaternary International 113 (2004), 65–79

M. Magny, Solar Influences on Holocene Climatic Changes Illustrated by Correlations between Past Lake-Level Fluctuations and the Atmospheric ^{14}C Record, in: Quaternary Research 40 (1993), 1–9

E. K. Magyari et al., Holocene Persistence of Wooded Steppe in the Great Hungarian Plain, in: Journal of Biogeography 37.5 (2010), 915–935

L. A. Maher/E. B. Banning/M. Chazan, Oasis or Mirage? Assessing the Role of Abrupt Climate Change in the Prehistory of the Southern Levant, in: Cambridge Archaeological Journal 21 (2011), 1–30

J. Mangerud et al., Quaternary Stratigraphy of Norden, a Proposal for Terminology and Classification, in: Boreas 3 (1974), 109–128*

M. E. Mann et al., Global Signatures and Dynamical Origins of the Little Ice Age and Medieval Climate Anomaly, in: Science 236 (2009), 1256–1260

M. E. Mann et al., Proxy-Based Reconstructions of Hemispheric and Global Surface Temperature Variations over the Past Two Millennia, in: PNAS 105.36 (2008), 13252–13257

M. E. Mann, Little Ice Age, in: T. Munn/M. C. MacCracken/J. S. Perry (Hgg.), Encyclopedia of Global Environmental Change, Volume 1, The Earth System. Physical and Chemical Dimensions of Global Environmental Change, Chichester 2002, 504–509

M. E. Mann/R. S. Bradley/M. K. Hughes, Northern Hemisphere Temperatures during the Past Millennium. Inferences, Uncertainties, and Limitations, in: Geophysical Research Letters 26.6 (1999), 759–762

M. E. Mann/R. S. Bradley/M. K. Hughes, Corrigendum. Global-Scale Temperature Patterns and Climate Forcing over the Past Six Centuries, in: Nature 392 (1998), 779–787

S. A. Marcott et al., A Reconstruction of Regional and Global Temperature for the Past 11.300 Years, in: Science 339 (2013), 1198–1201

N. Marriner et al., Nile Delta's Sinking Past: Quantifiable Links with Holocene Compaction and Climate-Driven Changes in Sediment Supply?, in: Geology 40.12 (2012), 1083–1086

C. Martín-Puertas et al., Testing Climate-Proxy Stationarity Throughout the Holocene. An Example from the Varved Sediments of Lake Meerfelder Maar (Germany), in: Quaternary Science Reviews 58 (2012), 56–65

C. Martín-Puertas et al., Regional Atmospheric Circulation Shifts Induced by a Grand Solar Minimum, in: Nature Geoscience 5 (2012), 397–401* (= Martín-Puertas et al. 2012)

V. Maselli/F. Trincardi, Man Made Deltas, in: Scientific Reports 3 (2013), Art. 1926

V. Masson-Delmotte et al., Information from Paleoclimate Archives, in: T. F. Stocker et al. (Hgg.), Climate Change 2013: The Physical Science Basis, Cambridge 2013, 383–464

D. Mauquoy et al., Changes in Solar Activity and Holocene Climatic Shifts Derived from ^{14}C Wiggle-Match Dated Peat Deposits, in: The Holocene 14.1 (2004), 45–52

D. Mauquoy et al., High-Resolution Records of Late-Holocene Climate Change and Carbon Accumulation in Two North-West European Ombrotrophic Peat Bogs, in: Palaeogeography, Palaeoclimatology, Palaeoecology 186 (2002), 275–310

H. Mayer, Waldgrenzen in den Berchtesgadener Kalkalpen, in: Ostalpin-dinarische Gesellschaft für Vegetationskunde 11 (1970), 109–120

P. A. Mayewski et al. Holocene Climate Variability, in: Quaternary Research 62 (2004), 243–255*

F. McDermott/D. P. Mattey/C. Hawkesworth, Centennial-Scale Holocene Climate Variability Revealed by a High-Resolution Speleothem $\delta^{18}O$ Record from SW Ireland, in: Science 294 (2001), 1328–1331

H. V. McGregor et al. (Hgg.), Climate of the Past 2000 Years: Regional and Trans-Regional Syntheses (Special Issue), in: Climate of the Past 15 (2019)

B. B. McShane/A. J. Wyner, A Statistical Analysis of Multiple Temperature Proxies: Are Reconstructions of Surface Temperatures over the Last 1000 Years Reliable?, in: The Annals of Applied Statistics 5.1 (2011), 5–44

A. N. Meckler et al., Cenozoic Evolution of Deep Ocean Temperature from Clumped Isotope Thermometry, in: Science 377 (2022), 86–90

A. Moberg et al., Highly Variable Northern Hemisphere Temperatures Reconstructed from Low- and High-Resolution Proxy Data, in: Nature 433 (2005), 613–617

A. F. More et al., The Role of Historical Context in Understanding Past Climate, Pollution and Health Data in Trans-disciplinary Studies: Reply to Comments on More et al., 2017, in: GeoHealth 2.5 (2018), 162–170*

A. F. More et al., Next-Generation Ice Core Technology Reveals True Minimum Natural Levels of Lead (Pb) in the Atmosphere: Insights from the Black Death, in: GeoHealth 1.4 (2017), 211–219*

M. Mudelsee et al., Cenozoic Climate Changes. A Review Based on Time Series Analysis of Marine Benthic $\delta^{18}O$ Records, in: Reviews Geophysics 52 (2014), 333–374

M. Mudelsee, Climate Time Series Analysis. Classical Statistical and Bootstrap Methods, Dordrecht 2010

P. J. Mudie et al., Nonpollen Palynomorphs: Indicators of Salinity and Environmental Change in the Caspian–Black Sea–Mediterranean Corridor, in: I. V. Buynevich et al. (Hgg.), Geology and Geoarchaeology of the Black Sea Region: Beyond the Flood Hypothesis, Boulder (CO) 2011, 89–115

R. Neukom et al., No Evidence for Globally Coherent Warm and Cold Periods over the Preindustrial Common Era, in: Nature 571 (2019), 550–554*

V. Nieto-Moreno et al., Tracking Climate Variability in the Western Mediterranean during the Late Holocene: A Multiproxy Approach, in: Climate of the Past 7.4 (2001), 1395–1414

T. Nilsson, Standardpollendiagramme und C^{14-}Datierungen aus dem Ageröds Mosse im mittleren Schonen, in: Lunds Universitets Årsskrift. N. F. Avd. 2., 59.7 (1964), 5–52

J. Olsen/N. J. Anderson/M. F. Knudsen, Variability of the North Atlantic Oscillation over the Past 5.200 Years, in: Nature Geoscience 5 (2012), 808–812

Z. B. Ön et al., Climate Proxies for the Last 17.3 Ka from Lake Hazar (Eastern Anatolia), Extracted by Independent Component Analysis of m-XRF Data, in: Quaternary International 486 (2018), 17–28

W. P. Patterson, Two Millennia of North Atlantic Seasonality and Implications for Norse Colonies, in: PNAS 107.12 (2010), 5306–5310

W. P. Patterson, Stable Isotopic Record of Climatic and Environmental Change in Continental Settings, Michigan 1995

L. v. Post, Über stratigraphische Zweigliederung schwedischer Hochmoore, in: Sveriges geologiska undersökning 6.2 (1912), 3–52

R. Pott/J. Hüppe, Spezielle Geobotanik. Pflanze – Klima – Boden, Berlin et al. 2007

J. Pross et al., Persistent Near-Tropical Warmth on the Antarctic Continent during the Early Eocene Epoch, in: Nature 488 (2012), 73–77

G. Ramstein et al. (Hgg.), Paleoclimatology (Frontiers in Earth Science), Cham 2021

P. J. Reimer et al., The IntCal20 Northern Hemisphere Radiocarbon Age Calibration Curve (0–55 Cal kBP), in: Radiocarbon 62.4 (2020), 725–757

H. Renssen et al., Global Characterization of the Holocene Thermal Maximum, in: Quaternary Science Reviews 48 (2012), 7–19

T. Rentschler et al., Contextual Spatial Modelling in the Horizontal and Vertical Domains, in: Scientific Reports 12 (2022), 1–11

N. Roberts, Palaeoclimatological Evidence for an East–West Climate See-Saw in the Mediterranean since AD 900, in: Global and Planetary Change 84–85 (2012), 23–34

A. Robock, Volcanic Eruptions and Climate, in: Reviews of Geophysics 38.2 (2000), 191–219

P. Romano et al., Intersection of Exogenous, Endogenous and Anthropogenic Factors in the Holocene Landscape: A Study of the Naples Coastline during the Last 6000 Years, in: Quaternary International 303 (2013), 107–119

L- Rothacker et al., Impact of Climate Change and Human Activity on Soil Landscapes over the Past 12.300 Years, in: Scientific Reports 8 (2018), Art. 247

E. Russo, Mid-to-Late Holocene Climate and Ecological Changes over Europe, Berlin 2016 (Dissertation)

D. Rudzka/F. Mcdermott/M. Suric, A Late Holocene Climate Record in Stalagmites from Modric Cave (Croatia), in: Journal of Quaternary Science 27.6 (2012), 585–596

Y. Ryu et al., Atmospheric Nitrous Oxide Variations on Centennial Time Scales during the Past Two Millennia, in: Global Biogeochemical Cycles 34 (2020)

B. Saltzman, Dynamical Paleoclimatology. Generalized Theory of Global Climate Change, San Diego et al. 2002

M. W. Salzer, Changing Climate Response in Near-Treeline Bristlecone Pine with Elevation and Aspect, in: Environmental Research Letters 9 (2014), Art. 114007

M. W. Salzer et al., Five Millennia of Paleotemperature from Tree-Rings in the Great Basin (USA), Climate Dynamics 42 (2014), 1517–1526*

C. J. Sapart et al., Natural and Anthropogenic Variations in Methane Sources during the Past Two Millennia, in: Nature 490.7418 (2012), 85–88

B. Schmidt/W. Gruhle, Globales Auftreten ähnlicher Wuchsmuster von Bäumen – Homogenitätsanalyse als neues Verfahren für die Dendrochronologie und Klimaforschung. Mit einem archäologischen Kommentar von Th. Fischer, in: Germania 84.2 (2006), 431–465

B. Schmidt/W. Gruhle, Niederschlagsschwankungen in Westeuropa während der letzten 8000 Jahre. Versuch einer Rekonstruktion mit Hilfe eines neuen dendrochronologischen Verfahrens, in: Archäologisches Korrespondenzblatt 33 (2003), 281–300

R. Schmidt/C. Kamenik/M. Roth, Siliceous Algae-Based Seasonal Temperature Inference and Indicator Pollen Tracking ca. 4.000 Years of Climate/Land Use Dependency in the Southern Austrian Alps, in: Journal of Paleolimnology 38 (2007), 541–554

L. Schneider et al., Revising Midlatitude Summer Temperatures back to A. D. 600 Based on a Wood Density Network, in: Geophysical Research Letters 42 (2015), 4556–4562

C.-D. Schönwiese, Klimaänderungen: Daten, Analysen, Prognosen, Berlin/Heidelberg 1995

C.-D. Schönwiese, Klimaschwankungen, Berlin/Heidelberg 1979*

N. Schroder/L. Højlund Pedersen/R. Juel Bitsch, 10.000 Years of Climate Change and Human Impact on the Environment in the Area Surrounding Lejre, in: The Journal of Transdisciplinary Environmental Studies 3 (2004), 1–27

M. Schwarzbach, Das Klima der Vorzeit. Eine Einführung in die Paläoklimatologie, Stuttgart ^{4}1988

M. Schwarzbach, Das Klima der Vorzeit. Eine Einführung in die Paläoklimatologie, Stuttgart ^{2}1961*

M. Schwarzbach, Das Klima der Vorzeit. Eine Einführung in die Paläoklimatologie, Stuttgart 1950

P. R. Sheppard et al., Annual Precipitation since 515 BC Reconstructed from Living and Fossil Juniper Growth of Northeastern Qinghai Province, China, in: Climate Dynamics 23 (2004), 869–881

L. Shumilovskikh et al., Long-term Ecology and Conservation of the Kungur Forest-steppe (pre-Urals, Russia): Case Study Spasskaya Gora, in: Biodiversity and Conservation 30 (2021), 4061–4087

M. Sigl et al., Timing and Climate Forcing of Volcanic Eruptions for the Past 2.500 Years, in: Nature 523 (2015), 543–549

M. Sigl et al., Insights from Antarctica on Volcanic Forcing during the Common Era, in: Nature Climate Change 4 (2014), 693–697

V. P. Singh/P. Singh/U. K. Haritashya (Hgg.), Encyclopedia of Snow, Ice and Glacier (Encyclopedia of Earth Science Series), Dordrecht 2011

F. Sirocko (Hg.), Wetter, Klima, Menschheitsentwicklung. Von der Eiszeit bis ins 21. Jahrhundert, Stuttgart ^{3}2012

J. E. Smerdon, Comparing Proxy and Model Estimates of Hydroclimate Variability and Change over the Common Era, in: Climate of the Past 13 (2017), 1851–1900

J. E. Smerdon et al., Model-Dependent Spatial Skill in Pseudoproxy Experiments Testing Climate Field Reconstruction Methods for the Common Era, in: Climate Dynamics 46 (2016), 1921–1942

J. E. Smerdon, Climate Models as a Test Bed for Climate Reconstruction Methods. Pseudoproxy Experiments, in: WIREs Climate Change 3.1 (2012), 63–77

J. E. Smerdon et al., Spatial Performance of Four Climate Field Reconstruction Methods Targeting the Common Era, in: Geophysical Research Letters 38 (2011)

J. E. Smerdon et al., A Pseudoproxy Evaluation of the CCA and RegEM Methods for Reconstructing Climate Fields of the Last Millennium, in: Journal of Climate 23.18 (2010), 4856–4880

S. B. Sneed et al., Instruments and Methods. New LA-ICP-MS Cryocell and Calibration Technique for Sub-Millimeter Analysis of Ice Cores, in: Journal of Glaciology 61.226 (2015), 233–242

N. E. Spaulding et al., A New Multielement Method für LA-ICP-MS Data Acquisition from Glacier Ice Cores, in: Environmental Science & Technology 51 (2017), 13282–13287

J. C. Stager/P. A. Mayewski, Abrupt Early to Mid-Holocene Climatic Transition Registered at the Equator and the Poles, in: Science, 276 (1997), 1834–1836*

J. H. Steele/S. A. Thorpe/K. K. Turekian (Hgg.), Encyclopedia of Ocean Sciences, 6 Bde., Boston et al. ^{2}2009

N. J. Steiger et al., A Reconstruction of Global Hydroclimate and Dynamical Variables over the Common Era, in: Scientific Data 5 (2018), Art. 180086

F. Steinhilber/J. Beer/C. Fröhlich, Total Solar Irradiance during the Holocene, in: Geophysical Research Letters 36 (2009), Art. L19704

S. Steinke et al., Upwelling Variability off Southern Indonesia over the Past Two Millennia, in: Geophysical Research Letters 41 (2014), 7684–7693

M. Stoffel et al., Estimates of Volcanic-Induced Cooling in the Northern Hemisphere over the Past 1.500 Years, in: Nature Geoscience 8 (2015), 784–788

H. v. Storch et al., Reconstructing Past Climate from Noisy Data, in: Science 306 (2004), 679–682

M. Stuiver/P. M. Grootes/T. F. Braziunas, The GISP2 δ^{18}C Climate Record of the Past 16.500 Years and the Role of the Sun, Ocean, and Volcanoes, in: Quaternary Research 44 (1995), 341–354

M. Stuiver et al., Climatic, Solar, Oceanic, and Geomagnetic Influences on Late-Glacial and Holocene Atmospheric ^{14}C/^{12}C Change. Quaternary Research 35 (1991), 1–24

M. Stuiver/R. Kra (Hgg.), Calibration Issue, in: Radiocarbon 28 (1986), 805–1030*

E. G. Sürmelihindi, Roman Aqueducts and Calcareous Sinter Deposits as a Proxy for Environmental Changes, Mainz 2013

J. C. Tardif et al., Formation, Structure and Climatic Significance of Blue Rings and Frost Rings in High Elevation Bristlecone Pine (*Pinus longaeva* D. K. Bailey), in: Quaternary Science Reviews 244 (2020), Art. 106516

R. Tardif et al., Last Millennium Reanalysis with an Expanded Proxy Database and Seasonal Proxy Modeling, in: Climate of the Past 15 (2019), 1251–1273

K. C. Taylor et al, Electrical Conductivity Measurements from the GISP2 and GRIP Greenland Ice Cores, in: Nature 366 (1993), 549–552

X. Tian/W. R. Buck, Intrusions Induce Global Warming before Continental Flood Basalt Volcanism, in: Nature Geoscience 15 (2022), 417–422

P. Török et al., Climate, Landscape History and Management Drive Eurasian Steppe Biodiversity, in: Flora 271 (2020), Art. 151685

J. H. Speer, Fundamentals of Tree-Ring Research, Tucson 2010

P. C. Tzedakis, Hierarchical Biostratigraphical Classification of Long Pollen Sequences, in: Journal of Quaternary Science 9.3 (1994), 257–259

H. C. Urey et al., Measurement of Paleotemperatures and Temperatures of the Upper Cretaceous of England, Denmark, and the Southeastern United States, in: Bulletin of the Geological Society of America 62 (1951), 399–416

B. van Geel, Non-Pollen Palynomorphs, in: J. P. Smol et al. (Hgg.), Tracking Environmental Change Using Lake Sediments, Dordrecht 2002, 99–119

B. van Geel et al., The Role of Solar Forcing upon Climate Change, in: Quaternary Science Reviews 18 (1999), 331–338

T. Vanwalleghem et al., Impact of Historical Land Use and Soil Management Change on Soil Erosion and Agricultural Sustainability during the Anthropocene, Anthropocene 17 (2017), 13–29*

C. Vignola et al., Mid–Late Holocene Vegetation History of the Argive Plain (Peloponnese, Greece) as Inferred from a Pollen Record from Ancient Lake Lerna, in: PLoS ONE 17.7 (2022), Art. e0271548

B. M. Vinther et al., Holocene Thinning of the Greenland Ice Sheet, in: Nature 461 (2009), 285–388

J. Wainwright/J. B. Thornes, Environmental Issues in the Mediterranean. Processes and Perspectives from the Past and Present, London/New York 2004

M. Walker et al., Formal Ratification of the Subdivision of the Holocene Series/Epoch (Quaternary System/Period): Two New Global Boundary Stratotype Sections and Points (GSSPs) and Three New Stages/Subseries, in: Episodes 41.4 (2018), 213–223

T. Wang/D. Surge/K. J. Walker, Seasonal Climate Change across the Roman Warm Period/Vandal Minimum Transition Using Isotope Sclerochronology in Archaeological Shells and Otoliths (Southwest Florida, USA), in: Quaternary International 308–309 (2013), 230–241

T. Wang/D. Surge/S. Mithen, Seasonal Temperature Variability of the Neoglacial (3300–2500 BP) and Roman Warm Period (2500–1600 BP) Reconstructed from Oxygen Isotope Ratios of Limpet Shells (*Patella vulgata*), Northwest Scotland, in: Palaeogeography, Palaeoclimatology, Palaeoecology 317–318 (2012), 104–113

H. Wanner, Klima und Mensch. Eine 12'000-jährige Geschichte, Bern ²2020

H. Wanner et al., Holocene Climate Variability and Change. A Data-Based Review, in: Journal of the Geological Society 172 (2015), 254–263

H. Wanner et al., Structure and Origin of Holocene Cold Events, in: Quaternary Science Reviews 30 (2011), 3109–3123

H. Wanner et al., Mid- to Late-Holocene Climate Change: An Overview, in: Quaternary Science Reviews 27 (2008), 1791–1828

H. Wanner, Der Klimawandel in historischer Zeit, in: W. Endlicher/F.-W. Gerstengarbe (Hgg.), Der Klimawandel – Einblicke, Rückblicke und Ausblicke, Potsdam 2007, 27–33

S. R. Weart, The Discovery of Rapid Climate Change, in: Physics Today 56 (2003), 30–36*

T. Webb, The Reconstruction of Climatic Sequences from Botanical Data, in: The Journal of Interdisciplinary History 10.4 (1980), 749–772

R. Wehausen/B. Warning/H.-J. Brumsack, Die Klima- und Umweltgeschichte des Mittelmeeres. Ergebnisse des internationalen Tiefseebohrprogramms, in: Einblicke 31 (2000), 12–15

A. Weidick et al., Neoglacial and Historical Glacier Changes around Kangersuneq Fjord in Southern West Greenland, in: Geological Survey of Denmark and Greenland Bulletin 27 (2012), 1–68 (Einzelveröffentlichung)

W. M. Wendland/R. A. Bryson, Dating Climatic Episodes of the Holocene, in: Quaternary Research 4 (1974), 9–24

T. Westerhold et al., An Astronomically Dated Record of Earth's Climate and its Predictability over the Last 66 Million Years, in: Science 369 (2020), 1383–1287*

C. Willmes et al., High Resolution Köppen-Geiger Classifications of Paleoclimate Simulations, in: Transactions in GIS 21.1 (2016), 57–73*

R. Wilson et al., Last Millennium Northern Hemisphere Summer Temperatures from Tree Rings: Part I: The Long Term Context, in: Quaternary Science Reviews 134 (2016), 1–18

S. B. Wirth et al., Holocene Flood Frequency across the Central Alps – Solar Forcing and Evidence for Variations in North Atlantic Atmospheric Circulation, in: Quaternary Science Reviews 80 (2013), 112–128

J. D. Wright, Global Climate Change in Marine Stable Isotope Records, in: J. Stratton Noller/J. M. Sowers/W. R. Lettis (Hgg.), Quaternary Geochronology. Methods and Applications 4, Washington 2000, 427–433

G. Zanchetta et al., Tephrostratigraphy, Chronology and Climatic Events of the Mediterranean Basin during the Holocene: An Overview, in: The Holocene 21 (2011), 33–52

J. Zhang et al., Holocene Monsoon Climate Documented by Oxygen and Carbon Isotopes from Lake Sediments and Peat Bogs in China: A Review and Synthesis, in: Quaternary Science Reviews 30 (2011), 1973–1987

Q. B. Zhang, A Millennium-Long Tree-Ring Chronology of Sabina Przewalskii on Northeastern Qinghai-Tibetan Plateau, in: Dendrochronologia 24 (2007), 91–95

C. Zielhofer et al., Atlantic Forcing of Western Mediterranean Winter Rain Minima during the Last 12.000 Years, in: Quaternary Science Reviews 157 (2017), 29–51* (= Zielhofer et al. 2017)

B. Zolitschka/S. Wulf/J. Negendank, Circum-Mediterranean Lake Records as Archives of Climatic and Human History, in: Quaternary International 73.74 (2000), 1–5

2.1.2 Was weiß die Forschung (heute) über das antike Klima
(Klimadaten und sonstige naturwissenschaftliche Studien)

M.-L. Adolph et al., North Atlantic Oscillation Polarity during the Past 3000 Years Derived from Sediments of a Large Lowland Lake, Schweriner See, in NE Germany, in: Climate of the Past 20.9 (2024), 2143–2165

M. C. Alvarez-Castro/P. Ribera, Long-Term Climate Variability in the Mediterranean Region, in: Atmosphere 11.11 (2020)

T. H. van Andel/E. Zangger, Landscape Stability and Destabilisation in the Prehistory of Greece, in: S. Bottema/G. Entjes-Nieborg/W. Van Zeist (Hgg.), Man's Role in the Shaping of the Eastern Mediterranean Landscape, Rotterdam et al. 1990, 139–157

P. Alpert et al., Relations between Climate Variability in the Mediterranean Region and the Tropics: ENSO, South Asian and African Monsoons, Hurricanes and Saharan Dust, in: Developments in Earth ans Envirnomental Sciences 4 (2006), 149–177

M. Bar-Matthews/A. Ayalon, Mid-Holocene Climate Variations Revealed by High-Resolution Speleothem Records from Soreq Cave (Israel) and their Correlation with Cultural Changes, in: Holocene 21 (2011), 163–171

J. Bakker et al., Climate, People, Fire and Vegetation: New Insights into Vegetation Dynamics in the Eastern Mediterranean since the 1st Century AD, in: Climate of the Past 9 (2013), 57–87

P. de Barros Damgaard et al., 137 Ancient Human Genomes from across the Eurasian Steppes, in: Nature 557 (2018), 369–374

M.-A. Basseti et al., Holocene Hydrological Changes in the Rhône River (NW Mediterranean) as Recorded in the Marine Mud Belt, in: Climate of the Past 12 (2016), 1539–1553

D. Bassukas/A. Emmanouilidis/P. Avramidis, Late Holocene Hydro-Climate Variability in the Eastern Mediterranean: A Spatial Multi-Proxy Approach, in: Water 13.22 (2021), Art. 3252

G. Benito et al., Holocene Flooding and Climate Change in the Mediterranean, in: Catena 130 (2015), 13–33

G. G. Bianchi/I. N. McCave, Holocene Periodicity in North Atlantic Climate and Deep-Ocean Flow South of Iceland, in: Nature 397 (1999), 515–517*

J. Bintliff, Time, Process and Catastrophism in the Study of Mediterranean Alluvial History: A Review, in: World Archaeology 33.3 (2002), 417–435*

J. J. Blackford/F. M. Chambers, Proxy Records of Climate from Blanket Mires: Evidence for a Dark Age (1400 BP) Climatic Deterioration in the British Isles, in: The Holocene 1 (1991), 63–67

P. Bohleber et al., New Glacier Evidence for Ice-Free Summits during the Life of the Tyrolean Iceman, in: Scientific Reports 10 (2020), Art. 20513

J. P. Bravard et al., Rise and Fall of an Egyptian Oasis: Artesian Flow, Irrigation Soils, and Historical Agricultural Development in El-Deir (Kharga Depression, Western Desert of Egypt), in: Geoarchaeology – An International Journal 31.6 (2016), 467–486

J. L. Brochier/J. L. Borel/J. C. Druart, Paleoenvironmental Variations from 1000 BC to 1000 AD and Late Antiquity and Medieval Climatic Optima on Northwestern Alps Piedmont at Colletitre (Paladru Lake, France), Quaternaire 18.3 (2007), 253–270

A. G. Brown et al., Roman Vineyards in Britain. Stratigraphic and Palynological Data from Wollaston in the Nene Valley (England), in: Antiquity 75 (2001), 745–757*

U. Büntgen et al., Cooling and Societal Change during the Late Antique Little Ice Age from 536 to around 660 AD, in: Nature Geoscience 9 (2016), 231–236*

U. Büntgen/L. Hellmann, The Little Ice Age in Scientific Perspective: Cold Spells and Caveats, in: The Journal of Interdisciplinary History 44 (2014), 353–368

U. Büntgen et al., 2500 Years of European Climate Variability and Human Susceptibility, in: Science 331 (2011), 578–582*

D. Camuffo, Reconstructing the Climate and the Air Pollution of Rome during the Life of the Trajan Column, in: The Science of the Total Environment 128 (1993), 205–226

J. Casana, Mediterranean Valleys Revisited: Linking Soil Erosion, Land Use and Climate Variability in the Northern Levant, in: Geomorphology 101 (2008), 429–442*

E. Chapron et al., Rhone River Flood Deposits in Lake Le Bourget: A Proxy for Holocene Environmental Changes in the NW Alps, (France), in: Boreas 34.4 (2005), 404–416

R. Cheddadi et al., A History of Human Impact on Moroccan Mountain Landscapes, in: African Archaeological Review 32.2 (2015), 233–248

L. Chen/K. A. F. Zonneveld/G. J. M. Versteegh, Short Term Climate Variability during „Roman Classical Period" in the Eastern Mediterranean, in: Quaternary Science Reviews 30.27/28 (2011), 3880–3891

Y. Cheng et al., Climate-Driven Holocene Migration of Forest-Steppe Ecotone in the Tien Mountains, in: Forests 11 (2020), Art. 1139

F. L. Cheyette, The Disappearance of the Ancient Landscape and the Climatic Anomaly of the Early Middle Ages: A Question to Be Pursued, in: Early Medieval Europe 16 (2008), 127–65*

M. Cisneros et al., Sea Surface Temperature Variability in the Central-Western Mediterranean Sea during the Last 2700 Years: A Multi-Proxy and Multi-Record Approach, in: Climate of the Past 12.4 (2016), 849–869

H. M. Clifford et al., A 2000 Year Saharan Dust Event Proxy Record from an Ice Core in the European Alps, in: Journal of Geophysical Research: Atmospheres 124.23 (2019), 12882–12900

M. Cremaschi et al., Climate Change versus Land Management in the Po Plain (Northern Italy) during the Bronze Age: New Insights from the VP/VG Sequence of the Terramara Santa Rosa di Poviglio, in: Quaternary Science Reviews 136 (2016) 153–172

A. Cromartie et al., The vegetation, Climate, and Fire History of a Mountain Steppe: A Holocene Reconstruction from the South Caucasus, Shenkani (Armenia), in: Quaternary Science Reviews 246 (2020), Art. 106485

J. A. Cruz et al., Long-term Hydrological Changes in Northern Iberia (4.9–0.9 Ky BP) from Speleothem Mg/Ca Ratios and Cave Monitoring (Ojo Guareña Karst Complex, Spain), in: Environmental Earth Sciences 74 (2015), 7741–7753*

A. Curras et al., Climate Change and Human Impact in Central Spain during Roman Times: High-Resolution Multi-Proxy Analysis of a Tufa Lake Record (Somolinos, 1280 m asl), in: Catena 89 (2012), 31–53

P. Dark, Climate Deterioration and Land-Use Change in the First Millennium BC: Perspectives from the British Palynological Record, in: Journal of Archaeological Science 33 (2006), 1381–1395*

E. Defive et al., The Three Last Millenia History of the Holocene Hydro-Sedimentary Flows in the Upstream Loire River Basin (Massife Central, France): Contribution of a Cumulative Probability Density Function (CPDF) Analysis and Regional Correlations, in: Quaternaire 28.3 (2017), 373–388

J. P. Degeai et al., Major Storm Periods and Climate Forcing in the Western Mediterranean during the Late Holocene, in: Quaternary Science Reviews 129 (2015), 37–56

B. J. Dermody et al., A Seesaw in Mediterranean Precipitation during the Roman Period Linked to Millennial-Scale Changes in the North Atlantic, in: Climate of the Past 8.2 (2012), 637–651

B. J. Dermody et al., Revisiting the Humid Roman Hypothesis: Novel Analyses Depict Oscillating Patterns, in: Climate of the Past Discussions 7 (2011), 2355–2389

S. Desprat/M. F. S. Goni/M. F. Loutre, Revealing Climatic Variability of the Last Three Millennia in Northwestern Iberia Using Pollen Influx Data, in: Earth and Planetary Science Letters 213.1/2 (2003), 63–78

M. Dotterweich/S. Dreibrodt, Past Land Use and Soil Erosion Processes in Central Europe, in: PAGES News 19.2 (2011), 49–51*

L. Dumayne-Peaty, Continuity or Discontinuity? Vegetation Change in the Hadrianic-Antonine Frontier Zone of Northern Britain at the End of the Roman Occupation, in: Journal of Biogeography 26 (1999), 643–665

A. Emmanouilidis et al., Holocene Paleoclimate Variability in the Eastern Mediterranean, Inferred from the Multi-Proxy Record of Lake Vouliagmeni (Greece), in: Palaeogeography, Palaeoclimatology, Palaeoecology 595 (2022), Art. 110964*

A. England et al., Historical Landscape Change in Cappadocia (Central Turkey). A Palaeoecological Investigation of Annually Laminated Sediments from Nar Lake, in: The Holocene 18.8 (2008), 1229–1245

J. Esper/M. Torbenson/U. Büntgen, 2023 Summer Warmth Unparalleled over the Past 2.000 Years, in: Nature (2024), 1–20*

J. Esper et al., Northern European Summer Temperature Variations over the Common Era from Integrated Tree-Ring Density Records, in: Journal of Quaternary Science 29.5 (2014), 487–494*

J. Esper et al., Orbital Forcing of Tree-Ring Data, in: Nature Climate Change 2 (2012), 862–866*

J. Esper et al., Orbital Forcing of Tree-Ring Data (2012), Supplementary Information (SI), online verfügbar unter: https://static-content.springer.com/esm/art%3A10.1038%2Fnclimate1589/MediaObjects/41558_2012_BFnclimate1589_MOESM394_ESM.pdf* (= Esper et al. 2012SI)

I. Felja et al., Environmental Changes in the Lower Mirna River Valley (Istria, Croatia) during the Middle and Late Holocene, in: Geologia Croatica 68.3 (2015), 209–224

M. Finné et al., Speleothem Evidence for Late Holocene Climate Variability and Floods in Southern Greece, in: Quaternary Research 81.2 (2014), 213–227*

M. Finné et al., Climate in the Eastern Mediterranean, and Adjacent Regions, during the Past 6000 Years – A Review, in: Journal of Archaeological Science 38 (2011), 3153–3173*

A. B. Frank et al., The Geographic Distribution of Bioavailable Strontium Isotopes in Greece – A Base for Provenance Studies in Archaeology, in: Science of the Total Environment 791 (2021), 1–16

J. G. Franke/R. V. Donner, Dynamical Anomalies in Terrestrial Proxies of North Atlantic Climate Variability during the Last 2 ka, in: Climate Change 143.1/2 (2017), 87–100

D. Fuks et al., Dust Clouds, Climate Change and Coins: Consiliences of Palaeoclimate and Economy in the Late Antique Southern Levant, in: Levant 49.2 (2017), 205–223

M. L. Garcia et al., Ecological Responses to Solar Forcing during the Homerian Climate Anomaly Recorded by Varved Sediments from Holzmaar, Germany, in: The Holocene 34.12 (2024), 1752–1764*

N. Gauthier, The Spatial Pattern of Climate Change during the Spread of Farming into the Aegean, in: Journal of Archaeological Science 75 (2016), 1–9

F. Gázquez et al., The Potential of Gypsum Speleothems for Paleoclimatology: Application to the Iberian Roman Humid Period, in: Scientific Reports 10 (2020), 14705

M. Ghilardi et al., Mid- to Late-Holocene Coastal Morphological Evolution, Vegetation History and Land-Use Changes of the Porto Gulf UNESCO World Heritage

Site and its Surroundings (NW Corsica Island, Western Mediterranean), in: The Holocene 33.9 (2023), 1023–1044

M. Ghilardi/M. Boraik, Reconstructing the Holocene Depositional Environments in the Western Part of Ancient Karnak Temples Complex (Egypt): A Geoarchaeological Approach, in: Journal of Archaeological Science 38.12 (2011), 3204–3216

A. Gilgen et al., Effects of Land Use and Anthropogenic Aerosol Emissions in the Roman Empire, in: Climate of the Past 15 (2019), 1885–1911

J.-C. Gilly, Note préliminaire sur les incrustations calciques de Aqueduc romain du pont du Gard, indicateurs paléo-climatique et paléochronologique des cinq premiers siècles de notre ère, in: Comptes rendus hebdomadaires des séances de l'Académie des sciences. Série D, Sciences naturelles 273.3 (1971), 1668–1670

C. Giraudi et al., The Holocene Climatic Evolution of Mediterranean Italy: A Review of the Continental Geological Data, in: The Holocene 21 (2011), 105–115

O. M. Göktürk et al., Climate on the Southern Black Sea Coast during the Holocene: Implications from the Sofular Cave Record, in: Quaternary Science Reviews 30 (2011), 2433–2445

R. Govers, Choking the Mediterranean to Dehydration: The Messinian Salinity Crisis, in: Geology 37.2 (2009), 167–170

A.-L. Grauel et al., Climate of the Past 2500 Years in the Gulf of Taranto, Central Mediterranean Sea: A High-Resolution Climate Reconstruction Based on $\delta^{18}O$ and $\delta^{13}C$ of Globigerinoides Ruber (White), in: The Holocene 23.10 (2013), 1440–1446

H. Guðlaugsdóttir et al., The Influence of Volcanic Eruptions on Weather Regimes over the North Atlantic Simulated by ECHAM5/MPI-OM Ensemble Runs from 800 to 2000 CE, in: Atmospheric Research 213 (2018), 211–223

P. Hájková et al., Holocene History of the Landscape at the Biogeographical and Cultural Crossroads Between Central and Eastern Europe (Western Podillia, Ukraine), in: Quaternary Science Reviews 288 (2022), Art. 107610

M. Harbeck et al., *Yersinia pestis* DNA from Skeletal Remains from the 6th Century AD Reveals Insights into Justinianic Plague, in: PLoS Pathogens 9.5 (2013), Art. e1003349*

P. Harding et al., Wind Regime Changes in the Euro-Atlantic Region Driven by Late-Holocene Grand Solar Minima, in: Climate Dynamics 60 (2023), 1947–1961*

H. C. Hass, Northern Europe Climate Variations during Late Holocene: Evidence from Marine Skagerrak, in: Palaeogeography, Palaeoclimatology, Palaeoecology 123 (1996) 121–145

F. A. Hassan et al., Holocene Alluvial History and Archaeological Significance of the Nile Floodplain in the Saqqara-Memphis Region, (Egypt), in: Quaternary Science Reviews 176 (2017), 51–70

S. Helama et al., Volcanic Dust Veils from Sixth Century Tree-Ring Isotopes Linked to Reduced Irradiance, Primary Production and Human Health, in: Scientific Reports 8 (2018), Art. 1339

J. Henkner et al., Archaeopedology and Chronostratigraphy of Colluvial Deposits as a Proxy for Regional Land Use History (Baar, Southwest Germany), in: Catena 155 (2017), 93–113

H. J. Holm, Archäoklimatologie des Holozäns. Ein durchgreifender Vergleich der „Wuchshomogenität" mit der Sonnenaktivität und anderen Klimaanzeigern („Proxies"), in: Achäologisches Korrespondenzblatt 41 (2011), 119–132

J. R. Holmquist/R. K. Booth/G. M. MacDonald, Boreal Peatland Water Table Depth and Carbon Accumulation during the Holocene Thermal Maximum, Roman Warm Period, and Medieval Climate Anomaly, in: Palaeogeography, Palaeoclimatology, Palaeoecology 444 (2016), 15–27

P. Horden, Mediterranean Antiquity, in: S. White/C. Pfister/F. Mauelshagen (Hgg.): The Palgrave Handbook of Climate History, London 2018, 183–188*

J. D. Hughes/J. V. Thirgood, Deforestation, Erosion, and Forest Management in Ancient Greece and Rome, in: Journal of Forest History 26.2 (1982), 60–75*

A. Izdebski et al., Landscape Change and Trade in Ancient Greece: Evidence from Pollen Data, in: The Economic Journal 130 (2020), 2596–2618

A. Izdebski et al., The Environmental, Archaeological and Historical Evidence for Regional Climatic Changes and their Societal Impacts in the Eastern Mediterranean in Late Antiquity, in: Quaternary Science Reviews 136 (2016), 189–208* (= Izdebski et al. 2016a)

M. J. Jacobson et al., Settlement, Environment, and Climate Change in SW Anatolia: Dynamics of Regional Variation and the End of Antiquity, in: PloS ONE 17.6 (2022), Art. e0270295

M. J. Jacobson et al., Heterogenous Late Holocene Climate in the Eastern Mediterranean – The Kocain Cave Record from SW Turkey, in: Geophysical Research Letters 48 (2021), Art. e2021GL094733

M. Johnson, North Balkan Food Past and Present, in: A. Davidson (Hg.), National and Regional Styles of Cookery, Proceedings, Oxford Symposium, London 1981, 122–133

D. Kaniewski et al., Late Second–Early First Millennium BC Abrupt Climate Changes in Coastal Syria and their Possible Significance for the History of the Eastern Mediterranean, in: Quaternary Research 74 (2010), 207–215*

D. Kaniewski et al., Middle East Coastal Ecosystem Response to Middle-to-Late Holocene Abrupt Climate Changes, in: Proceedings of the National Academy of Sciences of the United States of America 105.37 (2008), 13941–13946*

C. Katrantsiotis et al., Holocene Relative Sea Level Changes in the Västervik-Gamlebyviken Region on the Southeast Coast of Sweden, Southern Baltic Sea, in: Boreas 52 (2023), 206–222

C. Katrantsiotis et al., Climate Changes in the Eastern Mediterranean over the Last 5000 Years and their Links to the High-latitude Atmospheric Patterns and Asian Monsoons, in: Global and Planetary Change 175 (2019), 36–51 (= Izdebski et al. 2019a)

C. Katrantsiotis, Holocene Environmental Changes and Climate Variability in the Eastern Mediterranean. Multiproxy Sediment Records from the Peloponnese Peninsula (SW Greece), Stockholm 2019* (= Katrantsiotis et al. 2019b)

C. Katrantsiotis et al., Eastern Mediterranean Hydroclimate Reconstruction over the Last 3600 Years Based on Sedimentary N-alkanes, their Carbon and Hydrogen Isotope Composition and XRF Data from the Gialova Lagoon (SW Greece), in: Quaternary Science Reviews 194 (2018), 77–93*

O. S. Khokhlova et al., Paleoecology of the Ancient City of Tanais (3rd Century BC–5th Century AD) on the North-Eastern Coast of the Sea of Azov (Russia), in: Quaternary International 516 (2019), 98–110

C. Knipper, Die Strontiumisotopenanalyse: Eine naturwissenschaftliche Methode zur Erfassung von Mobilität in der Ur- und Frühgeschichte, in: Jahrbuch des Römisch-Germanischen Zentralmuseums Mainz 51 (2004), 589–685

O. S. Knottnerus, Malaria Around the North Sea: A Survey, in: G. Wefer et al. (Hgg.), Climate Development and History of the North-Atlantic Realm, Berlin/Heidelberg 2002, 339–353

E. Koskeridou et al., The Evolution of an Ancient Coastal Lake (Lerna, Peloponnese, Greece), in: Quaternary 5.22 (2022), 1–19

K. Kouli, Vegetation Development and Human Activities in Attiki (SE Greece) during the Last 5.000 Years, in: Vegetation History and Archaeobotany 21 (2012), 267–278

J. Krause et al., Yersinia Pestis: New Evidence for an Old Infection, in: PLoS ONE 7.11 (2012), 1–3

I. Labuhn et al., Climatic Changes and their Impacts in the Mediterranean during the First Millennium AD, in: A. Izdebski/M. Mulryan (Hgg.), Environment and Society in the Long Late Antiquity, Leiden 2018, 65–88

L. B. Larsen et al., New Ice Core Evidence for a Volcanic Cause of the A. D. 536 Dust Veil, in: Geophysical Research Letters 35 (2008), 1–5

C. Lécuyer et al., Tsunami Sedimentary Deposits of Crete Records Climate during the ‚Minoan Warming Period' (≈3350 Yr BP), in: The Holocene 28.6 (2018), 914–929

T. P. Leppard et al., The Bioarchaeology of Migration in the Ancient Mediterranean: Meta-Analysis of Radiogenic (^{87}SR/^{86}SR) Isotope Ratios, in: Journal of Mediterranean Archaeology 33.2 (2020), 211–241

O. Liestøl, Glaciers of the Present Day, in: Olaf Holtedahl (Hg.): Geology of Norway, Oslo 1960, 482–490*

M. M. Lippi et al., Pollen Analysis of the Ship Site of Pisa San Rossore, Tuscany, Italy: The Implications for Catastrophic Hydrological Events and Climatic Change during the Late Holocene, in: Vegetation History and Archaeobotany 16.6 (2007), 453–465

R. J. Littman, The Plague of Athens: Epidemiology and Paleopathology, in: Mount Sinai Journal of Medicine 76 (2009), 456–467

F. C. Ljungqvist, A New Reconstruction of Temperature Variability in the Extra-Tropical Northern Hemisphere during the Last Two Millennia, in: Geografiska Annaler. Series A, Physical Geography 92.3 (2010), 330–351*

O. Lopez-Costas/G. Muldner, Fringes of the Empire: Diet and Cultural Change at the Roman to Post-Roman Transition in NW Iberia, in: American Journal of Physical Anthropology 161.1 (2016), 141–154

J. Luterbacher et al., Past Pandemics and Climate Variability Across the Mediterranean, in: Euro-Mediterranean Journal for Environmental Integration 5 (2020), 46

J. Luterbacher et al., European Summer Temperatures since Roman Times, in: Environmental Research Letters 11 (2016), Art. 024001*

J. Luterbacher et al., European Summer Temperatures since Roman Times (2016), Euro-Med 2k Consortium, Supplementary Online Material SOM, online verfügbar unter: https://iopscience.iop.org/article/10.1088/1748-9326/11/2/024001* (= Luterbacher et al. 2016$_{SOM}$)

J. Luterbacher et al. A Review of 2000 Years of Paleoclimatic Evidence in the Mediterranean, in: P. Lionelle (Hg.), The Climate of the Mediterranean Region. From the Past to the Future, Amsterdam 2012, 87–185*

J. Luterbacher et al., Mediterranean Climate Variability over the Last Centuries: A Review, in: Developments in Earth and Environmental Sciences 4 (2006), 27–148

M. Magny et al., Contrasting Patterns of Precipitation Seasonality during the Holocene in the South- and North-Central Mediterranean, in: Journal of Quaternary Science 27 (2012), 290–296

M. Magny et al., Holocene Climate Changes in the Central Mediterranean as Recorded by Lake-level Fluctuations at Lake Accesa (Tuscany, Italy), in: Quaternary Science Reviews 26 (2007), 1736–1758

M. Magny, Holocene Palaeohydrological Changes in the Northern Mediterranean Borderlands as Reflected by the Lake-level Record of Lake Ledro (Northeastern Italy), in: Quaternary Research 77 (2012), 382–396

A. Mangini/C. Spötl/P. Verdes, Reconstruction of Temperature in the Central Alps during the Past 2000 Yr from a $\delta^{18}O$ Stalagmite Record, in: Earth and Planetary Science Letters 235 (2005), 741–751

G. Margaritelli et al., Persistent Warm Mediterranean Surface Waters during the Roman Period, in: Scientific Reports 10 (2020), Art. 10431

I. D. Mariolakos, Ancient Greece and Water: Climatic Changes, Extreme Events, Water Management, and Rivers in Ancient Greece, in: N. Skoulikidis/E. Dimitriou/I. Karaouzas (Hgg.), The Rivers of Greece, Evolution, Current Status and Perspectives, Berlin 2018, 3–30

F. Marra et al., Rome in its Setting. Post-Glacial Aggradation History of the Tiber River Alluvial Deposits and Tectonic Origin of the Tiber Island, in: PLoS ONE 13.3 (2018), 1–24

C. Martín-Puertas et al., Late Holocene Climate Variability in the Southwestern Mediterranean Region: An Integrated Marine and Terrestrial Geochemical Approach, in: Climate of the Past 6.6 (2010), 807–816

C. Martín-Puertas et al., The Iberian-Roman Humid Period (2600–1600 Cal Yr BP) in the Zoñar Lake Varve Record (Andalucía, Southern Spain), in: Quaternary Research 71 (2009), 108–120*

C. Martín-Puertas et al., Arid and Humid Phases in Southern Spain during the Last 4000 Years: The Zoñar Lake Record (Córdoba), in: The Holocene 18.6 (2008), 907–921*

A. Masi et al., Vegetation History and Paleoclimate at Lake Dojran (FYROM/Greece) during the Late Glacial and Holocene, in: Climate of the Past 14.3 (2018), 351–367

G. Mastrolorenzo et al., The 472 AD Pollena Eruption of Somma-Vesuvius (Italy) and its Environmental Impact at the End of the Roman Empire, in: Journal of Volcanology and Geothermal Research 113.1/2 (2002), 19–36

I. Mazzini et al., Holocene Evolution of Lake Shkodra: Multidisciplinary Evidence for Diachronic Landscape Change in Northern Albania, in: Quaternary Science Reviews 136 (2016) 85–95

J. R. McConnell et al., Pan-European Atmospheric Lead Pollution, Enhanced Blood Lead Levels, and Cognitive Decline from Roman-Era Mining and Smelting, in: PNAS 122.3 (2025), Art. e2419630121

J. R. McConnell et al., Lead Pollution Recorded in Greenland Ice Indicates European Emissions Tracked Plagues, Wars, and Imperial Expansion during Antiquity, in: Proceedings of the National Academy of Science 115.22 (2018), 5726–5731

D. A. McFarlane/J. Lundberg/H. Neff, A Speleothem Record of Early British and Roman Mining at Charterhouse (Mendip, England), in: Archaeometry 56.3 (2014), 431–443

J. Meister/E. Lange-Athinodorou/T. Ullmann, Preface: Special Issue „Geoarchaeology of the Nile Delta", in: E&G Quaternary Science Journal 70 (2021), 187–190

A. M. Mercuri et al., The Late Antique Plant Landscape in Sicily. Pollen from the Agro-Pastoral *villa del Casale*-Philosophiana System, in: Quaternary International 499 (2019), 24–34

T. Mighall et al., Did Prehistoric and Roman Mining and Metallurgy Have a Significant Impact on Vegetation?, in: Journal of Archaeological Science: Reports 11 (2017), 613–625

Y. Miras et al., Tracking Long-Term Human Impacts on Landscape, Vegetal Biodiversity and Water Quality in the Lake Aydat Catchment (Auvergne, France) Using Pollen, Non-Pollen Palynomorphs and Diatom Assemblages, in: Palaeogeography, Palaeoclimatology, Palaeoecology 424 (2015), 76–90

A. Mittnik et al., The Genetic Prehistory of the Baltic Sea Region, in: Nature Communications 9 (2018), 1–11

M. Morellón et al., Human–Climate Interactions in the Central Mediterranean Region during the Last Millennia: The Laminated Record of Lake Butrint (Albania), in: Quaternary Science Reviews 136 (2016) 134–152

R. Moschen et al., Temperature Variability at Durres Maar, Germany during the Migration Period and at High Medieval Times, Inferred from Stable Carbon Isotopes of Sphagnum Cellulose, in: Climate of the Past 7.3 (2011), 1011–1026

T. P. Newfield/A. T. Duggan/H. Poinar, Smallpox's Antiquity in Doubt, in: Journal of Roman Archaeology 35.2 (2022), 897–913

T. P. Newfield, Mysterious and Mortiferous Clouds: The Climate Cooling and Disease Burden of Late Antiquity, in: A. Izdebski/M. Mulryan (Hgg.), Environment and Society in the Long Late Antiquity, Leiden 2018, 89–115

A. Nur/E. H. Cline, Poseidon's Horses. Plate Tectonics and Earthquake Storms in the Late Bronze Age Aegean and Eastern Mediterranean, in: Journal of Archaeological Science 27 (2000), 43–46

V. Ollive et al., The Agricultural Erosion in a Small Catchment in Lorraine since 2000 Years: Geoarchaeology along the TGV-Est Line, in: Quaternaire 27 (2016), 27–37

I. J. Orland et al., Climate Deterioration in the Eastern Mediterranean as Revealed by Ion Microprobe Analysis of a Speleothem that Grew from 2.2 to 0.9 Ka in Soreq Cave (Israel), in: Quaternary Research 71(2009), 27–35

S. A. Oumghar, The Climate of North Africa in the Roman Era: New Approaches, in: Hesperis-Tamuda 52.1 (2017), 49–81 (auf arabisch publiziert; online verfügbar unter: https://www.hesperis-tamuda.com/Downloads/2010-2019/2017/fascicule-1/4.pdf)

PAGES 2k Consortium, Consistent Multidecadal Variability in Global Temperature Reconstructions and Simulations over the Common Era, in: Nature Geoscience 12 (2019), 643–649*

PAGES2k Consortium, A Global Multiproxy Database for Temperature Reconstructions of the Common Era, in: Scientific Data 4 (2017), Art. 170088*

PAGES 2k Network: Continental-scale Temperature Variability during the Past Two Millennia, in: Nature Geoscience 6 (2013), 339–346

A. Palmisano/A. Bevan/S. Shennan, Comparing Archaeological Proxies for Long-Term Population Patterns: An Example from Central Italy, in: Journal of Archaeological Science 87 (2017), 59–72

C. Passchier et al., Carbonate Deposits from the Ancient Aqueduct of Béziers, France – A High-Resolution Palaeoenvironmental Archive for the Roman Empire, in: Palaeogeography, Palaeoclimatology, Palaeoecology 461 (2016), 328–340

C. Passchier/G. Surmelihindi/C. Spoetl, A High-Resolution Palaeoenvironmental Record from Carbonate Deposits in the Roman Aqueduct of Patara, (SW Turkey), from the Time of Nero, in: Scientific Reports 6 (2016), Art. 28704

L. Pilø et al., Ötzi, 30 Years on: A Reappraisal of the Depositional and Post-Depositional History of the Find, in: The Holocene 33,1 (2023), 112–125

L. Pilø/E: Finstad/J. H. Barrett, Crossing the Ice: An Iron Age to Medieval Mountain Pass at Lendbreen (Norway), in: Antiquity 94 (2020), 437–454

G. Plunkett et al., No Evidence for Tephra in Greenland from the Historic Eruption of Vesuvius in 79 CE. Implications for Geochronology and Paleoclimatology, in: Climate of the Past 18 (2022), 45–65

G. Plunkett/G. T. Swindles, Determining the Sun's Influence on Lateglacial and Holocene Climates: A Focus on Climate Response to Centennial-Scale Solar Forcing at 2800 Cal. BP, in: Quaternary Science Reviews 27 (2008), 175–184

S. Preunkert et al., Lead and Antimony in Basal Ice from Col du Dome (French Alps) Dated with Radiocarbon: A Record of Pollution during Antiquity, in: Geophysical Research Letters 46 (2019), 4953–4961

D. Psomiadis et al., Speleothem Record of Climatic Changes in the Northern Aegean Region (Greece) from the Bronze Age to the Collapse of the Roman Empire, in: Palaeogeography, Palaeoclimatology, Palaeoecology 489 (2018), 272–283*

O. Rach et al., Hydrological and Ecological Changes in Western Europe between 3200 and 2000 Years BP Derived from Lipid Biomarker δD Values in Lake Meerfelder Maar Sediments, in: Quaternary Science Reviews 172 (2017), 44–54*

O. Reale/J. Shukla, Modeling the Effects of Vegetation on Mediterranean Climate during the Roman Classical Period. Part II: Model Simulation, in: Global and Planetary Change 25 (2000), 185–214*

O. Reale/P. Dirmeyer, Modeling the Effects of Vegetation on Mediterranean Climate during the Roman Classical Period. Part I: Climate History and Model Sensitivity, in: Global and Planetary Change 25 (2000), 163–184*

K. L. Reinberger et al., Isotopic Evidence for Geographic Heterogeneity in Ancient Greek Military Forces, in: PLoS ONE 16.5 (2021)

E. J. Rohling et al., Rapid Holocene Climate Changes in the Eastern Mediterranean, in: F. A. Hassan (Hg.), Droughts, Food and Culture. Ecological Change and Food Security in Africa's Later Prehistory, New York et al. 2002, 35–46*

L. Sadori, Climate, Environment and Society in Southern Italy during the Last 2000 Years. A Review of the Environmental, Historical and Archaeological Evidence, in: Quaternary Science Reviews 136 (2016), 173–188

G. Sanchez-Lopez et al., Climate Reconstruction for the Last Two Millennia in Central Iberia: the Role of East Atlantic (EA), North Atlantic Oscillation (NAO) and their Interplay over the Iberian Peninsula, in: Quaternary Science Reviews 149 (2016), 135–150

B. V. Schmid et al., Climate-driven Introduction of the Black Death and Successive Plague Reintroductions into Europe, in: PNAS 112.10 (2015), 3020–3025

F. Shi et al., Roman Warm Period and Late Antique Little Ice Age in an Earth System Model Large Ensemble, in: Journal of Geophysical Research: Atmospheres 127 (2022), 1–16*

R. Singh et al., Investigating Hydroclimatic Impacts of the 168-158 BCE Volcanic Quartet and their Relevance to the Nile River Basin and Egyptian History, in: Climate of the Past 19 (2023), 249–275

M. Słowiński et al., Drought as a Stress Driver of Ecological Changes in Peatland – A Palaeoecological Study of Peatland Development between 3500 BCE and 200 BCE in Central Poland, in: Palaeogeography, Palaeoclimatology, Palaeoecology 461 (2016), 272–291*

M. A. Spyrou et al., Analysis of 3800-year-old *Yersinia pestis* Genomes Suggests Bronze Age Origin for Bubonic Plague, in: Nature Communications 9 (2018), Art. 2234

J.-D. Stanley, Egypt's Nile Delta in Late 4000 Years BP: Altered Flood Levels and Sedimentation, with Archaeological Implications, in: Journal of Coastal Research 35.5 (2019), 1036–1050

M. M. Stewart/I. Larocque-Tobler/M. Grosjean, Quantitative Inter-annual and Decadal June–July–August Temperature Variability ca. 570 BC to AD 120 (Iron Age-Roman Period) Reconstructed from the Varved Sediments of Lake Silvaplana (Switzerland), in: Journal of Quaternary Science 26.5 (2011), 491–501

R. B. Stothers, Mystery Cloud of AD 536, in: Nature 307 (1984), 344–345*

R. B. Stothers/M. R. Rampino, Volcanic Eruptions in the Mediterranean before A. D. 630. From Written and Archaeological Sources, in: Journal of Geophysical Research 88.B8 (1983), 6357–6371*

J. Struck et al., Central Mongolian Lake Sediments Reveal New Insights on Climate Change and Equestrian Empires in the Eastern Steppes, in: Scientific Reports 12 (2022), Art. 2829

M. N. Styllas et al., Late-Glacial and Holocene History of the Northeast Mediterranean Mountain Glaciers. New Insights from In situ-Produced ^{36}Cl-Based Cosmic Ray Exposure Dating of Paleo-Glacier Deposits on Mount Olympus (Greece), in: Quaternary Science Reviews 193 (2018), 244–265*

G. T. Swindles/G. Plunkett/H. M. Roe, A Delayed Climatic Response to Solar Forcing at 2800 Cal. BP: Multiproxy Evidence from Three Irish Peatlands, in: The Holocene 17.2 (2007), 177–182

E. Thomsen/R. Andreasen, Agricultural Lime Disturbs Natural Strontium Isotope Variations: Implications for Provenance and Migration Studies, in: Science Advances 5.3 (2019), Art. eaav8083

M. Toohey et al., Climatic and Societal Impacts of a Volcanic Double Event at the Dawn of the Middle Ages, in: Climatic Change 136 (2016), 401–412

W. H. J. Toonen et al., Holocene Fluvial History of the Nile's West Bank at Ancient Thebes, Luxor, Egypt, and its Relation with Cultural Dynamics and Basin-Wide Hydroclimatic Variability, in: Geoarchaeology 33.3 (2017), 273–290

A. Touzeau et al., Egyptian Mummies Record Increasing Aridity in the Nile Valley from 5500 to 1500 Yr before Present, in: Earth and Planetary Science Letters 375 (2013), 92–100

S. E. van der Leeuw et al., Climate, Hydrology, Land Use, and Environmental Degradation in the lower Rhone Valley during the Roman Period, in: Comptes Rendus Geoscience 337.1/2 (2005), 9–27

M. van Dinter et al., Late Holocene Lowland Fluvial Archives and Geoarchaeology: Utrecht's Case Study of Rhine River Abandonment under Roman and Medieval Settlement, in: Quaternary Science Reviews 166 (2017), 227–265

B. van Geel/J. Buurman/H. T. Waterbolk, Archaeological and Palaeoecological Indications of an Abrupt Climate Change The Netherlands, and Evidence for Climatological Teleconnections around 2650 BP, in: Journal of Quaternary Science 11.6 (1996), 451–460*

B. van Geel/H. Renssen (1998), Abrupt Climate Change around 2.650 BP in North-West Europe. Evidence for Climatic Teleconnections and a Tentative Explanation, in: A. S. Issar/N. Brown (Hgg.), Water, Environment and Society in Times of Climatic Change, Dordrecht et al. 1998, 21–41*

C. Vita-Finzi, The Mediterranean Valleys. Geological Changes in Historical Times, Cambridge 1969*

J. M. Wagstaff, Buried Assumptions: Some Problems in the Interpretation of the „Younger Fill" Raised by Recent Data from Greece, in: Journal of Archaeological Science 8 (1981), 247–264

E. R. Wahl/D. M. Ritson/C. M. Ammann, Comment on „Reconstructing Past Climate from Noisy Data", in: Science 312 (2006), 529

L. A. White/L. Mordechai, Modeling the Justinianic Plague. Comparing Hypothesized Transmission Routes, in: PLoS ONE 15.4 (2020), Art. e0231256

A. T. Wilson, Isotope Evidence for Past Climatic and Environmental Change, in: The Journal of Interdisciplinary History 10.4 (1980), 795–812

J. Wilson et al., Nested Environments: A Biocultural Examination of Malaria, Disease Stress, and Mother-Infant Health in a Rural Community in Late Antique Umbria, in: Environmental Archaeology (2023), 1–16

E. Xoplaki et al., Hydrological Changes in Late Antiquity: Spatio-Temporal Characteristics and Socio-Economic Impacts in the Eastern Mediterranean, in: P. Erdkamp/J. G. Manning/K. Verboven (Hgg.), Climate Change and Ancient Societies in Europe and the Near East. Diversity in Collapse and Resilience, Cham 2021, 533–560

G. I. Zaitseva et al., Chronological Study of Archaeological Sites and Environmental Change around 2600 BP in the Eurasian Steppe Belt (Uyuk valley, Tuva Republic), in: Geochronometria 24 (2005), 97–107

A. S. Zaky, Climate Variability in Northern Africa during the Late Holocene: A Multiproxy Perspective from El-Beida Lake (Wadi El-Natrun, Egypt), in: Quaternary Science Reviews 337 (2024), Art. 108801*

C. S. Zerefos/E. C. Zerefos, Climatic Change in Mycenaean Greece. A Citation to Aristotle, in: Archiv für Meteorologie, Geophysik und Bioklimatologie 26 (1978), 297–303

C. Zielhofer et al., Millennial-Scale Fluctuations in Saharan Dust Supply across the Decline of the African Humid Period, in: Quarternary Science Reviews 171 (2017), 119–135

2.2 Das Klima als historisches Narrativ und Argument

(mit Literatur zur Umweltgeschichte und zur antiken Überlieferung)

G. Alfani/T. E. Murphy, Plague and Lethal Epidemics in the Pre-Industrial World, in: The Journal of Economic History 77.1 (2017), 314–343

S. L. Allcock, Long-Term Socio-Environmental Dynamics and Adaptive Cycles in Cappadocia, Turkey during the Holocene, in: Quaternary International 446 (2017), 66–82

M. Andric et al., Palaeoecological Evidence for Human Impact at the Forest Line at Klek in the Julian Alps, in: Arheološki Vestnik 62 (2011), 375–392

V. Barnett, Changing an Interpretation: Slutsky's Random Cycles Revisited, in: The European Journal of the History of Economic Thought 13.3 (2006), 411–432

M. Bauch/H.-R. Bork/A. Izdebski, Vergessenes Extremwetter. Umwelthistorische Wegweiser auf dem Pfad der Resilienz, in: Aus Politik und Zeitgeschichte 40–41 (2021), 50–54

B. E. Berglund, Human Impact and Climate Changes – Synchronous Events and a Causal Link?, in: Quaternary International 105 (2003), 7–12

N. Bleicher, Einige kritische Gedanken zur Erforschung des Zusammenhangs von Klima und Kultur in der Vorgeschichte, in: F. Daim/D. Gronenborn/R. Schreg (Hgg.), Strategien zum Überleben, Umweltkrisen und ihre Bewältigung, Mainz 2011, 67–80

N. A. Bokovenko, Migrations of Early Nomads of the Eurasian Steppe in a Context of Climate Changes, in: E. M. Scott et al. (Hgg.), Impact of Environment on Human Migration in Eurasia, Dordrecht 2004, 21–33

J. Borsch/L. Carrara, Zwischen Natur und Kultur: Erdbeben als Gegenstand der Altertumswissenschaften, in: dies. (Hgg.), Erdbeben in der Antike. Deutungen – Folgen – Repräsentationen, Tübingen 2016, 1–13

F. S. Brand/K. Jax, Focusing the Meaning(s) of Resilience: Resilience as a Descriptive Concept and a Boundary Object, in: Ecology and Society 12.1 (2007), Art. 23

E. C. Brevik/A. E. Hartemink, Early Soil Knowledge and the Birth and Development of Soil Science, in: CATENA 83 (2010), 23–33

J. L. Brooke, Malthus and the North Antlantic Oscillation: A Reply to Kyle Harper, in: The Journal of Interdisciplinary History 46 (2016), 563–578*

J. L. Brooke, Climate Change and the Course of Global History. A Rough Journey, Cambridge 2014*

H. J. Bruins, Ancient Desert Agriculture in the Negev and Climate-Zone Boundary Changes during Average, Wet and Drought Years, in: Journal of Arid Environments 86 (2012), 28–42

R. A. Bryson/T. J. Murray, Climates of Hunger, Mankind and the World's Changing Weather, Wisconsin 1977*

U. Büntgen et al., Reply to ‚Limited Late Antique Cooling', in: Nature Geoscience 10 (2017), 243*

J. Clarke et al., Climatic Changes and Social Transformations in the Near East and North Africa during the ‚Long' 4th Millennium BC: A Comparative Study of Environmental and Archaeological Evidence, in: Quaternary Science Reviews 136 (2016) 96–121

J. J. Collins/J. G. Manning (Hgg.), Revolt and Resistance in the Ancient Classical World and the Near East. In the Crucible of Empire, Leiden et al. 2016

O. D. Cordovana, Environmental Thought in the Graeco-Roman World. ‚Ecological' Sensitivity, ‚Sustainable' Behaviour and ‚Biodervisity'. A Historical Perspective, Berlin/Boston 2024

S. Craft, An Environmental History of Ancient Greece and Rome, in: Classical Review 63.2 (2013), 483–485

N. Di Cosmo et al., Environmental Stress and Steppe Nomads: Rethinking the History of the Uyghur Empire (744–840) with Paleoclimate Data, in: The Journal of Interdisciplinary History 48 (2018) 439–463

N. Di Cosmo/C. Oppenheimer/U. Büntgen, Interplay of Environmental and Socio-Political Factors in the Downfall of the Eastern Türk Empire in 630 CE, in: Climatic Change 145 (2017), 383–395

P. B. deMenocal, Cultural Responses to Climate Change during the Late Holocene, in: Science 292 (2001), 667–673

E. de Muralt, Essai de Chronographie Byzantine. De 395 a 1057 (Bd. 1), St Petersburg 1855*

J. Diamond, Collapse. How Societies Choose to Fail or Succeed, New York 2005

H. Diaz/V. Trouet, Some Perspectives on Societal Impacts of Past Climatic Changes, in: History Compass 12.2 (2014), 160–177

J. G. B. Droysen, Grundriss der Historik, Leipzig ³1882*

M. Eisenberg/L. Mordechai, The Justinianic Plague and Global Pandemics: The Making of the Plague Concept, in: The American Historical Review 125.5 (2020), 1632–1667

M. Eisenberg et al., The Environmental History of the Late Antique West: A Bibliographic Essay, in: A. Izdebski/M. Mulryan (Hgg.), Environment and Society in the Long Late Antiquity, Leiden 2018, 31–50*

P. Emberger, Zur Unfruchtbarkeit von Böden in der antiken Welt, in: E. Olshausen/V. Sauer (Hgg.), Die Schätze der Erde – Natürliche Ressourcen in der antiken Welt, Stuttgart 2012, 87–101

S. Fink/R. Rollinger (Hgg.), „Krisen" und „Untergänge" als historisches Phänomen, Wiesbaden 2023

P. Flohr et al., Evidence of Resilience to Past Climate Change in Southwest Asia: Early Farming Communities and the 9.2 and 8.2 Ka Events, in: Quaternary Science Reviews 136 (2016) 23–39

A. D. Fitton Brown, The Unreality of Ovid's Tomitan Exile, in: Liverpool Classical Monthly 10 (1985), 18–22

P. Frankopan, The Earth Transformed. An Untold History, New York 2023*

R. Frei-Stolba, Klimadaten aus der römischen Republik, in: Museum Helveticum 44.2 (1987), 101–117*

M. Füssel, Die Ganzheit der Geschichte und die Vielheit der Geschichten, in: E. Geulen/C. Haas (Hgg.), Formen des Ganzen, Göttingen 2022, 379–394

P. Garnsey, Food and Society in Classical Antiquity, Cambridge 1999

P. Garnsey, Cities, Peasants and Food in Classical Antiquity. Essays in Social and Economic History, Cambridge 1998

P. Garnsey/C. R. Whittaker (Hgg.), Trade and Famine in Classical Antiquity, Cambridge 1983

A. Gibbons, Eruption Made 536 'the worst year to be alive', in: Science 362 (2018), 733–734

L. Giosan et al. (Hgg.), Climates, Landscapes and Civilizations, Washington 2012

C. J. Glacken, Traces on the Rhodian Shore. Nature and Culture in Western Thought from Ancient Times to the End of the Eighteenth Century, Berkeley et al. 1967*

A. Glais, Rapid Climate Changes and Human Dynamics during the Holocene in the Eastern Mediterranean (Lower Strymon Valley, Northern Greece), in: Quaternary Science Reviews 313 (2023), Art. 108130*

A. Gogou/A. Izdebski/K. Holmgren (Hgg.), Mediterranean Holocene Climate, Environment and Human Societies, Special Issue: Quaternary Science Reviews 84 (2016)

J. Gribbin/H. H. Lamb, Climatic Change in Historical Times, in: J. Gribbin (Hg.), Climatic Change, Cambridge 1978, 68–82*

D. Gronenborn (Hg.), Klimaveränderungen und Kulturwandel in neolithischen Gesellschaften Mitteleuropas, 6700–2200 v.Chr., Mainz 2005

J. D. Gunn, The Years Without Summer. Tracing A. D. 536 and its Aftermath, Oxford 2000*

J. D. Gunn, Introduction: A Perspective from the Humanities-Science Boundary, in: Human Ecology 22 (1994), 1–22*

W. V. Harris, Bois et déboisement dans la Méditerranée antique, in: Annales Histoire, Sciences Sociales 66.1 (2011), 105–140

S. Helama/P. D. Jones/K. R. Briffa, Limited Late Antique Cooling, in: Nature Geoscience 10 (2017), 242–243* (= Helama/Jones/Briffa 2017a)

S. Helama/P. D. Jones/K. R. Briffa, Dark Ages Cold Period: A Literature Review and Directions for Future Research, in: The Holocene 27.10 (2017), 1600–1606* (= Helama/Jones/Briffa 2017b)

M. Helzle, Fiktion und Realität in Ovids Exildichtung am Beispiel Epistulae ex Ponto IV 7, in: Würzburger Jahrbücher für die Altertumswissenschaft 30 (2006), 139–152

M. Helzle, Publii Ovidii Nasonis Epistularum ex Ponto liber IV. A Commentary on Poems 1 to 7 and 16, Hildesheim et al. 1989

R. C. G. Hennig, Katalog bemerkenswerter Witterungsereignisse von den ältesten Zeiten bis zum Jahr 1800, Berlin 1904*

Y. Hirschfeld, A Climatic Change in the Early Byzantine Period? Some Archaeological Evidence, in: Palestine Exploration Quarterly 136 (2004), 133–149*

H. Hofmann, Ovid im Exil? …sumque argumenti conditor ipse mei – Ovids Exildichtung zwischen Biographie und Fiktion, in: Latein und Griechisch in Baden-Württemberg – Deutscher Altphilologenverband Landesverband Baden-Württemberg, Mitteilungen 29.2 (2001), 8–19

C. Haselgrove/K. Rebay-Salisbury/P. S. Wells, Europe in the Iron Age: Landscapes, Regions, Climate, and People, in: dies. (Hgg.), The Oxford Handbook of the European Iron Age, Oxford 2023, 19–36*

C. Holleran/A. Pudsey (Hgg.), Demography and the Graeco-Roman World. New Insights and Approaches, Cambridge 2011

K. Holmgren et al., Mediterranean Holocene Climate, Environment and Human Societies, in Quaternary Science Reviews 135 (2015), 1–4

K. Hopkins, Economic Growth and Towns in Classical Antiquity, in: C. Kelly (Hg.), Sociological Studies in Roman History, Cambridge 2017, 135–159

P. Horden/N. Purcell, The Corrupting Sea. A Study of Mediterranean History, Oxford et al. 2000*

J. D. Hughes, Ancient Deforestation Revisited, in: Journal of the History of Biology 44 (2010), 43–57*

J. D. Hughes, Theophrastus as Ecologist, in: Environmental Review 9.4 (1985), 296–306

A. Izdebski, Ein Vormoderner Staat als Sozioökologisches System. Das Oströmische Reich 300–1300, Dresden 2022

A. Izdebski/J. Haldon/P. Filipkowski (Hgg.), Perspectives on Public Policy in Societal-Environmental Crises. What the Future Needs from History (Risk, Systems and Decisions), Cham 2022

A. Izdebski, Why Did Agriculture Flourish in the Late Antique East? The Role of Climate Fluctuations in the Development and Contraction of Agriculture in Asia Minor and the Middle East from the 4th till the 7th C. AD, in: Millennium 8 (2011), 291–312*

J. Koder, Climatic Change in the Fifth and Sixth Centuries?, in: P. Allen/E. M. Jeffreys (Hgg.), The Sixth Century: End or Beginning?, Brisbane 1996, 270–285*

B. N. Kovacsóczy et al., Archaeological and Natural Scientific Studies on the Hun-Period Grave from Kecskemét-Mindszenti-Dűlő, in: Z. Rácz/G. Szenthe (Hgg.), Attila's Europe? Structural Transformation and Strategies of Success in the European Hun Period, Budapest 2021, 305–326

J. Krause, Ancient Human Migrations, in: R. Neck/H. Schmidinger (Hgg.), Migration, Wien et al. 2013, 45–64

K. Kristiansen, Europe before History, Cambridge 1998

D. Lehoux, Astronomy, Weather, and Calendars in the Ancient World. Parapegmata and Related Texts in Classical and Near Eastern Societies, Cambridge 2007

C. P. Loveluck et al., Alpine Ice-Core Evidence for the Transformation of the European Monetary System, AD 640–670, in: Antiquity 92 (2018), 1571–1585

P. Malanima, Energy Consumption in the Roman World, in: W. V. Harris (Hg.), The Ancient Mediterranean Environment between Science and History 39, Leiden 2013, 13–36

T. R. Malthus, An Essay on the Principle of Population, Oxford 1798*

P. Maranzana, Climate and the End of Antiquity. An Answer from Western-Central Anatolia, in: Antiquité Tardive 29 (2021), 95–106

P. Maranzana, Resilience and Adaptation at the End of Antiquity. An Evaluation of the Impact of Climate Change in Late Roman Western-Central Anatolia, in: P. Erdkamp/J. G. Manning/K. Verboven (Hgg.), Climate Change and Ancient Societies in Europe and the Near East. Diversity in Collapse and Resilience, Cham 2021, 561–586

McCormick, What Climate Science, Ausonius, Nile Floods, Rye, and Thatch Tell us about the Environmental History of the Roman Empire, in: W. V. Harris, The Ancient Mediterranean Environment between Science and History, Leyden, 2013, 61–88*

M. McCormick, Rats, Communications, and Plague: Toward an Ecological History, in: The Journal of Interdisciplinary History 34 (2003), 1–25*

L. McMahon/A. Sargent, The Environmental History of the Late Antique Eastern Mediterranean: A Bibliographic Essay, in: A. Izdebski/M. Mulryan (Hgg.), Environment and Society in the Long Late Antiquity, Leiden 2018, 17–30*

M. Meier, The ‚Justinianic Plague'. An „Inconsequential Pandemic"? A Reply, in: Medizinhistorisches Journal 55 (2020), 172–199

M. Meier, What Historians Are Doing – A Final Reply to Mordechai et al., in: Medizinhistorisches Journal 55 (2020), 294–296

M. Meier/S. Patzold, Geschichte und Naturwissenschaften, Heidelberg 2021*

R. Meiggs, Trees and Timber in the Ancient Mediterranean World, Oxford 1982*

S. A. Mensing et al., 2700 Years of Mediterranean Environmental Change in Central Italy: A Synthesis of Sedimentary and Cultural Records to Interpret Past Impacts of Climate on Society, in: Quaternary Science Reviews 116 (2015), 72–94

L. Mordechai et al., Plague Analysis and Plagued Assumptions. A Response to Mischa Meier, in: Medizinhistorisches Journal 55 (2020), 290–293

L. Mordechai et al., Doing History: Plague Past and Future – A Second Response to Mischa Meier, in: Medizinhistorisches Journal 55.3 (2020), 297–298

L. Mordechai/M. Eisenberg, Rejecting Catastrophe. The Case of the Justinianic Plague, in: Past & Present 244.1 (2019), 3–50

L. Mordechai et al., The Justinianic Plague. An Inconsequential Pandemic?, in: PNAS 116.51 (2019), 25546–25554

J. Neumann, Climatic Change as a Topic in the Classical Greek and Roman Literature, in: Climatic Change 7 (1985), 441–454*

T. P. Newfield et al., Proxies for Plague? New Approaches in Studying the Causes and Consequences of the First Plague Pandemic, in: W. Brandes et al. (Hgg.), Legal Pluralism and Social Change in Late Antiquity and the Middle Ages. A Conference in Honor of John Haldon, Frankfurt 2024, 63–115

G. Panessa, Fonti greche e latine per la storia dell'ambiente e del clima nel mondo Greco, 2 Bde., Pisa 1991*

E. D. Phillips, New Light on the Ancient History of the Eurasian Steppe, in: American Journal of Archaeology 61.3 (1957), 269–280

J. Preiser-Kapeller, Die erste Ernte und der große Hunger. Klima, Pandemien und der Wandel der Alten Welt bis 500 n. Chr., Wien 2021* (= Preiser-Kapeller 2021a)

J. Preiser-Kapeller, Der lange Sommer und die kleine Eiszeit. Klima, Pandemien und der Wandel der Alten Welt von 500 bis 1500 n. Chr., Wien 2021* (= Preiser-Kapeller 2021b)

J. Preiser-Kapeller, Networks and the Resilience and Fall of Empires. A Macro-Comparison of the Imperium Romanum and Imperial China, in: Siedlungsforschung 36 (2019), 59–98

R. Sallares, Ecology, in W. Scheidel/I. Morris/R. P. Saller (Hgg.), The Cambridge Economic History of the Greco-Roman world, Cambridge 2007, 15–37

N. F. Sayre, (2008). The Genesis, History, and Limits of Carrying Capacity, in: Annals of the Association of American Geographers 98 (2008), 120–134*

W. Scheidel (Hg.), The Science of Roman History. Biology, Climate, and the Future of the Past, Princeton 2018*

W. Scheidel, Demography, in: W. Scheidel/I. Morris/R. P. Saller (Hgg.), The Cambridge Economic History of the Greco-Roman World, Cambridge 2007, 38–86

W. Scheidel, Death on the Nile: Disease and the Demography of Roman Egypt, Leiden 2001* (= Scheidel 2001)

W. Scheidel (Hg.), Debating Roman Demography, Leiden et al. 2001

M. Schuh/H. Huhtamaa, Europäische Umweltgeschichte, in: T. Meier et al. (Hgg.), Umwelt interdisziplinär. Grundlagen – Konzepte – Handlungsfelder (Bd. 1), Heidelberg 2022 (online verfügbar unter: https://archiv.ub.uni-heidelberg.de/volltextserver/31078/)

V. Seibel, Die große Pest zur Zeit Justinians I. und die ihr voraus und zur Seite gehenden ungewöhnlichen Natur-Ereignisse, Dilingen 1857*

S. Seibert, Ovids verkehrte Exilwelt. Spiegel des Erzählers – Spiegel des Mythos – Spiegel Roms, Berlin et al. 2014

B. D. Shaw, Seasons of Death. Aspects of Mortality in Imperial Rome, in: Journal of Roman Studies 86 (1996), 100–138*

B. D. Shaw, Climate, Environment, and History. The Case of Roman North Africa, in: T. M. L. Wigley/M. J. Ingram/G. Farmer (Hgg.), Climate and History. Studies in Past Climates and their Impact on Man, Cambridge et al. 1981, 379–403*

A. L. Sizling et al., Can People Change the Ecological Rules that Appear General across Space? In: Global Ecology and Biogeography 25.9 (2016), 1072–1084

H. Sonnabend (Hg.), Mensch und Landschaft in der Antike. Lexikon der Historischen Geographie, Stuttgart 2006

H. Sonnabend, Naturkatastrophen in der Antike. Wahrnehmung – Deutung – Management, Berlin 1999, 1–37

R. Storey/G. R. Storey, Rome and the Classic Maya: Comparing the Slow Collapse of Civilizations, Oxford 2017

R. B. Stothers/M. R. Rampino, Volcanic Eruptions in the Mediterranean before A. D. 630. From Written and Archaeological Sources, in: Journal of Geophysical Research 88.B8 (1983), 6357–6371*

W. Taylor et al., High Altitude Hunting, Climate Change, and Pastoral Resilience in Eastern Eurasia, in: Scientific Reports 11 (2021), Art. 14287

I. G. Telelēs, Meteōrologika phainomena kai klima sto Byzantio (auf griechisch publiziert: Μετεωρολιγά φαινόμενα και κλίμα στο Βυζάντιο), 2 Bde., Athen 2004*

L. Thommen, Umweltgeschichte der Antike, München 2009

R. Thurnher, Fall und Ereignis: Eine Studie zur Ontologie der Geschichtswissenschaft, in: Zeitschrift für allgemeine Wissenschaftstheorie/Journal for General Philosophy of Science 8.2 (1977), 315–330

G. Utterström, Climatic Fluctuations and Population Problems in Early Modern History, in: Scandinavian Economic History Review 3 (2011), 3–47*

H. Weiss/R. S. Bradley, What Drives Societal Collapse?, in: Science 291 (2001), 609–610

B. P. Weninger, The Impact of Rapid Climate Change on Prehistoric Societies during the Holocene in the Eastern Mediterranean, in: Documenta Praehistorica 36 (2009), 7–59*

M. H. Wiener, The Interaction of Climate Change and Agency in the Collapse of Civilizations ca. 2300–2000 BC, in: Radiocarbon. 56.4 (2014), S1–S16

V. Winiwarter/M. Knoll, Umweltgeschichte. Eine Einführung, Köln et al. 2007*

A. Wossink, Challenging Climate Change. Competition and Cooperation among Pastoralists and Agriculturalists in Northern Mesopotamia (c. 3000–1600 BC), Leiden 2009

E. Xoplaki et al., The Medieval Climate Anomaly and Byzantium. A Review of the Evidence on Climatic Fluctuations, Economic Performance and Societal Change, in: Quaternary Science Reviews 136 (2016), 229–252

L. E. Yang et al. (Hgg.), Socio-Environmental Dynamics along the Historical Silk Road, Cham 2019

2.2.1 Griechische Geschichte

P. E. Acheson, Does the ‚Economic Explanation' Work? Settlement, Agriculture and Erosion in the Territory of Halieis in the Late Classical-Early Hellenistic Period, in: Journal of Mediterranean Archaeology 10.2 (1997), 165–190

B. Arıkan/F. B. Restelli/A. Masi, Comparative Modeling of Bronze Age Land Use in the Malatya Plain (Turkey), in: Quaternary Science Reviews 136 (2016) 122–133

J. Bouzek, Greece, Anatolia and Europe: Cultural Interrelations during the Early Iron Age, Jonsered 1997

R. A. Bryson/H: H. Lamb/D. L. Donley, Drought and the Decline of Mycenae, in: Antiquity 48 (1974), 46–50*

R. H. Carpenter, Discontinuity in Greek Civilization, Cambridge 1966*

R. H. Carpenter, Climate and History, in: Horizon 11.2 (1969), 48–57*

E. Cline, 1177 B. C. The Year Civilization Collapsed. Revised and Updated, Princeton ²2021

D. P. Crouch, Water Management in Ancient Greek Cities, New York et al. 1993

B. L. Drake, The Influence of Climatic Change on the Late Bronze Age Collapse and the Greek Dark Ages, in: Journal of Archaeological Science 39 (2012), 1862–1870*

M. Finné et al., Late Bronze Age Climate Change and the Destruction of the Mycenaean Palace of Nestor at Pylos, in: PLoS ONE 12 (2017), Art. e0189447*

T. W. Gallant, Crisis and Response: Risk-Buffering Behavior in Hellenistic Greek Communities, in: The Journal of Interdisciplinary History 19.3 (1989), 393–413

A. Gogou et al., Climate Variability and Socio-Environmental Changes in the Northern Aegean (NE Mediterranean) during the Last 1500 Years, in: Quaternary Science Reviews 136 (2016), 209–228
D. Kaniewski/J. Guiot/E. van Campo, Drought and Societal Collapse 3200 Years ago in the Eastern Mediterranean: A Review, in: WIREs Climate Change 6 (2015), 369–382*
D. Kaniewski et al., Environmental Roots of the Late Bronze Age Crisis, in: PLoS ONE 8.8 (2013), Art. e71004*
A. B. Knapp/S. W. Manning, Crisis in Context: The End of the Late Bronze Age in the Eastern Mediterranean, in: American Journal of Archaeology 120.1 (2016), 99–149*
D. Koutsoyiannis, Urban Water Management in Ancient Greece. Legacies and Lessons, in: Journal of Water Resources Planning and Management 134.1 (2008), 45–54
H. H. Lamb, Climatic Changes during the Course of Early Greek History, in: Antiquity 42 (1968), 231–233*
H. H. Lamb, Rezension von: R. H. Carpenter: Discontinuity in Greek Civilization (The J. H. Gray Lectures for 1965), Cambridge 1966, in: Antiquity. 41 (1967), 233–234*
I. Morris, The Eighth-Century Revolution, in: K. A. Raaflaub/H. van Wees (Hgg.), A Companion to Archaic Greece, Malden et al. 2009, 64–80*
V. P. Papanastasis/M. Arianoutsou/K. Papanastasis, Environmental Conservation in Classical Greece, in: Journal of Biological Research-Thessaloniki 14 (2010), 123–135
R. Post, The Environmental History of Classical and Hellenistic Greece. The Contribution of Environmental Archaeology, in: History Compass 15.10 (2017), 1–12*
C. Pratt, Oil, Wine, and the Cultural Economy of Ancient Greece. From the Bronze Age to the Archaic Era, Cambridge 2021
O. M. Raspopov et al., Deep Solar Activity Minima, Sharp Climate Changes, and their Impact on Ancient Civilizations, in: Geomagnetism and Aeronomy 53.8 (2013), 917–921*
R. Sallares, The Ecology of the Ancient Greek World, Ithaca (NY) 1991*
R. Schulz/U. Walter, Griechische Geschichte ca. 800–322 v. Chr. (2 Bde.), Berlin/Boston 2022
A. A. Tsonis et al. Climate Change and the Demise of Minoan Civilization, in: Climate of the Past 6 (2010), 525–530*
C. Ulf/E. Kistler, Die Entstehung Griechenlands, Berlin/Boston 2020*
A. H. Warner, A History of Wine. Great Vintage Wines from the Homeric Age to the Present Day, London 1961
E. Weiberg/M. Finné, Vulnerability to Climate Change in Late Bronze Age Peloponnese (Greece), in: P. Erdkamp/J. G. Manning/K. Verboven (Hgg.), Climate Change and Ancient Societies in Europe and the Near East. Diversity in Collapse and Resilience, Cham 2021, 215–242*
E. Weiberg/M. Finné, Resilience and Persistence of Ancient Societies in the Face of Climate Change: A Case Study from Late Bronze Age Peloponnese, in: World Archaeology 50.4 (2018), 584–602*

E. Weiberg et al., The Socio-environmental History of the Peloponnese during the Holocene. Towards an Integrated Understanding of the Past, in: Quaternary Science Reviews 136 (2016), 40–65*

B. Weiss, The Decline of Late Bronze Age Civilization as a Possible Response to Climatic Change, in: Climatic Change 4 (1982), 173–198*

H. E. Wright Jr., Climatic Change in Mycenaean Greece, in: Antiquity 42.166 (1968), 123–127*

C. S. Zerefos et al., The Role of Weather during the Greek-Persian „Naval Battle of Salamis" in 480 B. C., in: Atmosphere 11.8 (2020), Art. 838*

2.2.2 Römische Geschichte

A. Arjava, The Mystery Cloud of 536 CE in the Mediterranean Sources, in: Dumbarton Oaks Papers 59 (2005), 73–94

S. Bernard et al., An Environmental and Climate History of the Roman Expansion in Italy, in: The Journal of Interdisciplinary History 54.1 (2023), 1–42*

A. Bowman/A. Wilson (Hgg.), Quantifying the Roman Economy: Methods and Problems, Oxford 2009

L. Bruno et al., Human–Landscape Interactions in the Bologna Area (Northern Italy) during the Mid-Late Holocene, with Focus on the Roman Period, in: Holocene 23.11 (2013), 1560–1571

D. Cherry, Hunger at Rome in the Late Republic, in: Echos du Monde Classique/Classical Views 37.12 (1993), 433–450

T. Clauzel et al., The Gauls Experienced the Roman Warm Period: Oxygen Isotope Study of the Gallic Site of Thézy-Glimont (Picardie, France), in: Journal of Archaeological Science: Reports 34 (2020), 1–12*

E. R. Cook, Megadroughts, ENSO, and the Invasion of Late-Roman Europe by the Huns and Avars, in: W. V. Harris (Hgg.), The Ancient Mediterranean Environment between Science and History, Leiden 2013, 89–102*

F. de Callataÿ (Hg.), Quantifying the Greco-Roman Economy and Beyond, Bari 2014

A. Demandt, Der Fall Roms. Die Auflösung des Römischen Reiches im Urteil der Nachwelt, München 1984*

B. L. Drake, Changes in North Atlantic Oscillation drove Population Migrations and the Collapse of the Western Roman Empire, in: Scientific Reports 7 (2017), Art. 1227*

C. P. Elliott, The Antonine Plague, Climate Change and Local Violence in Roman Egypt, in: Past and Present 231 (2016), 3–31

S. E. Hakenbeck/U. Büntgen, The Role of Drought during the Hunnic Incursions into Central-east Europe in the 4th and 5th C. CE, in: Journal of Roman Archaeology 35.2 (2022), 876–896*

J. Haldon et al., Plagues, Climate Change, and the End of an Empire: A Response to Kyle Harper's The Fate of Rome (1): Climate, in: History Compass 16.12 (2018), Art. e12508* (= Haldon et al. 2018a)

J. Haldon et al., Plagues, Climate Change, and the End of an Empire: A Response to Kyle Harper's The Fate of Rome (2): Plagues and a Crisis of Empire, in: History Compass 16.12 (2018), Art. e12506* (= Haldon et al. 2018b)

J. Haldon et al., Plagues, Climate Change, and the End of an Empire: A Response to Kyle Harper's The Fate of Rome (3): Disease, Agency, and Collapse, in: History Compass 16.12 (2018), Art. e12507* (= Haldon et al. 2018c)

J. Haldon, The Empire That Would Not Die. The Paradox of Eastern Roman Survival, Cambridge (MA) 2016

J. Haldon et al., The Climate and Environment of Byzantine Anatolia: Integrating Science, History, and Archaeology, in: The Journal of Interdisciplinary History 45.2 (2014), 113–161*

K. Harper, The Fate of Rome. Climate, Disease, and the End of an Empire, Princeton 2017*

K. Harper, A Reply to John L. Brooke's „Malthus and the North Atlantic Oscillation", in: The Journal of Interdisciplinary History 46 (2016), 579–584* (= Harper 2016)

K. Harper, The Environmental Fall of the Roman Empire, in: Daedalus 145.2 (2016), 101–111

K. Harper, Civilization, Climate, and Malthus: The Rough Course of Global History (Rezension von: J. L. Brooke, Climate Change and the Course of Global History. A Rough Journey, Cambridge 2014), in: The Journal of Interdisciplinary History 45 (2015), 549–566*

W. V. Harris, The Indispensable Commodity: Notes on the Economy of Wood in the Roman Mediterranean, in: A. Wilson/A. Bowman (Hgg.), Trade, Commerce, and the State in the Roman World, Oxford 2017, 211–236

E. Hermon (Hg.), Société et climats dans l'Empire romain: pour une perspective historique et systémique de la gestion des ressources en eau dans l'Empire romain, Neapel 2009*

S. Hin, The Demography of Roman Italy. Population Dynamics in an Ancient Conquest Society (201 BCE–14 CE), Cambridge et al. 2013

S. R. Huebner, Climate Change in the Breadbasket of the Roman Empire – Explaining the Decline of the Fayum Villages in the Third Century CE, in: Studies in Late Antiquity 4 (2020), 486–518*

K. Lomas, The Rise of Rome. From the Iron Age to the Punic Wars, Cambridge (MA) 2018*

F. Ludlow/J. G. Manning, Revolts Under the Ptolemies: A Paleoclimatological Perspective, in: J. J. Collins/J. G. Manning (Hgg.), Revolt and Resistance in the Ancient Classical World and the Near East, Leiden/Boston 2016, 154–171*

J. R. McConnell et al., Extreme Climate after Massive Eruption of Alaska's Okmok Volcano in 43 BCE and Effects on the Late Roman Republic and Ptolemaic Kingdom, in: PNAS 117 (2020), 15442–15449*

J. R. McConnell et al., Extreme Climate after Massive Eruption of Alaska's Okmok Volcano in 43 BCE and Effects on the Late Roman Republic and Ptolemaic Kingdom (2020), SI Appendix (online verfügbar unter: https://www.pnas.org/doi/10.1073/pnas.2002722117)* (= McConnell et al. 2020$_{SI\ Appendix}$)

M. McCormick et al., Climate Change during and after the Roman Empire. Reconstructing the Past from Scientific and Historical Evidence, in: The Journal of Interdisciplinary History 43.2 (2012), 169–220*

M. McCormick et al., Geodatabase of Historical Evidence on Roman and Post-Roman Climate (2012), Harvard Dataverse V4 (online verfügbar unter: https://dataverse.harvard.edu/dataset.xhtml?persistentId=doi:10.7910/DVN/TVXATE)* (= McCormick et al. 2012$_{Appendix}$)

B. T. McDonald, The Antonine Crisis: Climate Change as a Trigger for Epidemiological and Economic Turmoil, in: P. Erdkamp/J. G. Manning/K. Verboven (Hgg.), Climate Change and Ancient Societies in Europe and the Near East. Diversity in Collapse and Resilience, Cham 2021, 373–410

M. Meier, Die Hunnen. Geschichte der geheimnisvollen Reiterkrieger, München 2025*

M. Meier, Rezension von: Kyle Harper, The Fate of Rome. Climate, Disease, and the End of an Empire, Princeton 2017, in: sehepunkte 18.4 (2018)*

M. Meier, Das andere Zeitalter Justinians. Kontingenzerfahrung und Kontingenzbewältigung im 6. Jahrhundert n. Chr., Göttingen 2003*

R. Murphey, The Decline of North Africa Since the Roman Occupation: Climatic or Human?, in: Annals of the Association of American Geographers 41.2 (1951), 116–132*

T. P. Newfield, The Climate Downturn of 536–50, in: S. White/C. Pfister/F. Mauelshagen (Hgg.), The Palgrave Handbook of Climate History, Basingstoke 2018, 447–493* (= Newfield 2018)

J. Nichols, Mapping the Crisis of the Third Century, in: O. Hekster/G. de Kleijn/D. Slootjes (Hgg.), Crises and the Roman Empire, Boston 2007, 431–437

P. N. Peregrine, Climate and Social Change at the Start of the Late Antique Little Ice Age, in: The Holocene 30.11 (2020), 1643–1648

J. J. Saunders, The Debate on the Fall of Rome, in: History 48 (1963), 1–17*

B. Schmidt, Der Jahrhundertsommer im Jahr 49 n. Chr. im Rheinland, in: Kölner Jahrbuch für Vor- und Frühgeschichte 43 (2010), 695–699

B. Schmidt et al., Mögliche Schwankungen von Getreideerträgen – Befunde zur Rheinischen Linienbandkeramik und Römischen Kaiserzeit, in: Archäologisches Korrespondenzblatt 35 (2005), 301–316*

V. G. Simkhovitch, Rome's Fall Reconsidered, in: Political Science Quarterly 31.2 (1916), 201–243*

D. C. Stathakopoulos, Famine and Pestilence in the Late Roman and Early Byzantine Empire, London/New York 2004

W. Zanier, Der römische Alpenfeldzug unter Tiberius und Drusus im Jahre 15 v. Chr. Übersicht zu den historischen und archäologischen Quellen, in: R. Aßkamp/T. Esch (Hgg.), Imperium – Varus und seine Zeit, Münster 2010, 73–96

K. A. F. Zonneveld et al., Climate Change, Society, and Pandemic Disease in Roman Italy between 200 BCE and 600 CE, in: Science Advances 10.4 (2024), Art. eadk1033*

2.3 Grenzen und Perspektiven der antiken Klimageschichte – ein vorläufiges Fazit

2.3.1 Datenbanken

(zuletzt abgerufen am 01.07.2025)

CCH – Climate Change and History. Data and Sources on the Climate of Greco-Roman Antiquity (Universität Tübingen; im Aufbau)*

HistClim: https://ancientclimate.philhist.unibas.ch/en/histclim-database/ (Universität Basel; im Aufbau)*
https://www.historicalclimatology.com/databases.html (Übersicht zu klimageschichtlich relevanten Datenbanken; der Schwerpunkt liegt nicht auf der Antike)
https://www.geomar.de/en/research/fb1/fb1-p-oz/research-topics/paleoclimate-modelling (Klimamodellierung; nicht spezifisch zur Antike)
https://www.ncei.noaa.gov/products/paleoclimatology (umfangreichste paläoklimatologische Datenbank [auch zur Klimamodellierung])
https://pastglobalchanges.org/science/wg/2k-network/intro (paläoklimatologische Daten und Simulationen zu den letzten etwa 2000 Jahren)
https://pmip.lsce.ipsl.fr/ (Klimamodellierung; nicht spezifisch zur Antike)
https://varve.gfz-potsdam.de/ (Sediment-Datenbank zum holozänen Klima)

2.3.2 Methodologische Grundprobleme

D. Daems et al., The Social Metabolism of Past Societies: A New Approach to Environmental Changes and Societal Responses in the Territory of Sagalassos (SW Turkey), in: P. Erdkamp/J. G. Manning/K. Verboven (Hgg.), Climate Change and Ancient Societies in Europe and the Near East. Diversity in Collapse and Resilience, Cham 2021, 587–614

M. J. Decker, Approaches to the Environmental History of Late Antiquity, Part I: The Rise of Islam, in: History Compass 15 (2017), Art. e124071

M. J. Decker, Approaches to the Environmental History of Late Antiquity, Part II: Climate Change and the End of the Roman Empire, in: History Compass 15 (2017), Art. e12425* (= Decker 2017)

D. Degroot et al., The History of Climate and Society: A Review of the Influence of Climate Change on the Human Past, in: Environmental Research Letters 17.10 (2022), 1–35*

J. de Vries, Measuring the Impact of Climate on History. The Search for Appropriate Methodologies, in: The Journal of Interdisciplinary History 10.4 (1980), 599–630*

P. Erdkamp, Climate Change and the Productive Landscape in the Mediterranean Region in the Roman Period, in: ders./J. G. Manning/K. Verboven (Hgg.), Climate Change and Ancient Societies in Europe and the Near East. Diversity in Collapse and Resilience, Cham 2021, 412–442* (= Erdkamp 2021)

P. Erdkamp, War, Food, Climate Change, and the Decline of the Roman Empire, in: Journal of Late Antiquity 12 (2019), 422–465*

P. Erdkamp/J. G. Manning/K. Verboven (Hgg.), Climate Change and Ancient Societies in Europe and the Near East. Diversity in Collapse and Resilience, Cham 2021*

M. Finné/E. Weiberg, Climate Change and Ancient Societies. Facing up to the Challenge of Chronological Control, in: A. Ekblom/C. Isendahl/K.-J. Lindholm (Hgg.), The Resilience of Heritage. Cultivating a Future of the Past. Essays in Honour of Professor Paul J. J. Sinclair, Uppsala 2018, 269–287

J. Haldon et al., Demystifying Collapse: Climate, Environment, and Social Agency in Pre-Modern Societies, in: Millenium 17.1 (2020), 1–33*

W. V. Harris (Hg.), The Ancient Mediterranean Environment Between Science and History, Leiden/Boston 2013*

A. Izdebski et al., The Emergence of Interdisciplinary Environmental History. Collaborative Approaches to the Late Holocene, in: Annales. Histoire, Sciences Sociales – English Edition (2024), 1–43

A. Izdebski et al., L'émergence d'une histoire environnementale interdisciplinaire. Une approche conjointe de l'Holocène tardif, in: Annales. Histoire, Sciences Sociales 77.1 (2022), 11–58* (= Izdebski 2022)

A. Izdebski et al., Realising Consilience: How Better Communication Between Archaeologists, Historians and Natural Scientists can Transform the Study of Past Climate Change in the Mediterranean, in: Quaternary Science Reviews 136 (2016), 5–22* (= Izdebski et al. 2016b)

A. Izdebski/M. Mulryan (Hgg.), Environment and Society in the Long Late Antiquity, Leiden/Boston 2019*

S. W. Manning, The Roman World and Climate: Context, Relevance of Climate Change, and Some Issues, in: W. V. Harris (Hg.), The Ancient Mediterranean Environment between Science and History, New York 2013, 103–170*

M. McCormick, Climates of History, Histories of Climate: From History to Archaeoscience, in: The Journal of Interdisciplinary History 50.1 (2019), 3–30*

T. P. Newfield/I. Labuhn, Realizing Consilience in Studies of Pre-Instrumental Climate and Pre-Laboratory Disease (Rezension von: A. Gogou/A. Izdebski/K. Holmgren [Hgg.], Mediterranean Holocene Climate, Environment and Human Societies, Special Issue: Quaternary Science Reviews 84 [2016]), in: The Journal of Interdisciplinary History 48.2 (2017), 211–240

C. Schliephake, Wenn die Kultur vom Anderen spricht. Die „Environmental Humanities", die „Natur" und antike Textressourcen, in: Spudasmata 187 (2021), 293–324

C. Schliephake, The Environmental Humanities and the Ancient World, Questions and Perspectives, Cambridge 2020*

K. Sessa, The New Environmental Fall of Rome. A Methodological Consideration, in: Journal of Late Antiquity 12.1 (2019), 211–255*

A. T. Wilson, The Mediterranean Environment in Ancient History. Perspectives and Prospects, in: W. V. Harris (Hg.), The Ancient Mediterranean Environment between Science and History, New York 2013, 259–276

Anhang

Abkürzungsverzeichnis

aDNA	ancient DNA
AGCM	Atmospheric oder Oceanic General Circulation Models
AMJ	April–Mai–Juni
AMO	Atlantic Multidecadal Oscillation
AOGCM	Atmospheric Oceanic General Circulation Models
b2k	before 2000
BP	before present (bezogen auf 1950)
CESM	Community Earth System Model (ein globales Klimamodell)
CGCM	Coupled General Circulation Models
CLINO	climate normals
DACP	Dark Ages Cold Period
DJF	Dezember–Januar–Februar
ECV	Essential Climate Variables
ENSO	El Niño-Southern Oscillation
e. g.	exempli gratia (zum Beispiel)
GCOS	Global Climate Observing System
GMST	Global Mean Surface Temperature
GSSP	Global Stratotype Section and Point
HCA	Homeric Climate Anomaly
HCO	Homeric Climate Oscillation
HM	Homeric Minimum
H(G)SM	Homerian (Grand) Solar Minimum
IACE	Iron Age Cold Epoch
IACP	Iron Age Cold Periods
ICS	International Commission on Stratigraphy
IMO	International Meteorological Organization
IODP	Integrated Ocean Drilling Program
IPCC	Intergovernmental Panel on Climate Change
JJA	Juni–Juli–August
KDVS	Kongelige Danske Videnskabernes Selskab (Königliche Dänische Akademie der Wissenschaften)
LALIA	Late Antique Little Ice Age
LIP	Large Igneous Provinces
Ma	Megaannum (Jahrmillion)
MAM	März–April–Mai
MEP	Migration Era Pessimum
MXD	maximum latewood density
mya	million years ago
NAO	North Atlantic Oscillation
OGCM	Oceanic General Circulation Models
PA	Paris Agreement
PMIP	Palaeoclimate Modelling Intercomparison Project
RCC	Rapid Climate Change

https://doi.org/10.1515/9783110750201-005

RCO	Roman Climate Optimum
RO	Roman Optimum
RCP	Roman Classical Period
RTP	Roman Transitional Period
RW	ring width
RWE	Roman Warm Epoch
RWP	Roman Warm Period
SON	September–Oktober–November
TAR	Third Assessment Report
UNEP	UN Environment Progamme
VM	Vandal Minimum
WCC/WCC-1	World Climate Conference
WCP	World Climate Programme
WMO	World Meteorological Organization
w. r. t.	with respect to

Glossar

Die folgende Zusammenstellung soll – ohne jeden Anspruch auf Vollständigkeit – die Lektüre dieses Buches und den Zugang zur paläoklimatologischen Literatur erleichtern. Weitergehende Erläuterungen, auch zu hier nicht aufgeführten Begriffen und Themen, können über das Register und die Marginalien im Text gefunden werden.

alluvialer Bodeneintrag:
Erdgeschichtlich junge Schwemmböden, die durch das Einschwemmen von Sedimenten entstanden sind. In der älteren Forschung wurde das Holozän als „Alluvium" bezeichnet (etwa: „Zeitalter der Anschwemmungen").

Anthropozän:
Zu Beginn der 2000er Jahre wurde vorgeschlagen, eine neue geologische Epoche einzuführen, die maßgeblich durch den Einfluss des Menschen geprägt sei. Es ist in der Forschung jedoch weiterhin umstritten, ob und in welchem Umfang der Mensch als geologischer Faktor gelten kann und wann der Beginn einer solchen Epoche anzusetzen wäre.

äolische Sedimente:
durch Wind eingetragene Sedimente (e. g. Lössboden)

Archiv (natürlich)/Archiv-Typ:
natürlich entstandene Strukturen (wie Baumringe, Sedimentschichten, Gletscher o. Ä.), über die sich Rückschlüsse auf vergangene Klima- und Umweltbedingungen ziehen lassen

benthisch:
Das Adjektiv bezeichnet Lebewesen, die am oder im Boden eines Gewässers leben.

Dendrochronologie:
Datierung von Bäumen und Holz(-proben) anhand von Jahresringen

Dendroklimatologie:
Schätzung der Klimabedingungen (vornehmlich Durchschnittstemperaturen und Niederschlagsmengen) anhand von Baumdaten (e. g. Ringbreite, Holzdichte, Wachstumsanomalien)

Eiszeitalter:
Abschnitt der Erdgeschichte mit Gletscherbildung in mindestens einer der beiden Polarregionen

fluviale Sedimente:
von Fließgewässern transportierte Sedimente

Foraminiferen:
Amöbenartige Einzeller, die überwiegend im Meer leben. Die (fossilisierten) Überreste ihrer Skelette finden sich in (Tiefsee-)Sedimenten und geben Hinweise auf die Entwicklung u. a. der Gewässertemperatur.

Glazial:
Bezeichnung für eine Kaltzeit mit ausgeprägter Vergletscherung innerhalb eines Eiszeitalters. Der Begriff ist präziser als „Eiszeit" und sollte daher bevorzugt werden.

Holozän:
derzeitige geologische Epoche (Warmzeit innerhalb des quartären Eiszeitalters; Beginn vor ca. 11.500 Jahren)

Interglazial:
wärmerer Zeitraum (Warmzeit) zwischen zwei Glazialen (s. o.) innerhalb eines Eiszeitalters (s. o.)

Isotope:
Varianten eines chemischen Elements, die sich durch die Zahl der Neutronen im Atomkern unterscheiden. Da die Anzahl der Protonen gleich ist, haben die Atome dieselben chemischen Eigenschaften, unterscheiden sich aber in ihrer Masse. Isotope sind radioaktiv bis sie in einen stabilen Zustand zerfallen sind.

Isotopensignatur/Isotopenverteilung:
Mengenverhältnis unterschiedlicher Isotope eines Elements. Die Sauerstoff-Isotopensignatur dient beispielsweise zur Temperaturschätzung in Eisbohrkernen oder Tiefseesedimenten. Die Isotopenverteilungen kann auch zur Provenienzbestimmung verschiedener Materialien (organisch/anorganisch) herangezogen werden.

Klimaelement/Klimavariable:
Bezeichnung für die einzelnen Bestandteile des Klimas (e. g. Temperatur, Niederschlag, Luftfeuchtigkeit)

Klimaepoche:
ein Deutungsrahmen, der eine Klimaphase (s. u.) auf eine spezifische historische Interpretation festlegt

Klimafaktor:
Prozesse und Zustände, die das Klima sowie dessen Entstehung und Veränderung beeinflussen. Beispiele sind die Sonnenintensität, die Land-Meer-Verteilung, die geographische Breite oder auch die Neigung der Erdachse.

Klimaphase:
ein Zeitraum, für den charakteristische Klimaverhältnisse beobachtet werden können

Klima-Proxy-Funktion:
Beschreibt den mathematischen Zusammenhang zwischen einem Klimasignal (s. u.) und den geschätzten klimatischen Zustandsgrößen (s. u.). Beispielhaft sei hier auf die Breite von Baumringen und

das zugehörige Temperaturspektrum, in dem der Baum wahrscheinlich gewachsen ist, verwiesen.

Klimasignal:
Marker aus natürlichen Archiven, anhand derer verschiedene Zustandsgrößen (s. u.) des Klimas (e. g. Temperatur, Niederschlagsmenge) geschätzt werden können. Beispiele sind die Breite von Baumringen oder die Isotopensignatur (s. o.) im Schmelzwasser von Eisbohrkernen.

Klimasynopsis:
Zusammenschau verschiedener Bestandteile des Klimas, über die sich das Klimageschehen in Raum und Zeit differenziert abbilden lässt (e. g. Klimadiagramme, Klimaklassifikation, Klimamodellierung)

Klimasystem:
Gesamtheit der physikalischen, chemischen und biologischen Prozesse, die das Klimageschehen auf der Erde beeinflussen: Atmosphäre (gasförmige Hülle), Biosphäre (Pflanzen und Tiere), Kryosphäre (Land- und Meereis), Hydrosphäre (Salz- und Süßwasser), Pedosphäre (Boden) und Lithosphäre (Gestein). Je nach Betrachtungsweise wird auch der Mensch miteinbezogen.

Konfidenzintervall:
Bezeichnung für den Wertebereich einer Statistik, in dem die tatsächlichen Werte beispielsweise einer Temperaturschätzung mit der angegebenen Wahrscheinlichkeit (häufig 95%) liegen

Laminierung:
Bezeichnung für die Schichtung von Sedimenten und Eisbohrkernen

limnische Sedimente:
Sedimente aus Binnenseen

Massenspektrometrie:
technisches Verfahren zur Bestimmung der Masse von Atomen und Molekülen

Optimum:
statistisch positive Abweichung einer klimatischen Zustandsgröße (e. g. höhere Temperaturen) gegenüber einem festgelegten Referenzwert (fiktiver Normalzustand)

Palynomorphe:
(fossilisierte) Überreste von pflanzlichen Keimzellen (Pollen, Pilz- und Algensporen), vornehmlich aus Sedimenten, Mooren oder Gletschereis

Pessimum:
statistisch negative Abweichung einer klimatischen Zustandsgröße (e. g. niedrigere Temperaturen) gegenüber einem festgelegten Referenzwert (fiktiver Normalzustand)

Proxydaten:
Klimaproxies stehen stellvertretend für eine Zustandsgröße (s. u.) des Klimas, die nicht mehr direkt gemessen werden kann (e. g. Temperatur, Niederschlagsmenge). Über sie lässt sich abschätzen, ob und in welcher Größenordnung sich die Klimabedingungen in einem definierten Zeitraum verändert haben. Gewonnen werden Proxydaten u. a. aus Baumringen, Eisbohrkernen, Sedimentproben oder Speläothemen (s. u.).

räumliche Gültigkeit:
Die geographische Reichweite eines Klimasignals (s. o.) ist an den jeweiligen Archiv-Typ (s. o.) gebunden. So lassen die Jahresringe eines Baumes zunächst nur auf die unmittelbaren Umgebungsbedingungen schließen, wohingegen polare Eisbohrkerne oder Tiefseesedimente Rückschlüsse auf die hemisphärische und globale Temperaturentwicklung ermöglichen.

Ringbreite:
Breite der Wachstumsringe (Jahresringe) eines Baumes

Signifikanz:
wesentliche Kennzahl der Statistik, anhand derer beurteilt werden kann, wie wahrscheinlich es ist, dass ein beobachteter Zusammenhang tatsächlich besteht oder nur zufällig aufgetreten ist

Spätholzdichte:
Über die Dichte des Spätholzes – gegen Ende der Vegetationsperiode im (Spät-)Sommer/Herbst gebildet – lassen sich u. a. Rückschlüsse auf die Sommertemperaturen am (ehemaligen) Standort eines Baumes ziehen.

Speläothem:
sekundäre – d. h. nach dem eigentlichen Gestein entstandene – Mineralablagerungen in Höhlen (e. g. Stalaktiten, Stalagmiten)

Stratigraphie:
Lehre der Abfolge und Korrelation von Schichten in Böden, Gestein und Sedimenten (Geologie und Archäologie)

Warven:
dünne horizontale Jahresschichten in Sedimenten

Zeitreihenanalyse:
statistisches Verfahren, das es ermöglicht, Klimadaten über einen definierten Zeitraum hinweg zu analysieren und mögliche Veränderungen graphisch darzustellen

Zustandsgröße/Kenngröße:
numerische Werte zu den einzelnen Klimaelementen (s. o.)

Zuwachsmuster:
klima- und standorttypische Muster in den Jahresringen von Bäumen

Sachregister

14C-Methode *siehe* Radiokarbonmethode

Albedo 35
alpine Gletscher 76 f.
Anthropozän 25, 61
Atlantikum 93
Atmosphäre 27, 35
Attributionsforschung 37
Aufklärung 14, 18
Auszählungsverfahren 68

Baumringe 77–79
Bevölkerungsgesetz (Malthus) 116
Binnenseesedimente 79 f.
Blytt-Sernander-Sequenz 92 f.
Boreal 93

Charney Report 22
climate normals siehe Klimanormalperioden
Colle Gnifetti (Gletscher) 77

Datierungsverfahren 68
Declaration of the World Climate Conference 20
Dendroklimatologie 78

Eis-Albedo-Rückkopplung 35
Eiszeit (begriffliche Abgenzung) 36
Eiszeit (Forschungsgeschichte) 17 f.
Eiszeitalter 36
Energieeintrag 34
Epidemien *siehe* Seuchen
epistemologische Grundlagen 87, 120
Erdbahnparameter 36
Ereignisgeschichte 59
Expansion (römische) 116 ff.

Fehlerquellen (Klima) 39 f.
Filter (Statistik) 41
Foraminiferen 73 f.

Geographie (Antike) 11
Glazial 36
globales holozänes Temperatur-Rätsel 92
griechische Klimageschichte 97 f., 111–113

Halbwertszeit 69
Hockeyschläger-Kurve 25
Höhlensinter *siehe* Speläotheme
Holozän 18, 90 f.
Interglazial 36

IPCC *(Intergovernmental Panel on Climate Change)* 9
Isotopensignatur 65 f.

Jahresringe *siehe* Baumringe

Kipppunkt 36, 62
Kleine Eiszeit der Spätantike (Forschungsgeschichte) 95 f.
Klima (als globales Phänomen) 60 f.
Klima (als historischer Faktor) 58 ff.
Klima (als historisches Argument) 50 ff.
Klima (althistorische Perspektive) 47 ff.
Klima (begriffliche Umdeutung) 14 ff.
Klima (Begriffsgeschichte) 11 ff.
Klima (durchschnittliches Wetter) 9
Klima (griechischer Siedlungsraum) 97 f.
Klima (lateinische Übersetzung) 13
Klima (physikalisches Konzept) 15
Klima (räumliche Dimension) 27 f.
Klima (soziales Konstrukt) 10, 60 ff.
Klima (zeitliche Dimension) 28 f.
Klima, antikes (räumliche Gliederung) 103
Klimaänderung (Typologie) 32 f.
Klimaänderung (zeitliche Größenordnung) 94

Klimaänderungen (räumliche Dimension) 33, 102 ff.
Klimaanomalien 33
Klimabewertung 60 ff.
Klimachronologie (Datierungsansätze) 99
Klimachronologie (erste Zahlen) 99
Klimachronologie (Forschungsgeschichte) 94 ff.
Klimachronologie (Terminologie) 98 f.
Klimadefinition 26
Klimadeterminismus 59, 110, 116
Klimadiagramme 42
Klimadokumentation 31 f.
Klimaelemente 31
Klimaepoche (Definition) 94
Klimaereignis 28
Klimafaktoren (global) 36
Klimafaktoren (regional/lokal) 36, 104
Klimageschichte (Anfänge) 48 ff.
Klimageschichte (Arbeitsweise) 109
Klimageschichte (empirische Grenzen) 118 f.
Klimageschichte (Erkenntnisinteresse) 108
Klimageschichte (jüngere) 109
Klimageschichte (Konzeption) 109
Klimageschichte (methodologische Grundprobleme) 119 f.
Klimageschichte (Begriffsdefinition) 5 f.
Klimaindizes 42
Klimaklassifikation 42 ff.
Klimakonferenz (Boulder [Colorado, USA]) 21
Klimakonzept (Einführung zur Forschungsgeschichte) 11
Klimamodelle (Auflösung) 45
Klimamodelle (deterministisch) 44
Klimamodelle (statistisch) 46
Klimamodellierung 44 ff., 72
Klimamodellierung (Grenzen) 46
Klimamoden 33
Klimanormalperioden 23, 86
Klimaphase (Definition) 94

Klimarekonstruktion (historisch) 57
Klimasignale 65 f.
Klimasystem 34 ff.
Klimasystem (Subsysteme) 37
Klimatheorien (Antike) 13
Klimatologie (Fachgeschichte) 15 f.
Klimavariablen *siehe* Klimaelemente
Klimawandel (Forschungsgeschichte) 18 ff.
Klimawirkungsforschung 9, 19, 54, 62
Konfidenzintervall 72
Köppen-Geiger-Klassifikation 43, 103

Late Antique Little Ice Age (Konzept) 104
Literaturbestand 88 f.
Little Ice Age (Konzept) 91 f.
Luftverschmutzung 77

mathematische Verarbeitung 40
Meghalayum 91
Messinfrastruktur 15, 30
meteorologische Messungen (Geschichte) 65
methodologische Grundprobleme (römische Klimageschichte) 117 f.
Mikroklimata 84
Modellbildung (antike Klimageschichte) 117
Modellrechnungen *siehe* Klimamodellierung
Moore 81–83
Multiproxy-Analysen 66

Neoklimatologie 29
Neuzeitforschung 52, 54, 56
Niederschlag (Darstellung) 85
Niederschlagsgeschehen (*RWP/ LALIA*) 103 f.
Niederschlagsmengen (regional) 105 f.

Objektivierbarkeit (paläoklimatologische Daten) 57
Optimum 24, 96
Ozeane 34 f.
Ozeansedimente 73 f.

Paläoklimatologie (Fachgeschichte) 18, 22 f.
Paläoklimatologie und Altertumswissenschaften 52
Palynomorphe 83 f.
Pessimum 24, 97
polare Eisbohrkerne 74–76
Pollen *siehe* Palynomorphe
Proben (Gewinnung) 70
Proben (Gewinnung, Weiterverarbeitung und Analyse) 70 ff.
Proxy-Klima-Funktion 71 f.
Proxydaten (Definition) 67

quantitative Klimabeschreibung 9 f.
Quartär 90

Radiokarbonmethode 69 f.
radiometrische Datierung 68 ff.
Rapid Climate Change 94
räumliche Gültigkeit 77, 78, 80, 81, 82, 83, 105
Regionaldaten (Antike) 67
Regionalstudien (römische Klimageschichte) 117 f.
römische Klimageschichte 113–118
römische Klimageschichte (andere historische Akteure) 118
römische Klimageschichte (grundlegende Daten) 101
Römische Warmzeit (Forschungsgeschichte) 95

Schätzung (Klima) 66, 70 ff.
Sedimente (fluvial; terrestrisch) 76
Seuchen 116
Simulation *siehe* Klimamodellierung
Speläotheme 80 f.
Sporen *siehe* Palynomorphe
Statistik 39 ff., 72

stratigraphische Datierung 68
Strukturgeschichte 59, 110
Subatlantik Pessimum (Charakteristik) 100 f.
Subatlantik Pessimum (Forschungsgeschichte) 96

technische Entwicklung 15, 22, 86 f.
Temperatur (Darstellung) 85
Temperaturgeschehen (*RWP/LALIA*) 102
Temperaturunterschiede (regional) 104
Temperaturunterschiede (zeitlich) 105

Umweltgeschichte 58 f., 108
Unschärfe (paläoklimtologische Datierung) 68, 70, 72
Untergang (Römisches Reich) 116 f.
Ursachen (*RWP/LALIA*) 102

Vegetation 34 ff., 44, 49 f.
Vergangenheit (klimahistorische Konzeption) 107 f.
Vergleichsdatenbanken 68

Wachstumsanomalien (Baumringe) 78
Weltklimakonferenz 20 ff.
Wetter 28
Wettergeschehen (griechische Begriffe) 12
Wettergeschehen (lateinische Begriffe) 13 f.
Wissensgeschichte (antikes Klima) 86 f.
Witterung 28
World Climate Conference siehe Weltklimakonferenz

Zeitreihenanalyse 40
Zeitskala (Geologie) 90 f.
Zirkulationssysteme 35 f.
Zuwachsmuster (Baumringe) 68, 78 f.

Personenregister

Arago, François 49 f.
Arrhenius, Svante August 19

Blytt, Axel Gudbrand 92
Braudel, Fernand Paul 52
Brooks, C. E. P. 20, 48
Brückner, Eduard 19
Buch, Leopold von 49
Burckhardt, Jacob 59

Dau, Johann Heinrich Christfried 92
Dubos, Jean-Baptiste 14, 17, 49

Eckardt, Wilhelm Richard Ernst 20
Ehrenheim, Fredrik Wilhelm von 50

Flohn, Hermann 43, 53

Gibbon, Edward 14, 17, 49

Hann, Julius Ferdinand von 16
Hettner, Alfred 16
Hooke, Robert 17
Huber, Bruno 52
Humboldt, Alexander von 16, 18 f.
Hume, David 17
Huntington, Ellsworth 19 f., 51

Keeling, Charles David 19
Kinzl, Hans 52
Köppen, Wladimir Peter 16, 20, 43

La Borde, François Ignace d'Espiard De 14
Ladurie, Emmanuel Bernard Le Roy 53, 57
Lamb, Hubert Horace 53
Lampadius, August Wilhelm 15
Leclerc, Georges-Louis (Comte de Buffon) 17

Libby, Willard Frank 69
Liebig, Justus von 51
Liestøl, Olav 95

Malthus, Thomas Robert 116
Matthes, François Émile 91
Monterin, Umberto 52
Montesquieu 14, 49
Muralt, Edouard von 50

Nathorst, Alfred Gabriel 92
Neef, Ernst 43

Peake, Harold John Edward 52
Pelloutier, Simon 14, 17, 49
Post, Lennart von 83

Schouw, Joakim Frederik 49 f.
Seibel, Valentin 50
Sernander, Johann Rutger 93
Simkhovitch, Vladimir Gregorievitch 51
Steenstrup, Japetus 92
Steno, Nicolaus *siehe* Stensen, Niels
Stensen, Niels 17
Stoppani, Antonio 25

Tyndall, John 19

Utterström, Gustaf 52

Vaupell, Christian 92
Visher, Stephen Sargent 20
Vita-Finzi, Claudio 53

Webster, Noah 49 f.
Wegener, Alfred Lothar 20
Williamson, Hugh 18
Wojeikow, Alexander Iwanowitsch 16

www.ingramcontent.com/pod-product-compliance
Lightning Source LLC
Chambersburg PA
CBHW031402230426
43670CB00006B/616